7세기의 한국사,
어떻게 볼 것인가

7세기의 한국사,
어떻게 볼 것인가

김영하 지음

성균관대학교
출 판 부

역사 공부에 입문한 지도 올해로 반세기가 되었다. 그간 주된 관심사의 하나는 한국사에서 지난날의 어떤 사회적 인자가 지금 여기까지 영향을 미치는가에 관한 것이었다. 이제 스스로의 질문에 대해서는 중앙집중화의 경향이라고 답하기로 했다. 그것의 긍정적 측면으로 체제 운영의 효율성을 꼽을 수 있다면, 부정적 측면으로는 역시 사회의 다양성 부재를 들지 않을 수 없겠다. 이와 같은 양가적 평가의 의미에 대한 논의는 차치하더라도, 중앙집중화의 기원에 관한 구명은 역사학의 몫일 수밖에 없다.

우리 역사에서 중앙집중화의 기원은 관료제와 군현제를 기초로 명실상부한 중앙집권국가를 성립시킨 신라 중대中代로 소급한다는 생각이다. 『삼국사기』에서 신라사의 시기구분인 중대는 『삼국유사』의 하고下古와 더불어 태종무열왕(654~660)부터 시작하는 시기이다. 백제에서는 의자왕(641~661)이, 고구려에서는 보장왕(642~668)이 재위하고 있었다. 이 무렵 신라가 당과 연합하여 백제와 고구려를 멸망시킨 데서 알 수 있듯이, 7세기 중엽은 한반도의 삼국을 중심으로 대륙의 당과 열도의 왜도 전쟁의 소용돌이에 휘말린 격동의 시기였다. 그러한 까닭에 당시의 연대기들은 그 이전과 달리 읽힐 수 있는 내용들을 전하고 있다.

당 태종이 640년 서역의 고창高昌을 멸망시킨 다음해에 그 사실을 고구려에 알리자, 연개소문은 642년에 정변을 일으켜 보장왕을 즉위시키고 대당강경책을 추진했다. 의자왕은 642년 친위정변을 통해 왕권을 강화하고 신라에 대한 일방적 공세로 전환하여 신라 서변의 대야성을 함락시켰다. 김춘추는 이를 계기로 적극적인 외교 활동에 나섰으며, 김유신과 함께 647년에 상대등 비담의 반란을 진압함으로써 중대 왕실을 개창할 수 있는 정치적 기반을 마련했다.

이와 같이 삼국 말기에는 대내외적 위기에 대응하기 위한 권력의 집중 현상이 일어나는 한편, 이제까지 개별 국가 간의 전쟁은 다자 연동의 동아시아 국제전으로 비화하게 되었다. 이 전쟁은 주지하다시피 나·당 연합의 제·여 공멸과 나·당 간의 전쟁을 거쳐 신라가 675년에 임진강 이남의 백제를 통합하고, 대조영이 698년에 고구려 고지에서 발해를 건국하는 것으로 끝났다. 종래와는 다른 성격의 전쟁이었던 만큼 군사 통수, 군역 동원, 전공 포상 등 여러 분야에서 사회의 변화를 초래할 요인들이 나타났다.

이러한 국제전의 결과에 대한 역사적 평가와, 전후의 사회 변화에 대한 이해에는 상당한 시각 차이가 존재하고 있다. 전자에 대해서는 신라의 삼국통일론과 백제통합론이, 후자에 관해서는 고대사회의 연속으로서 전제왕권체제론과 중세사회의 시점으로서 중앙집권국가론이 그것이다. 이 중에서 필자가 그동안 피력해온 바와 같이 7세기를 한국사의 분기점과 동아시아사의 전환점으로 파악하는 신라의 백제통합론과 신라 중대의 중앙집권국가론은, 인식의 기본 틀에서 신채호의 양국시대론兩國時代論과 백남운의 아시아적/집권적 봉건국가론으로부터 사숙한 것이기도 했다.

　신채호의 양국시대론은, 고구려가 망하여 발해가 되고 백제가 망하여 신라에 합하니 삼국이 양국으로 바뀌었을 뿐이라는 논리였다. 전근대사회에서는 해당 왕조의 정통성과 관련하여 신라가 백제와 고구려를 아우른 일통삼한론—統三韓論이 주류일 수밖에 없었다. 다만 중앙집권력이 약화되는 신라와 고려의 말기에는 북방의 사군四郡과 발해에 대한 인식이 싹트기도 했다. 그러나 고려와 조선의 초기에는 중앙집권력의 강화와 더불어 일통삼한론이 상위에서 그와 같은 경향을 하위로 수렴하면서 다시 강화되는 과정을 거치고 있었다. 특히 근대의 전야에 해당할 조선 후기에 신라와 발해를 무정통으로 병립시킨 남북국론南北國論의 등장은 이후의 한국사 전개와 관련하여 귀추가 주목되는 것이었다.

　그러나 한말의 근대화가 일본에 의해 파행을 겪었던 것처럼, 근대적인 한국사 서술도 일본인에 의해 선도됨으로써 굴절을 겪게 되었다. 타율성론의 만선사관滿鮮史觀은 만주의 발해를 한국사로부터 배제하기 위해 일통삼한론과는 다른 맥락에서, 신라가 675년에 대동강과 원산만 이남의 반도를 통일한 것으로 파악하는 근대적 개념의 신라통일론을 재구축했다. 이에 신채호는 만선사관의 논리 자체를 거부하고 신라와 발해의 양국시대론을 통해 남북국론의 근대적 전환을 이루어냈던 것이다.

　백남운의 아시아적/집권적 봉건국가론은 한국에서 봉건 제도의 존재를 전적으로 부정한 식민사학의 정체성론을 비판하기 위한 논리였다.

한국 전근대사회의 성격을 이해하기 위한 인식 틀로서 동양적 봉건사회론에 포함될 시기는 삼국시대의 노예국가로부터 전환한 소위 신라통일기부터 조선 후기까지인데, 그간에 있었던 한국사의 발전 과정이 비록 아시아적일지라도 사회구성의 내면적 발전법칙 그 자체는 완전히 세계사적인 것으로 규정될 수 있다고 보았던 것이다.

이처럼 두 선학은 근대사학의 수용 경로 및 민족과 계급 문제에 대한 인식의 차이로 인해 신라의 통일 여부에 대한 견해는 달랐지만, 한국사의 7세기를 삼국시대에서 양국시대 또는 노예국가에서 아시아적/집권적 봉건국가로의 전환기로 포착한 점에서는 같았다. 실제로 한국사에서 7세기는 동아시아가 연동하는 하나의 세계임을 처음으로 확인시켜준 국제전의 결과로 남북국이 성립되었을 뿐만 아니라, 노예주가 국가 운영의 주축이었던 고대국가로부터 군역 동원과 전공 포상의 변화로 인해 양천제良賤制가 신분구조의 기본인 중세사회로의 이행기에 해당했던 것이다.

한국전쟁 이후 분단체제의 이념적 제약 하에서, 식민사학의 타율성론과 정체성론을 극복하기 위해 7세기를 주목했던 기왕의 시대구분과는 달리 시간의 원근에 따라 신라 말까지를 고대로 파악하는 시대구분이 주류를 이루었다. 이러한 시대구분은 골품 제도의 폐기, 친족집단의 범위와 후삼국 지배 세력의 성격 변화, 유교 정치 이념의 표방과 중세 불교로서 선종의 등장 등에 주목한 나말·여초의 전환기론에 의해 뒷받침되었다. 그러나 신라 중대가 율령에 입각하여 골품귀족의 관료화와 왕경과 지방에 걸쳐 3두품~1두품의 일원적인 공민화 위에서 구축한 중앙집권적 귀족관료국가는, 중대에 선행한 중고기의 연장선상에 있기보다 신라를 계승한 고려의 선구적 형태로서 의미가 큰 것이었다. 여기에서 한국의 고·중세사에 원용된 내재적 발전론과 같은 역사 인식에 대한 재검토의 필요성이 제기될 수도 있는 것이다.

이와 같은 맥락에서 신라의 백제통합론은 신라의 삼국통일을 인정하거나 또는 대안 없는 부정을 통해 발해를 한국사로 인입한 당위적 남북국론이기보다, 신라가 백제만을 통합했기 때문에 고구려 고지에서 건국한 발해와 더불어 남북국론으로의 인식이 당연할 수밖에 없다는 관점이다. 또한 이른바 서구 중심의 세계사적인 발전법칙의 규정성이 무의미해진 현 상황에서, 신라 중대의 중앙집권국가론은 한국 중세 왕조국가의 특성을 서구 중세 봉건사회의 특질인 지방분권과는 다른 중앙집권에서 찾을 수밖에 없다는 입장이다.

이러한 관점에 입각하여 1부에서는 소위 삼국의 발전단계와 관련한 논쟁에서 몰개념적인 부체제-중앙집권국가론 대신 귀족평의체제-대왕전제체제론을 제시하고, 7세기 중엽 이후의 신라 중대를 명실상부한 중앙집권국가의 단계로 규정했다. 2부에서는 신라의 삼국통일론에 대한 비판적 관점에서 7세기 동아시아 국제전과 그 결과의 하나로서 신라의 백제통합론을 실증적으로 밝히고자 했다. 다만 한정된 사료의 해석과 관련 사실의 인식에 대한 논쟁이 심화됨에 따라 일부 내용의 중복이 눈에 거슬리지만, 현재의 논쟁 상황과 쟁점을 옳게 전하기 위해서라도 그대로 실을 수밖에 없었음에 대해 양해를 구한다. 3부에서는 신라 중대의 전제왕권체제론을 비판한 다음 그 대안으로서 중앙집권적 귀족관료국가론의 제기와 그 이념적 기반인 유학의 사회적 기능에 유의했다. 결국 7세기 동아시아 국제전 자체에 대한 이해와, 그것을 전후한 정치와 사회의 변화에 관한 내용이 본서의 골자이다. 이와 같은 내용에 비추어 볼 때, 〈진흥대왕순수비〉와 『삼국유사』 효선편은 각각 대왕이 출현하던 단계의 시대상과 효의 윤리가 민에게까지 확산된 사회상을 잘 전하고 있는 셈이다.

기실 정년을 맞으면서 한국고대사의 쟁점과 이해에 관한 사론집을 내고 싶은 생각이 있었다. 그러나 부질없다는 생각에 그만두고 말았다. 이제 마음을 고쳐먹은 데는 최근 7세기 한국사의 역사적 의미에 대한 논의가 심심찮을 뿐만 아니라, 치열한 논쟁까지 야기됨으로써 그것을 촉발시킨 당사자로서 무심할 수만은 없게 되었기 때문이다. 그렇다고 하더라도 관련 글들을 다시 모아놓고 본 바, 역시 부질없다는 생각은 떨치기 어렵다. 다만 각 장의 제목은 단행본의 체제에 맞게 다듬었고, 본래의 논지는 건드리지 않는 범위에서 문장을 고치거나 주석을 첨삭하기도 했다. 그리고 인용 문헌에서 해당 부분을 찾거나 할 때 도움이라도 될까 싶어 본서 수록의 논문 출처는 각 글의 말미에 적어두었다.

근자에는 지난 일을 적은 사서 읽기와 앞으로 사서에 실릴 세상 읽기를 도락이라 여기며 지내고 있었다. 하 수상한 세월 속에 자기 분열적인 위선의 언행들이 우리의 공동체를 어떻게 황폐화시키는가를 목도하면서, 문득 사서에서 읽은 듯한 기시감과 시한이 없는 '통감通鑑'으로서 역사의 시의성時宜性을 새삼 확인하기도 했다. 인간이 역사의 교훈에 따라 욕망을 절제했다면 과연 역사가 존재할 수 있었을까를 되뇌면서, 그래도 너와 나의 공존을 가능케 할 공정심의 내면화는 중요할 수밖에 없겠다고 다시 생각하는 요즘이다. 무릇 역사에서 인간의 의식이 깊어지지 않고서는, 그 모양새를 제대로 갖추기 어려운 세상사도 있다는 것을 읽고 또 보았기 때문이다.

　이처럼 한적한 생활도 가끔 만나 담소를 나누거나 원고를 읽고 조언을 아끼지 않은 젊은 동학들이 있기에 가능했다. 이번 출간이 이들에게 체면치레라도 된다면 다행이겠다. 그리고 지난번 책에 이어 이번에도 성균관대 출판부에 신세를 지게 되었다. 논쟁 관련의 난삽한 내용이 있어서 영리를 꾀하기 어려울 것임에도 불구하고, 학계에 비익하려는 본연의 사명의식에서 볼 만하게 다듬어준 출판부 여러분의 후의에 다시 한 번 감사의 마음을 표한다.

2020년 늦가을에
지은이 적음

차
례

머리말 5

제1부 | 고대국가의 전개와 왕권

1 고대국가의 발전단계론과 지배체제   17
1) 고대국가의 발전단계와 소국   17
2) 국가 형성과 귀족평의체제   21
3) 국가 발전과 대왕전제체제   24
4) 중세 중앙집권체제로의 이행   27

2 고대국가의 영토의식: 〈진흥대왕순수비〉의 이해   31
1) 영토의식 발현의 의미   31
2) 〈진흥대왕순수비〉의 이해   35
3) 일제 식민사학의 왜곡   44

3 고대 왕권의 전개와 전환: 신라 왕권의 사적 추이   49
1) 주제의식의 현재적 소재   49
2) 상고기 왕권의 위상과 귀족   55
3) 중고기의 대왕 출현과 관료   65
4) 중대 왕권의 중세적 성격   76

제2부 7세기 동아시아 국제전의 이해

1 7세기 동아시아의 정세와 전쟁: 신라의 백제통합과 관련 87
  1) 관점: 신라의 삼국통일인가? 87
  2) 발단: 나·당 연합의 결성 95
  3) 전개: 백제와 고구려의 멸망 102
  4) 반전: 나·당 전쟁과 토번 117

2 신라의 '통일' 영역 문제 125
  1) 문제의 제기 125
  2) 국사 교과서의 내용 분석 128
  3) 관련 사료의 비판적 음미 135
  4) 향후의 과제 148

3 신라의 '백제통합'과 '일통삼한' 재론 152
  1) 재론의 소재 152
  2) 국제전의 배경과 결과 155
  3) 일통삼한의식의 전개 169
  4) 정리와 제언 188

4 신라의 '백제통합'과 '일통삼한' 재론 2: 핵심 사료의 쟁점과 해석 193
  1) 논쟁의 여지 193
  2) '백제토지百濟土地'의 북방 경계 198
  3) 신라의 '고구려남경高句麗南境' 진출 207
  4) 김유신의 유언과 '삼한일가三韓一家' 215
  5) 함의와 과제 226

5 신라의 '삼국통일론'은 타당한가? 230
  1) 개념 문제와 식민사학 230
  2) 쟁점 1: '평양이남平壤已南'의 범위 233
  3) 쟁점 2: '고구려남경高句麗南境'의 의미 242
  4) 용어 문제와 발해인식 249
  5) 부록: 최근 논의에 대한 반론 252

제3부 중세사회로의 전환과 양상

1 신라 중대의 전제왕권론과 지배체제   **269**
1) 전제왕권론의 전개   269
2) 권력구조상의 논의   273
3) 지배체제론적 접근   277

2 신라 중대의 문물 수용과 유학 교육   **283**
1) 논의의 범주   283
2) 문물 수수의 이중적 함의   285
3) 유학 교육의 사회적 기능   293
4) 정리와 의미   301

3 『삼국유사』 효선편의 이해   **303**
1) 기존의 이해 시각   303
2) 편차의 배경 검토   308
3) 이해의 사적 전제   316

찾아보기 323

제1부

고대국가의 전개와 왕권

1. 고대국가의 발전단계론과 지배체제
2. 고대국가의 영토의식: 〈진흥대왕순수비〉의 이해
3. 고대 왕권의 전개와 전환: 신라 왕권의 사적 추이

1. 고대국가의 발전단계론과 지배체제

1) 고대국가의 발전단계와 소국

1970~80년대에 한국고대사 분야에서 주요 주제의 하나는 국가의 기원과 형성에 관한 문제였다. 이에 관한 논의는 일제 식민사학에 의해 왜곡된 한국 고대의 역사상을 바로 잡는 과정이기도 했다. 식민사학은 한국에서 고대국가의 형성을 한漢 군현의 영향 아래 이루어진 것으로 파악했다. 타자의 기록으로서 『삼국지』 위서 동이전의 내용을 신뢰하는 대신 『삼국사기』의 초기 기록을 부정했기 때문이다.[1] 이러한 연구방법론이 일본사 연구에서 『일본서기』에 대한 사료 비판과 맥락을 같이 한다고 하더라도, 한국사 연구에서는 목적하는 바가 다름으로써 타율성론의 근거로 자리를 잡게 되었다.

일제시기에도 식민사학의 한국사 왜곡에 대해 유물사관에 입각하여

---

[1] 津田左右吉, 「百濟に關する日本書紀の記載」『滿鮮地理歷史研究報告』8, 1921; 『古事記及日本書紀の硏究』, 岩波書店, 1924; 末松保和, 『新羅史の諸問題』, 東洋文庫, 1954.

원시씨족사회-원시부족국가-노예국가로 고대국가의 발전단계를 정리한 다음, 고구려, 백제, 신라의 삼국을 노예국가로 파악한 견해가 제기된 바 있었다.[2] 그러나 해방 후 분단체제가 고착되는 과정에서 유물사관에 따른 고대국가의 발전단계론은 배제되는 한편, 부족국가-부족연맹-고대국가의 발전단계가 새롭게 제시되었다. 이러한 논리도 L. 모오건의 씨족-포족-부족-부족연맹과 같은 진화론적 사회발전단계론에 기초한 F. 엥겔스의 고전적인 국가기원론과 무관한 것은 아니었다. 그러나 『삼국사기』의 초기 기록에 대한 일정한 불신을 전제했기 때문에, 고대국가로서 삼국의 성립 시기로는 고구려의 태조왕대(53~145), 백제의 고이왕대(234~285), 신라의 내물왕대(356~401)를 주목하게 되었다.[3]

1960년대의 민족적 각성에서 촉발된 내재적 발전론은 한국사에 대한 새로운 인식을 가능케 했다. 고대사 분야에서는 신라 말과 고려 초를 고대와 중세의 분기로 파악하는 나말·여초의 전환기론이 제기되어 고대의 하한을 설정하는[4] 한편, 신진화론에 입각한 E. 서비스의 사회발전단계론인 군집사회band-부족사회tribe-수장사회chiefdom-국가state에서 수장사회의 개념을 수용하여 고조선 및 삼국 초기의 국가적 성격을 재검토함으로써 고대의 상한을 소급할 수 있었다.[5] 이에 따라 『삼국사기』 초기 기록의 사료적 가치도 재인식되기 시작했다.

---

2   백남운, 『조선사회경제사』, 개조사, 1933.

3   김철준, 「한국고대국가발달사」 『한국문화사대계』 I, 고려대민족문화연구소, 1964.
    여기에서 김철준은 한국 고대국가의 발달 과정에서 고구려의 태조왕과 백제의 고이왕에 해당
    할 신라의 왕으로 내물왕을 언급하면서도, 고대국가로서 신라의 해체기를 나말·여초로 파악한
    논리에 맞추어 신라의 실제 성립기는 지증왕대로 보았다.

4   김철준, 「한국 고대사회의 성격과 나말·여초의 전환기에 대하여」 『한국사시대구분론』, 을유문
    화사, 1970.

5   김정배, 『한국 고대의 국가기원과 형성』, 고려대출판부, 1986.

또한 부족 단위로는 사회가 성립할 수 있을 뿐, 국가 형성이 불가능하다는 이론적 문제도 제기되었다.[6] 부족국가론에 근거한 기왕의 부족국가-부족연맹-고대국가의 발전단계는 수정이 불가피해졌다. 그 하나는 성읍국가론으로의 대체이고, 다른 하나는 수장사회론의 수용이었다. 전자는 성읍국가-연맹왕국-중앙집권적 귀족국가로 정리되었고,[7] 후자는 군장사회, 추장사회, 수장사회 등과 같은 번역 용어의 차이와, 적용 대상이 소국小國인가 아니면 소국보다 하위의 촌락인가에 대한 차이로 인해 다양한 견해가 속출했다.

이로써 고대국가의 기원과 발전단계에 관한 논의는 백가쟁명의 상태로 접어들게 되었다. 추장사회-소국-소국연맹-소국병합-중앙집권적 왕국,[8] 읍락사회-소국-소국연맹-부체제-중앙집권적 고대국가,[9] 소국-부체제-중앙집권적 영역국가[10] 등 다양한 발전단계론이 제기되었다. 이러한 논리들의 특징 중 하나는 국가 형성의 조기성早期性과 발전 과정의 다단계화이고, 다른 하나는 부체제部體制와 중앙집권국가의 단계 설정이었다. 여기에서 이른바 부체제를 둘러싼 초기 고대국가의 성격에 관한 논쟁의 싹이 배태되었던 것이다.

고대국가의 기원 문제에서 주목 대상은 역시 그에 선행한 소국의 존재였다. 청동기문화의 확산과 양식생산단계로의 전환은 원시공동체를 해체시키면서 한국고대사의 내포內包 공간에 무수한 소국의 분립을 유발했다. 소국은 사료 상에서 다양한 모습으로 나타나고 있었다. 위만조

---

6   김정배, 앞의 책.

7   이기백·이기동, 『한국사강좌』 I 고대편, 일조각, 1982.

8   이종욱, 『한국의 초기국가』, 아르케, 1999.

9   노중국, 『백제정치사연구』, 일조각, 1988.

10   노태돈, 『고구려사 연구』, 사계절, 1999.

선은 발전 과정에서 소국과 같은 성격의 소읍小邑을 복속시켰으며,[11] 고구려도 형성 과정에서 역시 소규모의 정치적 사회인 나那와 비류국을 위시한 많은 소국을 복속시키고 있었다. 한편『삼국지』위서 동이전에는 삼한의 78개 소국에 관한 다양한 정보가 실려 있으며, 『삼국사기』는 신라에 복속된 여러 소국의 존재를 전하고 있다. 이러한 소국들 가운데서 마한의 백제국伯濟國, 진한의 사로국斯盧國, 변한의 구야국狗邪國 등이 고조선, 부여, 고구려에 이어 고대국가로 이행했다.

소국은 시간의 선후와 규모의 대소 때문에 발전 정도를 일률적으로 규정하기는 어렵다. 소국들 중에는 규모가 큰 것도 물론 있지만, 크게 보아 아직 국가의 단계에는 이르지 못한 것으로 파악하더라도 무방할 것 같다. 삼한의 소국을 예로 들면, 소국은 평균 2,000호의 규모에 국읍國邑과 읍락邑落으로 구성되었다. 국읍에는 신지 또는 읍차 등으로 불리는 수장으로서의 주수主帥가 있었으며, 읍락에는 하호下戶들이 살고 있었다. 주수가 하호와 섞여 살았으므로 잘 제어할 수 없거나, 상당수의 하호가 중국 군현으로부터 의책衣幘과 인수印綬를 빌려서 착용할[12] 만큼 사회적 기강은 미비했다. 이것은 생산력의 저급으로 인한 공동체의 강인한 유제에서 기인하는 바, 소도가 범죄자의 도피처로 이용되는[13] 데서 보다시피 관습법에 따른 규제조차 엄격하지 않은 상태였다.

따라서 소국은 공동체의 유제가 잔존하는 다른 한편, 미약한 계급 관계가 발생한 새로운 단계의 정치적 사회이기는 했다. 그러나 고대국가

---

11 『史記』卷115, 朝鮮. "以故滿得兵威財物 侵降其旁小邑 眞番臨屯皆來服屬."
12 『三國志』卷30, 魏書30, 韓. "諸韓國臣智 加賜邑君印綬 其次與邑長 其俗好衣幘 下戶詣郡 朝謁 皆假衣幘 自服印綬衣幘千有餘人 (中略) 其俗少綱紀 國邑雖有主帥 邑落雜居 不能善 相制御 無跪拜之禮."
13 『三國志』卷30, 魏書30, 韓. "又諸國各有別邑 名之爲蘇塗 立大木縣鈴鼓 事鬼神 諸亡逃至 其中 皆不還之 好作賊 其立蘇塗之義 有似浮屠 而所行善惡有異."

로 규정하기에는 미숙성이 드러나는 '소국공동체'일 따름이었다. 이러한 소국공동체를 모태로 고대국가가 출현한 점을 감안하면, 고대국가의 발전단계는 신진화론에서의 사회발전단계론과 같이 소국공동체–고대국가로 단순화할 수도 있겠다.

2) 국가 형성과 귀족평의체제

한국에서 고대국가의 형성은 소국공동체의 병합 과정에 다름 아니었다. 소국공동체에서 고대국가로의 변화는 중심부 소국이 전쟁 또는 교역을 통해 주변부 소국을 복속시킴으로써 시작되었다. 중심부 소국은 국가로의 이행에 필요한 물적 기반을 확보할 수 있었을 뿐만 아니라, 소국의 수장들은 왕과 귀족으로, 수장 예하의 하호는 민과 노예로 다시 분화함으로써 계급 관계를 성립시켰던 것이다. 이러한 내용의 국가 형성을 알리는 지표는 사회적 지도자로부터 정치적 지배자로 전화한 왕의 출현과, 토착신앙에 기초하여 왕의 존재를 정당화할 신화의 생성으로 나타났다.

한국사에서 왕과 신화의 존재라는 두 조건을 갖춘 고대국가의 성립은 고조선, 부여, 고구려, 백제, 신라, 가야의 순서였다. 한편 옥저와 동예는 왕의 부재와 신화의 결여로 국가 형성의 대열에는 합류할 수 없었다. 이것은 고조선에서 시작하여 가야에 이르기까지 시간적 지속과 공간적 확산을 거치면서 유사한 국가 형성의 과정을 반복한 사실의 반영이기도 했다. 이와 같은 관점에서 삼국의 형성 시기는 위만조선(기원전 194~기원전 108)과의 시공간적 거리를 고려하여 재조정해야 할 필요가 있다. 그런 사례의 하나로 신라의 성립 시기를 내물왕대로 파악할 경우, 한漢

과 장기간에 걸친 전쟁을 수행할 정도로 발전했던 고대국가인 위만조선과 450여 년의 시차는 너무 크기 때문이다.

초기 고대국가의 성격에 대해서는 종래의 부족연맹을 대체한 연맹왕국이나, 국가 발전의 한 단계로 설정한 부체제로 설명해왔다. 이 중에서 연맹왕국의 연맹이 중심부 소국에 대한 주변부 소국의 복속 관계를 의미하는 것이라면, 연맹의 단계는 국가보다 낮은 차원의 지배 방법에서 다루더라도 무방하다. 이와 같은 맥락에서 부체제도 상위 개념인 국가의 발전단계로 설정할 것이 아니라, 하위 개념인 지배체제의 일환으로 파악하는 것이 타당하다. 지배 방법이나 그 체제에 불과한 연맹 또는 부를 국가의 발전단계인 중앙집권국가의 선행 단계로 계열화함에 따라 발전 단계의 설정에서 위상이 맞지 않는 문제가 발생하기 때문이다.

또한 성립 배경과 그 성격은 비록 다를지라도 부部가 실재했던 삼국과 달리, 부가 존재하지 않았던 부여에서조차 부체제의 단계를 설정하는 데는 동의하기 어렵다.[14] 만약 부체제가 부라는 단위를 매개로 성립하는 개념이라면, 그것을 구성하는 기본 요건으로 부의 존재는 필수이다. 물론 국가 형성의 유사성에서 연유한 사회구조의 동질성 때문에 후대의 사실로부터 유추 적용이 불가능한 것은 아니다. 그럴 경우에도 개념 자체만으로 국가 발전의 한 단계임을 파악할 수 있어야 하지만, 연맹

---

14 기왕의 연구에서 위만조선과 부여의 발전단계에 부체제를 설정하는 것에 대해서는 유보적이었다(송호정, 「고조선·부여의 국가구조와 정치운영–부 및 부체제론과 관련하여–」『한국고대사연구』17, 2000). 그러나 최근 노중국은 대가야의 발전단계에 부체제를 적용하기 위한 이해의 전제로서, 부가 존재하지도 않았던 부여에서 사출도四出道를 부체제의 전형적인 사례로 거론했다. 이에 관해 필자는 소국–고대국가론에 입각하여 한국 고대국가의 발전단계로서 부체제의 설정은 물론 4세기의 삼국에서 중앙집권국가의 성립을 비판한 바 있는데, 노중국은 필자가 마치 소국–중앙집권국가론의 입장에서 토론한 듯이 비판 내용을 오해하고 있었다(노중국, 「대가야의 국가발전과정」; 김영하, '대가야의 국가발전과정' 토론요지」, 주보돈 외, 『쟁점 대가야사, 대가야의 국가발전 단계』, 대동문화재연구원, 2017).

왕국이라는 개념과 달리 부체제라는 용어로는 국가조차 연상할 수 없는 한계가 있다. 더구나 부는 왕경의 행정구역명 이외에 중앙의 행정관부명으로도 사용되었기 때문에 개념어로서의 혼란은 가중된다. 이러한 까닭에 같은 층위의 다른 사실들을 내포하기 위한 보편적인 용어로 개념화할 필요가 있다.

이른바 중앙집권국가에 선행한 초기 국가까지 고대국가의 일반 범주에 포함시키는 필자의 입장에서는, 이 시기의 지배체제를 귀족세력들이 연합한 귀족평의체제貴族評議體制로 이해하고자 한다.[15] 위만조선의 상相, 부여의 가加, 고구려의 가加, 백제의 솔率, 신라의 찬湌, 가야의 한기旱岐 등은 모두 왕족과 왕비족에서 분화한 존재이거나 소국의 수장 출신이었다. 그들은 노예소유자로서 부족회의의 석차에서 유래한 관등으로 서열화된 귀족회의를 구성했다. 각국의 귀족회의는 조선상朝鮮相, 마가馬加, 국상國相, 좌평佐平, 이벌찬伊伐湌, 상한기上旱岐 등과 같은 대표를 선출했을 것으로 보이는데, 그들의 권능은 왕에 버금갈 정도였다. 이러한 귀족회의 운영의 편린은 〈영일냉수리비〉(503)에서 지도로 갈문왕을 비롯한 7인의 귀족들이 국사를 함께 논의하여 교시한[16] 데서 살필 수 있다.

한편 귀족회의의 구성원은 무임소 상태에서 주로 군사 업무에 종사하거나, 고구려의 귀족들처럼 관습법에 의거하여 죄인의 형벌을 평의로 결정하기도 했다.[17] 고대사회에서 전쟁과 재판이 생산수단으로서의 인간노동력, 즉 노예를 확대하거나 재생산할 수 있는 중요한 수단이었기

---

15 김영하, 『한국고대사회의 군사와 정치』, 고려대민족문화연구원, 2002.

16 〈迎日冷水里碑〉. "癸未年九月卄五日 沙喙至都盧葛文王 (中略) 斯彼暮斯智干支 此七王等 共論敎."

17 『三國志』卷30, 魏書30, 高句麗. "無牢獄 有罪諸加評議 便殺之 沒入妻子爲奴婢."

때문이다. 이 밖에도 귀족회의는 대내적인 왕위 계승 또는 대외적인 전쟁 수행과 같은 중요한 국사의 결정 과정에서 자신들의 입장을 관철시키고 있었다. 따라서 귀족평의체제하의 관등은 귀족의 서열일 뿐, 관직과 같은 성격의 것은 아니었다. 왕이 존재하고 있더라도, 권력의 무게중심은 오히려 귀족회의에 있었던 셈이다.

또한 실무를 담당한 관인은 위만조선의 대신大臣, 부여의 사자使者, 고구려의 주부主簿와 사자, 백제의 덕德과 독督, 신라의 나마奈麻와 사지舍知 같이 관직담당자 또는 관등보유자였고, 관등 자체가 중층적으로 분화되어 있기도 했다. 이들은 위만조선의 대신이나 부여의 사자와 같이 왕을 위해 복무하거나, 〈영일냉수리비〉에 나오는 일부지 나마를 비롯한 7인의 전사인典事人처럼[18] 귀족회의의 공론으로 결정된 교시에 관한 실무를 담당했다. 이러한 귀족평의체제의 단계에서 중심부에 대해 집단 예속의 상태로 복속된 주변부는 간접적인 복속-공납관계에 의해 지배되고 있었다. 지배자공동체의 대표인 왕이 복속 관계의 유지를 위해 자주 순수巡狩를 행하지 않을 수 없었던 이유였다.

3) 국가 발전과 대왕전제체제

고대국가의 발전은 소국공동체의 속성과 유제를 탈각하는 과정이었다. 삼국은 통치 영역과 지배체제의 두 방향에서 발전한 결과, 삼국 사이에 개재한 소국공동체들을 흡수하여 정립하는 형세를 이루고 한반도의 주도권을 장악하려는 각축전을 전개했다. 이러한 국가적 차원의 목

---

18 〈迎日冷水里碑〉. "典事人沙喙壹夫智奈麻 (中略) 沙喙蘇那支 此七人."

적을 달성하기 위해서는 귀족평의체제가 내포한 한계를 극복하고 체제 운영의 효율성을 제고할 필요가 있었다. 그것은 기왕의 관습법체제와 공동체적 질서를 극복할 새로운 통치 규범과 이념으로서 율령과 불교의 수용이었다.

이제 귀족 세력에 대한 왕의 위상은 대왕으로 격상되었고, 종래 귀족 세력의 이익에 기여하던 전쟁의 성격은 대왕의 왕토 확장과 왕민 확보를 위한 전쟁으로 바뀌었다. 대왕, 역사, 영토에 관한 의식이 고구려의 〈광개토대왕비〉(414)와 신라의 〈진흥대왕순수비〉(561~568) 같은 기념물로 표출될 수 있었던 배경이었다. 백제에서는 근초고왕의 태자 근구수가 고구려와 싸워서 이긴 곳에 돌을 쌓아 경계로 삼는 "적석위표積石爲表"의 형식으로 나타났고,[19] 대왕의 용례는 무왕을 '대왕폐하大王陛下'로 지칭한 〈미륵사지서탑사리봉안기〉(639)에서 확인된다. 한편 대가야는 자료 부족으로 대왕의 존재 여부를 판단하기 어렵다. 다만 6세기 중엽 이전으로 편년되는 대가야식 유개장경호有蓋長頸壺의 '대왕大王' 명문은 대가야에서도 대왕의 실재 가능성을 시사한다.[20] 이러한 단계를 기왕의 발전단계론에서는 '중앙집권'으로 규정되는 귀족국가, 고대국가, 영역 국가 등으로 설명해왔다.

그러나 전근대의 한국사에서 중앙집권의 개념을 통시적으로 사용할 경우 그 역사적 성격이 모호해질 수도 있다. 관료제와 군현제를 기본 요 건으로 삼는 중앙집권의 개념은 역사적 사실에 부응할 뿐만 아니라, 시 대구분의 의미를 담보하는 제한적 범주에서의 사용이 필요하다. 이러한

---

19 『三國史記』卷24, 近仇首王 卽位年.

20 김세기, 「대가야 고대국가론」, 주보돈 외, 『쟁점 대가야사, 대가야의 국가발전 단계』, 대동문화재연구원, 2017.

관점에서 삼국의 국가적 성격을 규정해온 중앙집권의 개념은 크게 두 가지의 문제점을 안고 있었다. 우선 중앙집권의 필요조건으로서 귀족 세력에 대해 초월적인 대왕이 출현했을 뿐, 충분조건으로서 유학적 교양의 관료가 출현할 수 있는 여건이 미숙했을 뿐만 아니라 중앙의 지방에 대한 전면적인 지배도 이루어지지 않았다. 다음으로 사회 변동을 수반한 7세기 동아시아의 국제전에서 대왕이 지방민을 동원하여 대규모의 전쟁을 수행했음에도 불구하고, 대왕과 지방민 사이의 계급 갈등과 같은 중앙집권국가의 모순은 아직 드러나지 않고 있었다.[21]

따라서 중앙집권국가로 규정하기보다 고대국가의 지배체제가 발전한 결과, 대왕에게 권력의 무게 중심이 옮겨간 대왕전제체제大王專制體制로 파악할 필요가 있다.[22] 대왕의 권력 강화에 따른 귀족회의의 위상 약화는 필연적이었다. 종래 선출직과 종신직이었던 귀족회의 대표의 권능은 고구려의 대대로, 백제의 상좌평, 신라의 상대등에서 보듯이 임명직 혹은 한시직으로 변화했다. 또한 귀족들이 무임소 상태에서 직능에 따라 국사를 분담하던 귀족회의로부터 특정 업무를 분장하는 행정 관부가 분리되었고, 종래 귀족 세력에 대한 관습적 석차의 의미를 지닌 관등체계로부터 율령적 위계의 의미를 갖는 관위와 관직체제로 분화되기 시작했다.

이제 대왕은 각각의 행정 관부에 관등 보유의 귀족을 관직에 임명하여 귀족관료화를 시도함으로써 대왕 중심의 일원적 통치체제를 확립할 수 있었다. 이러한 변화는 물론 관습법을 대체할 율령의 반포로 뒷받침되었다. 또한 대왕은 지방의 주요 거점에 지방관을 파견했을 뿐만 아니라 촌락공동체의 속박으로부터 벗어난 개별 호민豪民을 매개로 지배−

21 김영하, 「신라의 백제통합전쟁과 체제변화」 「한국고대사연구」16, 1999.
22 김영하, 앞의 책.

납세관계를 관철시키기 시작했다. 그러나 수취 방법에서는 공동체적 유제가 아직 남아 있었는데, 이런 한계의 극복은 다음 시기를 기다리지 않으면 안 되었다.

4) 중세 중앙집권체제로의 이행

삼국에서 대왕전제체제의 성립은 고대국가의 발전 과정에서 일단락을 의미했다. 이러한 단계에 이르렀을 때 나타난 현상의 하나는 대왕의 위상 확립과 지배체제의 정비로 인해 귀족 세력이 정치적 이해관계에 따라 분열하기 시작한 점이다. 다른 하나는 중국에서 수를 이어 당이 통일 제국으로 등장하여 중국 중심적 세계 질서의 구축을 시도함으로써 주변 국가에 지대한 영향을 미친 점이다. 기실 두 현상은 별개로 나타났지만, 실제의 과정에서는 복합적으로 작용함으로써 삼국 말기의 정치 과정을 크게 변화시킨 대내외적 조건이었다.[23]

고구려의 장수왕은 국내에서 평양으로의 천도와 귀족 세력의 숙청을 통해 대왕전제체제를 확립했다. 그러나 문자왕 말기에 국내계 귀족 세력이 중앙 정계에 다시 등장하여 평양계 귀족 세력과 심각한 권력투쟁을 전개했다. 『일본서기』에 나오는 세군細群과 추군麤群은 각각 구귀족의 국내계와 신귀족의 평양계로 파악되고 있다. 이들이 권력을 다투는 와중에 안장왕과 안원왕이 피살되고 평양계의 지원으로 양원왕이 즉위했다. 신·구귀족세력의 권력투쟁으로 인해 대대로는 3년1대三年一代의 원칙이 약화되었으며, 권력을 장악한 귀족 세력에 의한 종신직으로 환

---

23 김영하, 앞의 책.

원됨으로써 다시 권력투쟁의 대상이 되기도 했다. 이러한 대내적인 조건 속에서 연개소문은 642년에 정변을 일으켜 한시직 본래의 기능이 변질된 대대로 대신 막리지 중심의 정치체제를 수립하고 권력 집중을 도모했다.

백제에서는 근초고왕 때에 왕비족인 진眞씨와의 연합을 통해 대왕전제체제를 수립할 수 있었다. 그러나 침류왕 사후에 곧바로 귀족 세력 사이의 권력투쟁이 본격화했다. 침류왕의 동생 진사왕은 태자 아신阿莘이 어리다는 명분으로 왕위를 찬탈했다. 아신왕은 진사왕이 의문의 죽음을 맞은 뒤에 즉위할 수 있었는데, 여기에는 진씨 세력의 개입이 있었을 것으로 추측된다. 아신왕 사후에는 친고구려파의 왕제 설례碟禮를 지원하는 진씨를 누르고 해解씨가 지원하는 친왜파의 왕자 전지腆支가 즉위했다.[24] 진씨와 해씨는 모두 한성시대의 구귀족세력으로서 웅진 천도의 초기에도 여전히 실세였다. 그러나 동성왕은 현지 출신의 사沙씨, 연燕씨, 백苩씨 등을 등용하여 웅진시대의 신귀족세력으로 삼음으로써 왕권을 강화했다. 이처럼 왕비족의 교체와 천도에 따른 귀족 세력의 교체로 왕권을 강화하려는 방침은 사비 천도 이후에도 마찬가지였다. 의자왕은 642년에 무왕 말년에 득세한 왕모족인 구귀족세력을 숙청하는 친위정변을 통해 권력 집중을 이루었다.

한편 신라에서는 진흥왕 이후 왕위의 계승 과정에서 귀족 세력의 분열이 일어났다. 진흥왕의 차자 사륜舍輪은 귀족평의체제를 유지하려는 거칠부의 지원에 힘입어 진지왕으로 즉위할 수 있었다. 그러나 대왕전제체제를 지향하는 노리부 등이 진지왕을 폐위시키고 즉위 전에 죽은 태자 동륜銅輪의 아들 백정白淨을 진평왕으로 즉위시켰던 것이다. 이러

---

24 김영하, 「광개토대왕릉비의 정복기사해석」 『한국고대사연구』66, 2012.

한 권력투쟁은 이후 범내물왕계汎奈勿王系의 구귀족세력과 사륜계 및 금관가야계金官加耶系의 연합인 신귀족세력 사이의 왕위쟁탈전으로 비화했다. 선덕왕 말년인 647년에 구귀족세력을 대표한 상대등 비담의 난은 저간의 사정을 잘 반영하고 있었다. 김춘추와 김유신의 신귀족세력이[25] 반란을 진압하고 진덕왕을 추대했던 것이다. 정치적 실권을 장악한 신귀족세력은 집사부의 설치로 상징되는 내정개혁을 통해 권력을 집중하고 차기의 왕위 계승을 전망했다. 진덕왕 사후 김춘추는 김유신의 지원 속에 상대등 알천을 추대한 구귀족세력을 누르고 진골 출신으로 처음 왕위에 올랐다.

삼국이 대왕전제체제를 확립함으로써 야기된 귀족 세력의 분열과 권력투쟁은 연개소문의 권력 장악, 의자왕의 왕권 강화, 김춘추의 왕위 계승으로 귀결되었다. 이러한 권력의 집중 현상은 대왕전제체제가 내포한 고대적 모순의 노정 과정에서 유도된 필연이었으며, 고구려와 수의 전쟁으로 촉발된 동아시아의 정세 변화에 대응하기 위한 조치로서의 성격도 없지 않았다. 따라서 삼국 말기에 발생한 귀족 세력 간의 권력투쟁은 중앙집권적 귀족관료체제를 정치구조의 기본으로 삼는 새로운 사회로 이행하기 위한 진통이기도 했다.[26] 이러한 사회 변동이 7세기 동아

---

25 필자가 김춘추와 김유신을 신귀족세력으로 이해한 데 대해, 그들은 기존의 귀족 세력으로서 특별한 상황을 계기로 새로이 기반을 갖추고 갑자기 등장한 이른바 신흥 세력이 아니라는 관점에서 비판하기도 한다(주보돈, 「김춘추와 자장」『신라문화』49, 2017). 그러나 사륜계의 김춘추는 기성 귀족과 달리 조부 진지왕의 폐위로 인해 성골 왕족에서 탈락하여 진골귀족화했으며, 금관가야계의 김유신은 부친 서현이 숙흘종의 딸 만명과의 혼인에서 어려움을 겪을 만큼 경주의 토착 귀족으로부터 경원시되고 있었다. 이와 같은 배경의 두 인물이 정치적으로 연합하여 신귀족세력을 형성하고 진평왕 이후 범내물왕계의 구귀족세력과 왕위 계승을 둘러싸고 권력투쟁을 전개했던 것이다. 따라서 여기에서 신귀족세력으로 규정한 기준은 그 세력의 기득 또는 신흥 여부에 있는 것이 아니라, 진골로 강등되거나 신라로 이주함으로써 신분과 출신이 구귀족세력과 달랐던 데 있다.

26 김영하, 앞의 책.

시아의 국제전과 맞물림으로써 한국사에서는 남북국의 성립으로 귀결되었던 것이다.

이상에서 필자는 고조선에서 삼국에 이르는 개별 국가들은 모두 동일한 고대국가라는 관점에서 지배체제의 발전단계를 검토했다. 개별 국가의 다양한 사실들을 하나의 개념으로 수렴하여 일반화하는 과정에서 무리한 논지도 없지 않았을 것이다. 그러나 원시공동체에서 분화한 소국공동체와 그것의 병합 결과로 출현한 고대국가에서 지배체제의 발전 추이는 크게 보아 귀족평의에서 대왕전제로의 방향이었을 것이다.

한편 부체제 논쟁과 관련하여 한국 고대의 국가 형성에서 조기성은 인정하지만, 관등을 관직으로 해석하거나 중앙집권적 지방 지배와 같은 국가적 완결성에는 동의하지 않았다. 또한 지배방법과 그 체제에 불과한 연맹 또는 부를 고대국가의 발전단계로 설정한 데 대한 문제점은 물론 그 후발 단계로 규정한 중앙집권국가론의 문제점도 제기할 수밖에 없었다. 이러한 관점은 한국사에서 7세기 동아시아의 국제전이 갖는 시대구분의 의미에 유의한 것이었다. 전후에 성립된 남북국, 특히 신라는 당의 율령을 준용하여 관료제와 군현제에 입각한 명실상부한 중앙집권체제로 재편됨으로써 선행 사회와의 구별은 물론 후발한 중세사회의 선구가 되었기 때문이다. 결국 어떤 개념이 보다 보편성을 띠면서 고대국가와 그 지배체제의 발전단계를 정합적으로 설명할 수 있는가의 문제이겠다.

(「韓國 古代國家의 政治體制發展論 – '部體制' 論爭에 대한 소견을 대신하여 – 」
『韓國古代史硏究』17, 2000)

2. 고대국가의 영토의식: 〈진흥대왕순수비〉의 이해

1) 영토의식 발현의 의미[1]

영토는 국민 및 주권과 함께 근대국가를 구성하는 불가결한 요소이다. 주권이 미치는 공간적 범위인 동시에 국민들이 삶을 영위하면서 의무를 지고 권리를 누리는 터전이다. 근대사학에서 고대의 국가를 설명할 때에도 영토는 역시 중요했다. 근대국가의 영토적 유래와도 관련되는 문제였기 때문이다. 다만 근대와 달랐던 점은 주권재민의 국민 주권이 미치는 공간이 아니라, 왕권신수의 군주 주권이 미치는 공간이라는 데 있었다. 그러한 의미에서 고대국가의 영토는 왕토였고, 영토의식의 주체도 왕이었다. 따라서 국가 간의 경계도 오늘날과 같이 분명할 수는 없었다.

---

1   여기에서 언급한 삼국의 군사 훈련, 전쟁 수행, 영토의식에 관한 논지와 광개토왕의 정복 활동에 관한 논지는 다음 논저에서 해당 내용을 요약 정리한 것이다(김영하, 『한국고대사회의 군사와 정치』, 고려대민족문화연구원, 2002; 「광개토대왕릉비의 정복기사해석」, 『한국고대사연구』 66, 2012).

고대국가에서 영토를 차지하는 주요 방법은 역시 전쟁이었다. 전쟁은 생존에 필요한 물자를 교역에 의해 조달하던 지배층들이, 그것이 갖는 경제적 이익을 배타적으로 독점하기 위해 상대방을 물리적으로 억압하는 과정에서 시작되었다. 그러한 결과 승자가 패자를 복속시키고 간접 지배하면서 공납을 요구하는 경우와, 승자가 패자를 점령한 뒤에 직접 지배하면서 세금을 부과하는 경우가 나타났다. 승자의 지배력이 강할 때에는 지배-납세관계였겠지만, 그렇지 못할 때에는 고구려와 동옥저의 경우에서 보는 바와 같이 복속-공납관계를 유지했다.

고대의 전쟁은 해당 국가가 처한 사회경제적 조건의 영향을 받을 수밖에 없었다. 고대국가의 지배자는 제한된 생산수단인 인간노동력을 생산과 군사 활동에 효율적으로 배치하는 데 관심을 기울였다. 수렵물로 의식衣食 재료를 보충할 수밖에 없었던 고구려에서 왕이 추·동계에 주재하는 전렵田獵은 그 자체로서 군사 훈련이었다. 농경사회인 백제와 신라에서 왕이 지휘하는 군사 훈련으로서의 열병閱兵이 춘·추계의 농번기를 피해 상대적 농한기인 여름철에 집중될 수밖에 없었던 이유이기도 했다. 다만 백제는 왕실이 부여-고구려 계통이었기 때문에 전렵을 병행했고, 신라는 겨울 농한기에 산성과 같은 방어 시설을 축조하거나 보수했다. 이러한 조건 하에서 삼국은 주변의 소국을 복속시킴으로써 국가를 형성했고, 대왕이 출현하는 단계에 이르러서는 토지와 인민을 포괄하는 영토에 대한 의식이 발현하게 되었다.

고구려에서는 108회의 전쟁 중에서 공격전이 66회로 방어전에 비해 많았다. 반농반렵半農半獵의 고구려사회에서는 전쟁 자체가 생산 활동의 일환이었음을 시사한다. 동명성왕 2년(기원전 36)에 전렵으로 주변의 비류국을 복속시킨 이래 태조왕 4년(56)에는 황초령 너머 동해안의 동옥저까지 복속시킬 수 있었다. 전사戰士 계층의 좌식자坐食者들은 그곳으로부터 쌀, 생선, 소금 등의 농산물과 해산물을 공물로 수취하여 삶을 영위했다. 이것은 고구려 초기의 일상생활에서 부족한 물자를 보충하기 위한 생산 활동으로서 전쟁의 의미를 잘 알려주는 사례이다. 이러한 고구려에서 미천왕 14년(313)에 낙랑군과 그 다음해에 대방군의 축출을 통해 대동강 유역의 농경지대를 확보한 경제적 의미는 적지 않았다.

고구려가 평양 지역을 차지한 일은 삼국 간의 각축전을 불러일으키는 도화선이었다. 평양은 백제의 공격을 유발한 곳이었으며, 고구려가 남진하는 전략 거점이기도 했다. 광개토왕은 6년(396)에 평양에서 출진하여 백제의 한성을 함락시키고 아신왕과 대왕大王−노객奴客의 복속 관계를 맺었다. 이러한 복속 관계 위에서 고대국가의 완성을 알리는 세 가지의 지표, 즉 대왕/인간, 역사/시간, 영토/공간에 관한 의식이 표출된 기념비로서의 〈광개토대왕비〉(414)를 장수왕대에 세울 수 있었던 것이다.

이에 따르면 광개토왕은 398년 동예, 399년 신라, 410년 동부여에 대해서는 기왕의 복속 관계를 강화하고, 396년 백제, 400년 임나가라에 대해서는 새로이 복속 관계를 맺었다. 한편 복속 관계를 맺을 수 없었던 395년 패려稗麗, 404년 대방계帶方界로 침입한 왜, 407년 후연後燕에 대해서는 막대한 전리품을 획득했다. 왕도의 중앙에 토착신앙의 세계관에서 세상의 중심을 의미하는 우주목宇宙木과 같은 거대한 석비를 세우고, 여기에 지상을 상징하는 비석의 네 면에 사방四方의 판도를 명시한 것은 도저한 영토의식의 발로였다. 복속지에 대한 고구려의 간접 지배는 장수왕 15년(427)의 평양 천도 이후 직접 지배로 바뀌게 되었다.

백제가 수행한 123회의 전쟁은 71회의 공격전과 52회의 방어전으로 나누어진다. 백제는 신라에 대해서는 공격적이었던 반면, 북방의 말갈과 고구려에 대해서는 방어 위주의 전쟁을 수행했다. 온조왕은 26년(8)에 전렵을 명분으로 출병하여 마한을 치고 그 국읍國邑을 아울렀다. 여기서 말하는 마한의 국읍은 마한 통합의 주체였던 목지국目支國을 가리키는 것으로 추측된다. 백제는 목지국이 행사하던 마한 지역에 대한 통제를 대신하게 됨으로써 주변의 소국에 대한 정복 전쟁이 없이도 국가를 형성할 수 있었다.

　백제의 영역 발전에서 주목할 만한 전쟁은 근초고왕 때에 있었다. 근초고왕은 24년(369)에 영산강 유역의 마한 세력을 복속시킨 뒤, 고구려의 고국원왕이 치양성(배천)으로 내침하자 태자를 보내 격파하고 포로 5,000여 명을 사로잡아 장사들에게 분급했던 것이다. 이들은 노예로서 농업노동력으로 전용되었을 것인데, 농경사회인 백제에서 전쟁이 차지하는 경제적 의미를 잘 보여준다. 또한 26년(371)에는 왕과 태자 근구수가 고구려의 남진 거점이었던 평양성을 치고 그곳에 머물던 고국원왕을 전사시켰다. 이와 같이 백제가 낙랑 고지와 대방 고지를 둘러싸고 고구려와 각축전을 벌일 때, 태자 근구수는 내침한 고국원왕의 군대를 격파하고 수곡성(신계) 서북에 이르러 "적석위표積石爲表"한 일이 있었다. 이것의 구체적인 모습은 알 수 없지만, 돌을 쌓아 경계를 표시했다는 점에서 영토의식의 발현에 다름 아니었다.

　끝으로 신라는 138회의 전쟁 중에서 왜와 31회, 백제와 44회, 고구려와 12회에 걸친 방어전을 수행할 만큼 수세적이었다. 탈해왕대(57~79) 이전의 신라는 아직 전쟁을 통해 주변의 소국을 복속시킬 만한 역량을 갖추지 못했기 때문에 국가 형성의 단계에 이를 수 없었다. 그러나 파사왕 23년(102)에 음즙벌국(안강), 실직국(삼척), 압독국(경산)을 각각 복속시킨 이래, 신라의 소국 복속은 조분왕 2년(231)과 7년(236)에 감문국(김천)과 골벌국(청도), 첨해왕대(247~261)에 사벌국(상주) 등 3세기까지 지속되었다.

신라는 고구려보다 150년 정도 늦게 국가 형성을 이루었으므로, 삼국 간의 각축전에도 늦게 뛰어들었다. 우선 법흥왕 19년(532)에 금관가야가 항복해옴으로써 낙동강의 하류 유역을 확보했다. 그런 다음 신라의 본격적인 영역 발전은 진흥왕대에 이루어지게 되었다. 진흥왕 12년(551)에는 고구려로부터 죽령 이북과 고현 이남의 10군에 해당하는 북한강의 상류 유역과 그 14년(553)에는 백제로부터 한강의 하류 유역을 탈취할 수 있었다. 또한 진흥왕 23년(562)에는 대가야를 정벌함으로써 낙동강의 중류 유역을 확보하게 되었다. 이때 진흥왕은 큰 공을 세운 사다함에게 전쟁 포로인 생구生口와 토지를 하사했는데, 고대사회에서 전쟁 수행이 갖는 경제적 의미를 다시 한 번 알려준다.

이와 같이 확장된 영토에 대해 진흥왕은 창녕, 북한산, 황초령, 마운령을 순수하고, 역시 대왕, 역사, 영토에 관한 의식이 집약된 기념비를 세웠다. 당시 순수비가 세워진 곳들은 모두 신라의 판도에서 변경이었던 바, 신라의 대왕이 다스리는 왕토를 대내외에 천명하려는 데 그 목적이 있었던 것이다.

2) 〈진흥대왕순수비〉의 이해

가. 순수비 건립의 배경

신라사에서 진흥왕의 위상은 고구려와 백제의 발전 과정에서 등장한 광개토왕이나 근초고왕과 같았다. 그는 신라의 24대 왕으로서 534년에 태어나 576년에 죽었다. 540년에 즉위했으니 재위 기간은 37년이었다. 이름은 삼맥종彡麥宗 혹은 심맥부深麥夫이고, 지증왕의 손자이자 법흥왕의 아우 입종갈문왕立宗葛文王의 아들이었다. 어머니는 법흥왕의 딸 김씨이며, 왕비는 박씨로서 사도부인思道夫人이었다. 7세의 어린 나이에 즉위했으므로, 왕태후 김씨가 섭정했다.[2]

진흥왕은 6년(545)에 이사부의 건의를 받아들여 거칠부 등 여러 문사로 하여금『국사』를 편찬하도록 했다.[3] 내물왕 이후 김씨의 왕위 세습이 확립된 이래 지증왕대의 국호 확정과 주군제의 실시, 법흥왕대의 율령 반포와 불교 공인 등 후세에 전할 만한 일들이 많았기 때문이었다. 여기에는 법흥왕에서 시작하는 중고中古 왕실의 정통성을 밝히는 의미도 있었을 것으로 짐작된다. 다만 진흥왕이 아직 친정하기 이전이었으므로, 『국사』 편찬은 섭정하던 왕태후 김씨의 주도로 이루어졌을 것이다.

한편 진흥왕은 법흥왕 때에 왕실의 필요에 따라 공인한 불교를 적극 장려했다. 진흥왕 14년(553)에 월성 동쪽에 새로운 궁궐을 짓다가 황룡이 나타나자 왕궁을 고쳐서 불사로 삼고 황룡사로 이름을 지은 것은 현저한 사례이다. 신라 최대의 사찰 황룡사는 진흥왕 27년(566)에 완공되었는데, 그 35년(574)에는 신라 최대의 불상인 장륙상丈六像을 주조하여 봉안했다. 황룡사가 완공되던 해에는 기원사와 실제사도 준공되었다.[4] 또한 진흥왕 5년(544)에는 흥륜사의 낙성을 계기로 도성인의 출가를 허락했으며, 그 10년(549)에는 양梁에서 불사리를 들여오거나 26년(565)에 진陳에서 불교 경론 1,700여 권을 들여오는 등 불교의 내실화에도 힘썼다.[5] 당시 신라의 불교는 왕실 불교로서 토착신앙을 대체하여 왕권

---

2 『三國史記』卷4, 眞興王 卽位年.
3 『三國史記』卷4, 眞興王 6年.
4 『三國史記』卷4, 眞興王 14年, 27年, 35年.
5 『三國史記』卷4, 眞興王 5年, 10年, 26年.

강화와 사상 통일에 기여했을 것이다.

　이러한 체제 정비 위에서 진흥왕은 영토를 확장하고 순수에 따른 기념비를 세웠다. 이것은 세속의 전륜성왕이었던 인도 아소카왕의 행적을 답습한 것이기도 했다.[6] 〈진흥대왕순수비〉(561~568)는 문헌의 내용을 보완해주는 사료적 의미 이외에도, 그 무렵의 사정을 당시의 글과 글씨로 오늘에 전하는 감동은 남다른 바가 있다. 진흥왕은 12년(551)에 법흥왕 23년(536) 이래 처음 사용해온 연호 건원建元을 개국開國으로 바꾸었다.[7] 여기에는 왕태후의 섭정을 벗어나 친정을 선포하는 의미도 없지 않았다. 진흥왕은 다시 29년(568)에 대창大昌, 33년(572)에 홍제鴻濟로 각각 개원했다.[8] 진흥왕대의 역사는 친정으로 나라를 열고, 대외적으로 크게 발전하며, 대내적으로 잘 다스린다는 의미의 연호 변천에 잘 반영되어 있다. 〈진흥대왕순수비〉는 바로 신라가 크게 번창하던 개국과 대창 연간의 산물이었다. 비문은 크게 보아 제목이라 할 수 있는 제기題記, 순수의 사연을 적은 기사紀事, 순수에 수행한 자들의 명단인 수가인명隨駕人名 등 세 부분으로 구성되어 있다.

　우선 창녕비(561)는 본래 화왕산에 세워졌다. 신라는 법흥왕 때에 금관가야의 항복으로 낙동강의 하류 유역을 차지한 이후, 낙동강 서방으로 진출하여 진흥왕 16년(555)에는 가야 고지인 비사벌(창녕)에 하주下州를 설치할 수 있었다.[9] 이에 진흥왕은 이곳을 순수하고 기념비를 세웠다. 이 비는 다른 순수비와 달리 제기에 "순수관경巡狩管境"의 표현이 없

6　홍윤식, 「백제 미륵사와 신라 황룡사의 창건배경 비교」, 『동북아세아에 있어서 백제문화의 위치』, 원광대마한·백제문화연구소, 1985.

7　『三國史記』卷4, 法興王 23年, 眞興王 12年.

8　『三國史記』卷4, 眞興王 29年, 33年.

9　『三國史記』卷34, 良州 火王郡.

기 때문에 척경비 또는 회맹비로 이해하기도 한다. 그러나 비문에는 다른 순수비와 마찬가지로 기사와 수가인명 부분이 있음으로써, 진흥왕이 신하들을 데리고 변경을 순수한 뒤에 세운 기념비로 파악하더라도 무방하다.

다음으로 북한산비(568 이전)는 원래 비봉에 건립되었다. 북한산비는 제기의 마멸로 말미암아 건립 연대를 알 수 없다. 진흥왕은 11년(550)에 고구려와 백제가 서로 공방을 벌이던 도살성(증평)과 금현성(진천)을 차지함으로써 한강 유역으로 진출할 수 있는 전진기지를 마련했다. 이에 진흥왕은 12년(551)에 낭성(충주)으로 순수하게 되었는데, 그 목적의 하나는 백제와 연합하여 고구려로부터 한강 유역을 탈취하려는 데 있었다. 그는 거칠부 등 여덟 장군에게 명하여 백제와 함께 고구려를 치고 죽령 이북과 고현 이남에 해당하는 10군을 공취했다.[10] 이때 백제의 성왕은 고구려의 북한산군을 포함하는 평양(양주)을 치고 한강 하류 유역의 6군을 회복하는 숙원을 이룰 수 있었다.[11]

그러나 한강 하류의 전략적 가치를 파악한 진흥왕은 14년(553)에 백제로부터 이곳을 빼앗은 뒤 신주新州(이천)를 두어 관할했다. 진흥왕이 16년(555)에 북한산으로 순수하여 강역을 개척하고 획정할 수 있었던 배경이며, 그 18년(557)에는 신주를 폐지하고 더 나아가 북한산주北漢山州(서울)를 설치했다.[12] 이러한 북방 영토의 개척 과정에서 죽령 너머에 〈단양적성비〉(551 이후), 한강을 넘어서는 북한산비가 세워질 수 있었다. 제기에 진흥태왕과 중신들이 순수할 때의 기록이라는 "진흥태왕급

---

10 『三國史記』卷4, 眞興王 12年.
11 『日本書紀』卷19, 欽明天皇 12年.
12 『三國史記』卷4, 眞興王 16年, 18年.

중신등순수□□지시기眞興太王及衆臣等巡狩□□之時記"의 명문이 순수비임을 알려준다.

끝으로 황초령비(568)는 함남 함흥군 황초령에, 마운령비(568)는 함남 이원군 마운령에 각각 세워졌다. 문헌 자료에 의하면 당시 신라의 동북경은 진흥왕 17년(556)에 설치한 비열홀주比列忽州(안변)가 관할하고 있었다.[13] 그러나 황초령비와 마운령비는 안변보다 더 북방에 세워짐으로써 신라의 이곳 진출과 관련하여 크게 보아 두 가지 해석이 있을 수 있다. 그 하나는 동해안의 해상 교통로를 이용하여 진출했을 가능성이다. 다른 하나는 고구려에 종속되었던 동옥저가 신라와 새로운 관계를 수립했을 가능성이다.

후자의 해석을 따를 경우, 신라가 죽령 이북과 고현 이남의 고구려 10군을 공취한 사실은 주목을 요한다. 여기에서 고현은 강원도 북부의 철령에 비정되므로,[14] 이때 신라는 북한강의 상류 유역까지 진출한 사실을 알 수 있다. 따라서 비열홀주는 지증왕 13년(512)에 설치한 하슬라주何瑟羅州(강릉)로부터 동해안을 따라 북진한 결과로 설치된 것이 아니라, 신라가 내륙을 통해 북한강의 상류 유역으로 진출함으로써 새로이 복속된 동옥저 지역에 설치할 수 있었던 것으로 추측된다.[15] 이러한 신라의 동북방 진출에 따라 순수비도 황초령과 마운령에 건립될 수 있었던 것이다.

---

13 『三國史記』卷4, 眞興王 17年.

14 池內宏, 『滿鮮史硏究』上世2, 吉川弘文館, 1960.

15 김영하, 「삼국과 남북국시대의 동해안지방」, 노중국 외, 『한국고대사회와 울진지방』, 울진군, 1999.

나. 순수비의 내용 검토

〈진흥대왕순수비〉 중에서 창녕비를 제외한 나머지 세 비는 형식이 유사하며, 황초령비와 마운령비는 내용마저 거의 같다. 우선 창녕비는 제기에 신사년(561) 2월 1일에 비를 세운 사실만 나온다. 기사에서는 진흥왕이 어린 나이에 나라를 이어받고, 정치는 보필하는 신하에게 위임한 사실을 언급했다. 그리고 창녕 지방으로 순수할 수밖에 없었던 이유를 적었지만, 마멸이 심해 그 내용을 제대로 파악하기 어렵다. 수가인명 부분에는 갈문왕, 대등, 사방군주四方軍主, 사대등使大等, 촌주 등 왕을 따랐던 신하들이 '부명+인명+관등명'의 형식으로 기록되어 있다.

북한산비는 제기의 건립 연대에 관한 부분은 마멸되었지만, '진흥태왕眞興太王'이 여러 신하들과 관경管境을 순수할 때에 기록이라는 내용은 남아 있다. 기사의 전반부는 역시 결자가 많아 구체적인 내용을 알기 어렵다. 다만 후반부에서 진흥왕이 관경을 순수하고 민심을 찾아 살펴서 위로하고 상을 내릴 뿐만 아니라, 만일 충신하고 정성이 있는 자에게는 상을 더하겠다고 서술한 부분은 다음에 살펴볼 마운령비의 기사 후반부와 동일한 내용이다. 수가인명은 역시 '부명+인명+관등명'의 형식으로 기록하고 있다. 이들 중에서는 553년에 6관등 아찬으로 신주新州 군주軍主에 임명되었던 김유신의 조부 무력이 3관등 잡찬으로 승진하여 왕의 수레를 따랐던 사실도 확인된다.

황초령비는 왕경으로 돌아오는 내용을 적은 회가廻駕 부분을 제외한 나머지는 마운령비의 내용과 거의 같다. 다행스럽게도 마운령비의 결자 부분은 황초령비로 보완할 수 있기 때문에 내용 파악에 어려움은 없다. 비문 검토를 위해 내용이 비교적 온전한 마운령비의 비문을 옮겨보면 다음과 같다.

A. 태창 원년 세차 무자戊子 8월 21일에 진흥태왕眞興太王이 관경을 순수하고 돌에 새겨 기록한다.

B1) 무릇 순풍純風이 일지 않으면 세상의 도리가 진실함에 어긋나고, 현화玄化가 떨치지 않으면 사악함이 서로 다툰다. 이에 제왕이 연호를 세울 때에는 자신을 닦아 백성을 편안하게 하지 않으면 안 된다. 2) 그러나 짐朕은 역수曆數가 나에게 이르렀으므로 우러러 태조의 기업을 이어 왕위를 계승하고, 몸을 조심하고 스스로 삼가 천도天道에 어그러질까 두려워했다. 또한 하늘의 은혜를 입어 운수運數를 열어 보이며, 그윽이 신기神祇에 감응하니 부명符命에 응하고 주산籌算에 맞았다. 이로 인해 사방으로 경계를 개척하여 널리 백성과 토지를 획득하고, 이웃 나라와 신의를 맹세하니 우호의 사절이 서로 통하게 되었다. 3)굽어 스스로를 헤아려보니 신고新古의 백성을 위무하였으나, 오히려 왕도의 덕화는 두루 미치지 않고 은혜의 베풂도 있지 않다고 말하였다. 이에 세차 무자년 가을 8월에 관경을 순수하고, 민심을 찾아 살펴서 위로하고 상을 내리고자 한다. 만약에 충신忠信과 정성精誠이 있고 재주가 뛰어나서 일처리가 엄정하거나, 적에게 용감하고 굳세게 싸워서 나라를 위해 절의節義를 다한 공이 있는 무리에게는 상으로 관작官爵과 물품을 더해주고 공훈과 노고를 드러내고자 한다.

C. 수레를 몰아 하루의 일정을 지나 10월 2일 계해에 이르러서는 섭시달涉是達과 비리非里를 향하였고 (결자) 인하여 변계邊堺에 유시하였다.

D. 이때 수레를 따른 자로서 사문도인沙門道人은 법장法藏과 혜인慧忍이

다. 대등大等은 (후략).

A 단락은 제기 부분이다. 진흥왕은 대창으로 개원한 무자년 8월 21일에 중국의 천자와 같이 관할 영역을 순수하고, 그 사실을 기념하기 위해 돌에 새겨 기록했다.[16] 이를 통해 '진흥'은 생시의 호칭이었고, 칭호는 '태왕'이었음을 알 수 있다. 대창을 태창으로 표기한 데서도 알 수 있듯이 '대大'와 '태太'는 동의어로 병용될 수 있었다. 대왕 칭호는 법흥왕 대부터 사용되었는데, 법흥왕은 불교 수용 이후의 〈울주천전리서석〉을 묘명(535)과 추명(539)에서 각각 '성법흥대왕聖法興大王'과 '모즉지태왕另即知太王'으로 불렸다.[17] 신라의 대왕 칭호는 내물왕대(356~401)에 고구려에 인질로 보내졌던 실성을 통해 받아들여졌을 것이다. 당시 고구려의 광개토왕은 '영락태왕永樂太王'으로도 불리고 있었기 때문이다.

B 단락은 기사 부분으로서 추상적인 문구를 제외하면, B1)은 순수의 명분을 밝힌 내용이다. 진흥왕은 중국의 제왕처럼 개국에서 대창으로 개원했으므로 먼저 자신을 닦은 연후에 백성을 편안하게 하지 않으면 안 되었다. 이 구절은 『논어』 헌문편에서 "수기이안백성修己以安百姓"의 인용이다. B2)는 순수의 배경에 관한 것이다. 짐으로 자처한 진흥왕은 하늘의 역수에 따라 즉위했으므로, 천신지기天神地祇의 뜻에 부응해서 널리 백성과 토지를 획득할 수 있었다. 여기에서 앞 구절은 『논어』 요왈편에 나오는 "천지역수재이궁天之曆數在爾躬"과 같은 표현이다. B3)은 순수의 구체적인 이유이다. 왕의 덕화가 미치지 않는다는 불평들이

---

16 이와 같이 순수에 수반한 기념비 건립의 기원은, 진시황이 천하를 통일하고 사방으로 순행한 뒤에 순수비를 세운 데서 찾을 수 있다(김영하, 「신라시대 순수의 성격」 『민족문화연구』14, 1979).

17 김영하, 「삼국시대의 왕과 권력구조」 『한국사학보』12, 2002.

있으므로, 진흥왕은 관경을 순수하고 민심을 살펴서 위로하고 상을 내리고자 했다. 요컨대 진흥왕은 당시의 고양된 대왕의식에 따라 자신을 중국의 황제의 지위에 견주면서 유교적 왕도 정치를 표방하고, 새로이 복속된 동옥저 지역의 영역을 확인하고 민심을 안정시키기 위해 순수를 실시했던 것이다.

C 단락은 기존에 검토 단위로 구분하지 않았던 것인데, 왕경으로의 귀환 과정이 담긴 내용이다. 북한산비에서는 "한성을 지나 (결자) 석굴에 있는 도인을 보고 (결자) 돌에 새겨 글을 기록한다"는 부분이고, 황초령비에서는 "수레를 돌려서 (결자) 14 (결자) 변계에서 유시하였다"는 부분이다. 마운령비에서는 "수레를 몰아 하루 정도 가서 10월 2일 계해일에는 섭시달과 비리를 향하였으며, 변경 지방에서는 유시를 행하였다"고 한다. 여기의 비리가 비열홀, 즉 안변이라면 왕도로 귀환하는 길에 있었던 일들을 적어 놓은 것으로 추측된다.

D 단락은 수가인명이다. 법장과 혜인 같은 승려가 수레를 따르는 행렬의 필두에 기재된 사실이 주목된다. 진흥왕은 불교 장려에 진력한 호불好佛의 군주였으므로, 왕권 강화와 사상 통일의 수단으로서 불교를 널리 전할 필요가 있었을 것이다. 이러한 관점에서 승려가 토착신앙에서 그 신앙의 중심이었을 산 위에 순수비를 세우는 의식을 주관함으로써 왕권과 더불어 불교의 위세를 과시했을 가능성이 있다. 그 밖에 수레의 뒤를 따른 수가인에는 귀족회의의 구성원인 대등을 비롯하여 집가인執駕人, 이내종인裏內從人, 점인占人, 약사藥師, 나부통전奈夫通典, 급벌참전及伐斬典, 당래객堂來客, 이내객裏內客, 외객外客, 조인助人 등 다양한 직능의 인물들이 포함되어 있었다. 이러한 인물들로 구성되는 순수 행차는 그 자체로도 이미 '진흥태왕'의 왕권을 과시할 수 있는 일종의 거대한 공연에 다름 아니었다.

그러나 진흥왕은 북한산에서 황초령과 마운령에 이르는 북방의 변경을 순수한 뒤 그 29년(568) 10월에 북한산주를 폐지하고 남천주를, 또한 비열홀주를 폐지하고 달홀주達忽州(고성)를 설치하는 조치를 취했다. 이것은 마운령비의 귀환 과정에 나오는 10월 2일을 고려한다면, 귀환 도중이거나 직후에 취해진 것으로 추측된다. 변경 지방의 주치州治를 후방으로 물리는 후속 조치는 관할의 현실적 어려움을 순수를 통해 파악한 결과일 것이다.

3) 일제 식민사학의 왜곡[18]

고대의 영토의식 발현에 따른 〈진흥대왕순수비〉 자체를 검토한 데 이어 이에 관한 식민사학의 왜곡 내용을 살펴보려고 한다. 먼저 조선시대의 〈진흥대왕순수비〉에 대한 인식의 정리가 필요하다. 조선 중기의 역사지리학자 한백겸은 함흥의 황초령비와 단천의 마운령비를 통해서 옥저가 신라에 복속된 사실을, 조선 후기의 금석학자 김정희는 황초령비를 통해 신라의 영토가 이곳까지 이르렀던 사실을 알 수 있다고 했다. 또한 그는 1816년에 북한산비를 직접 조사하고 신라와 고구려의 경계를 밝히는 정계비로 인식한 바 있었다. 한편 창녕비는 도리이 류조鳥居龍藏가 1914년에 조선총독부에 보고함으로써 알려졌고, 조선 후기에 역사지리학자인 신경준과 김정희에 의해 존재를 의심받았던 마운령비는 1929년에 최남선에 의해 다시 발견되었다.

---

18 여기에서 〈진흥대왕순수비〉에 대한 조선 후기의 인식과 식민사학의 위작설 및 이치설에 관한 논지는 다음 논문에서 관련 내용을 발췌 정리한 것이다(김영하, 「일제시기의 진흥왕순수비론」, 『한국고대사연구』52, 2008).

이와 같이 진흥왕의 네 순수비가 세상에 알려진 시기는 차이가 있지만, 그 기능에 대해서는 대체로 건립처를 경계로 삼는 정계비로 인식하고 있었다. 그런데 마운령비가 다시 발견되기 이전에 황초령비를 둘러싼 이견이 식민사학 중에서도 만선사관에 의해 제기되었다. 식민사학을 이루는 두 논리는 정체성론과 타율성론이었는데, 한국고대사에 주로 적용된 논리는 후자였다. 일본사학자들은 일선동조론에 입각하여 고대 일본의 한반도남부경영론을 주장했고, 동양사학자들은 만선사관을 따라서 전근대시기의 만주와 조선 사이의 경계 변천에 많은 관심을 기울였다. 그러한 관점에서 〈진흥대왕순수비〉는 매우 적합한 연구 대상이었던 한편, 식민사학의 본색이 드러나는 좋은 사례이기도 하다.

만선사관의 황초령비에 대한 연구에서 왜곡의 핵심은 두 가지였다. 그 하나는 후세에 만들어진 위작僞作이라는 것이고, 다른 하나는 후세에 옮겨진 이치移置라는 것이었다. 이러한 논지는『삼국사기』가 전하는 진흥왕 때의 동북경은 안변을 넘지 않았는데 비해, 진흥왕대의 영토가 함남 지방까지 이르렀던 사실을 알려주는 황초령비의 존재로 말미암아 야기된 사료 간의 괴리를 극복해야 할 필요에서 제기되었다. 이럴 경우 문헌보다 금석문 자료를 따르는 것이 순리임에도 불구하고, 만선사관이 문헌의 내용에 집착하여 황초령비를 왜곡 해석한 데는 그럴 만한 현실적인 이유가 있었다.

먼저 위작설은 츠다 소우기치津田左右吉의 견해이다. 그는 황초령비에 '대창'이라는 연호가 보이지 않을 뿐만 아니라 '진흥'이라는 왕의 이름이 적혀 있고, 혜공왕 때에 시행된 5묘제 이후에 사용되어야 할 '태조'가 보이는 점 등을 들어 후대의 위작설을 제기했다. 이는 동북경의 북단이 안변이라는 선험적인 결론 위에서 비문과 문헌에 대한 엄밀한 사료 비판과 내용 검토를 결여한 주장에 지나지 않았다. 더구나 후세의 위작을 입증하는 데 불가결한 언제, 무엇 때문에 위작한 것인지에 대해서도 밝히지 않았다. 이러한 근본적인 한계가 있었기 때문에 마운령비의 발견 이후에는 순수비 자체에 관해 다시 언급하지 않았는지도 모른다.

츠다 소우기치의 위작설이 제기된 뒤 황초령비를 본격적으로 검토한 것은 이마니시 류今西龍였다. 그는 1913년의 현지 조사를 바탕으로 황초령비의 위작 가능성을 부정했다. 그도 처음에는 조선시대의 선정비와 같은 비석 모양과 새로 만든 것 같은 색감 때문에 근세의 위작으로 생각하기도 했다. 그러나 고려시대 이후의 사람으로서 이만큼 신라의 사정에 정통한 작문을 할 수 있는 자가 없고, 비문의 서체에서 느껴지는 서풍은 도저히 후대인의 것이 아니라는 두 가지 이유를 들어 위작이 아니라고 확신했다. 다만 황초령비는 물론 북한산비와 창녕비의 작문과 서사書寫는 신라에 벼슬한 중국인, 혹은 그 후손에 의해 이루어졌을 것으로 보는 식민사학자로서의 한계가 없지 않았다.

다음으로 이치설은 이케우치 히로시池內宏의 견해이다. 이마니시 류에 의해 위작설이 비판되었음에도 불구하고, 금석문보다 문헌의 내용에 집착하는 한 황초령비에 대한 부정적인 논의는 다시 제기될 수밖에 없었다. 이때 가능한 논리는 츠다 소우기치가 밝히지 못했던 위작의 시기와 목적을 이치移置로 치환하여 사료를 해석하는 방법이었다. 이케우치 히로시가 피력한 후대의 이치설이 바로 그러했다. 그는 현존 문헌에서 황초령비의 존재를 입증할 수 있는 증거를 찾으면 다행이지만, 그렇지 못할 경우에는 어떻게 그곳에 건립되었는가를 설명하지 않으면 안 된다는 연구의 동기를 밝혔다.

이케우치 히로시는 황초령비가 진흥왕 29년 10월에 비열홀주가 폐지되기 두 달 전인 8월 21일에 세워졌더라도, 진흥왕의 순수와 밀접하게 관련된 비열홀주의 폐지는 실제로 안변 이북에 비열홀주와 같은 신라의 주현이 설치되지 않았음을 의미하는 것으로 보았다. 그러한 까닭에 진흥왕의 순수비가 안변에서 멀리 떨어진 황초령에 세워진 점을 납득할 수 없었고, 철령 혹은 그 부근에 세워졌던 비가 후대에 황초령으로 이치된 것으로 이해하기에 이르렀던 것이다.

이제 황초령비가 철령으로부터 옮겨진 시기와 목적을 밝히지 않으면 안 되었다. 이케우치 히로시는 고려 예종 때에 윤관이 요遼의 세력 하에 있던 함흥평야의 여진을 정벌하고 영주英州 등지에 9성을 축조할 때, 그 점유 사실을 역사적으로 입증하기 위해 종래 철령 부근에 세워졌던 진흥왕의 순수비를 점령 지역의 북단에 해당하는 황초령으로 옮겼을 것으로 논단했다. 그는 마운령비의 발견 이후에도 신라의 동북경에 관한 자신의 견해를 고수했지만, 황초령비의 이치설에 대한 수정은 물론 마운령비에 대한 적절한 해석의 필요성만은 인정했다.

한편 마에마 교사쿠前間恭作는 또 다른 이치설을 주장했다. 그는 창녕비에 나오는 '사방군주四方軍主'의 주치州治인 비자벌, 한성, 비리성, 감문의 네 곳에는 진흥왕의 순수비가 건립되어 있었을 것이라고 전제한 다음, 마운령비의 발견 이전까지 비자벌의 창녕비, 한성의 북한산비와 더불어 황초령비는 본래 비열홀이었던 비리성에 세워졌던 것으로 추정했다. 이러한 논리에 따라 감문에 세워졌던 순수비는 없어지지 않는 한 어느 곳인가에 존재할 것으로 상정하고 있었다. 그러던 중에 최남선이 마운령비를 발견하여 학계에 보고하자, 그는 감격에 겨워하며 기왕의 가설을 바꾸게 되었다. 마운령비야말로 비리성의 비이고, 이제까지 비리성의 비라고 생각해왔던 황초령비는 기실 감문의 비라고 단정했던 것이다.

위작설의 츠다 소우기치와 이치설의 이케우치 히로시는 만선사학滿

鮮史學의 창시자인 시라토리 구라기치白鳥庫吉의 제자로서, 만주와 조선의 지리와 역사에 관심을 가질 수밖에 없었던 동양사학자로서의 정체성을 공유하고 있었다. 이들은 신라의 동북경에 관한 문제를 한국사의 차원에서 신라 영토의 개척과 퇴축 문제로 파악하는 것이 아니라, 동양사의 차원에서 한국사의 신라와 만주사의 고구려 및 발해의 영역 문제로 치환하여 인식했던 것이다. 따라서 진흥왕대는 물론 발해와 병존할 때에도 신라는 함흥평야로 진출하지 못했으므로, 그 이북은 만선사관에서 만주의 역사로 편입시킨 발해의 영역일 수밖에 없었다. 신라의 동북경이 덕원 또는 영흥을 넘지 못하고, 고려의 동북경이 함흥 또는 북청을 넘지 못했다는 만선사관의 선험적 경역 인식에서 황초령비에 대한 위작설과 이치설의 제기는 불가피했던 셈이다.

일제시기에 동양사학자들의 만선사 연구는 실증사학의 높은 수준을 보여준다고 한다. 그러나 일제에 의한 만주 위주의 만한불가분론滿韓不可分論에 매몰된 만선사관의 실증은 황초령비의 연구에서는 물론, 신라의 '통일' 영역을 굳이 대동강과 원산만 이남으로 설정한 데서도 보듯이 이미 객관성을 상실하고 있었다. 고대사 연구가 당시의 사실을 실증적으로 밝히는 데 더하여, 고대의 사실에 관한 근대사학의 해석 논리도 함께 살피는 두개의 시선을 갖지 않으면 안 되는 이유가 여기에 있다.

(「고대의 영토의식과 진흥대왕순수비」, 한국고대사학회 엮음,
『우리 시대의 한국고대사』2, 주류성, 2017)

3. 고대 왕권의 전개와 전환: 신라 왕권의 사적 추이

1) 주제의식의 현재적 소재

왕은 자신의 의지를 그 이외의 다수에게 관철시킬 수 있는 정치적 지배자이다. 왕권은 그런 지배를 담보하는 권한이다. 왕권 행사에는 인간의 욕망에서 비롯되는 본질적 속성과 시대적 조건의 제약을 받는 역사적 성격이라는 이중성이 내포되어 있다. 이러한 속성으로 인해 왕권에 관한 논의는 학문적 탐구의 대상인 동시에 교훈적 성찰의 소재이기도 하다. 따라서 권력의 역사를 논의하는 이유의 하나는 현행 권력마저 역사화함으로써 보다 나은 권력의 미래를 전망해보려는 데 있겠다. 고대왕권에 관한 논의도 역시 마찬가지이다. 이러한 주제의식을 구체화하기 위한 단서로서 박근혜 정부 3년차인 2015년의 모 일간지에 게재된 기사 몇 가지를 적어보면 다음과 같다.

A1) 11월 10일, 박근혜 대통령은 국무회의에서 "(전략) 자기 나라 역사를 모르면 혼이 없는 인간이 되는 것이고, 바르게 역사를 배우지 못하면 혼이 비

정상이 될 수밖에 없습니다"라고 언급하였다.

2) 12월 17일, 청와대로부터 연일 국회 정상화를 요구 받고 있는 정의화 국회의장은 "당연히 3권 분립이 돼 있는 대한민국 민주체계에 뭔가 좀 의심이 가는 얘기들은 가급적 피하는 게 좋다"며 불편한 심기를 내비쳤다.

B1) 3월 16일, 박근혜 대통령은 주호영, 윤상현, 김재원 등 3인의 국회의원을 정무특보에 공식 위촉하였다.

2) 11월 11일, 유일호 국토교통부 장관과 유기준 해양수산부 장관이 취임 8개월 만에 장관직에서 물러나 국회로 복귀하였다.

3) 12월 21일, 박근혜 대통령은 신임 경제부총리 겸 기획재정부 장관에 국회의원 유일호를 내정하였다.

C1) 8월 15일, 국회의원 윤후덕은 로스쿨 출신의 변호사인 딸이 2년 전 LG디스플레이의 입사 과정에서 특혜가 있었다는 의혹이 제기되자, 모두 자신의 잘못이라고 사과하였다.

2) 11월 26일, 국회의원 신기남은 자신의 아들이 로스쿨 졸업 시험을 통과하지 못해 변호사시험 응시가 어려워지자, 학교 측에 아들을 구제해 달라는 압력을 행사한 것으로 알려졌다.

3) 11월 30일, 국회 산업통상자원위원장인 노영민 의원은 의원회관 사무실 내에 신용카드 단말기를 설치하고 자신의 시집을 국정감사 피감기관에 판매한 의혹이 제기되었다.

D. 12월 20일, 《교수신문》은 올해의 사자성어로 '혼용무도昏庸無道'가 뽑혔다고 밝혔다.

앞의 기사 A, B, C에서 대통령을 왕, 장관을 관료, 국회의원을 귀족으로 바꾸어 읽으면, 그 내용에서 전근대시기의 사실들과 방불한 골자를 간취할 수 있을 것이다. 권력이 매개된 역사적 사실에는 권력의 본질적 속성이 내재되어 있기 때문이다. 기사 A1)은 군사독재 속에 산업화를 이루었다는 박정희 대통령을 이은 대통령 박근혜가 국사 교과서의 국정화와 관련하여 언급한 내용이다. 국사 교과서의 국정화에 대한 시비 여부는 차치하더라도, 국정화를 수단으로 국민의 혼까지 통치 대상으로 삼아 교정하려는 데 문제의 심각성이 있다.

기사 A2)는 노동 관련 법안을 비롯한 주요 쟁점 법안에 대한 직권상정의 요구가 받아들여지지 않은 상황에서, 청와대로부터 압박을 받은 국회의장이 삼권 분립의 정신에 입각하여 문제를 제기한 발언이다. 헌법에 따르면 국민으로부터 나온 모든 권력 중에서 행정권은 대통령을 수반으로 하는 정부에 속하고, 입법권은 당연히 국회에 속한다. 그런데 실제 운영에서 대통령의 제왕적 모습이 불식되지 않는 것은 전근대시기에 있었던 중앙집권적인 권력 행사의 역사와 무관하지 않다.

이와 같은 사실은 기사 B1)에서도 확인된다. 지역구 출신의 세 의원이 대통령의 정무특보에 위촉됨으로써 유권자인 국민을 대신하여 행정부를 견제하기는커녕 오히려 그 대상인 대통령을 위한 일에 골몰할 수밖에 없게 되었다. 이에 대해서는 헌법상의 삼권 분립 위반이나 국회의원의 겸직 금지 위배 등의 논란이 뒤따랐다. 정작 중요한 것은 국회의원의 기본 책무를 저버리고 청와대의 입장에 서서 국회의 권능을 아랑곳하지 않는 당사자들의 태도이다. 대통령의 의중을 대행하는 정치적 역할이 향후 국회의원으로 다시 선출되는 데 유리하다고 판단했기 때문일 것이다.

한편 기사 B2)에서 주목할 것은 장관직이 국회의원으로 선출되기 위한 수단으로 여겨지고 있다는 점이다. 대통령이 측근 의원을 장관에 임명함으로써 국회의 권능을 약화시키고, 국회의원은 장관 경력이 선거에서 유리하다는 데서 서로의 이해관계가 맞았기 때문일 것이다. B3)에서 유의할 것은 국회의원으로서 행정부의 장관을 겸하다가 국회로 돌아갔던 의원 중의 한 명이 한 달여 만에 다시 장관에 내정된 점이다. 그는 다선 의원을 지낸 부친에 이어 국회로 진출했다. 물론 능력에 따라 장관직을 수행했고 다시 다른 부처의 장관으로 내정되었을 것이다. 그러나 국회의원과 장관을 매개한 권력의 과점 현상은 인재 발탁의 폭을 좁힘으로써 국정의 난맥상을 초래하는 원인일 수 있다.

기사 C1), 2)는 지역구 출신의 두 의원이 저지른 비리와 관련된 내용이다. 국회의원의 비리가 이것만은 아니지만, 굳이 인용한 이유는 로스쿨 제도가 현대판 음서제일 수 있다는 문제점을 노출시키면서 제도 개선의 필요성을 야기한 사회적 의미를 담고 있기 때문이다. 헌법에 의하면 국회의원은 국가 이익을 우선하며 양심에 따라 직무를 수행해야 한다. 두 사례는 자신들의 공적 지위를 이용하여 사적 이익을 추구하는 비리를 저질렀던 셈이다. 이러한 사리 탐닉은 C3)에서 보다시피 의원회관 내에서 피감기관을 상대로 자신의 시집을 판매하는 행태로도 나타났다. 인간으로서 차마 하지 않는 최소한의 자존심이 필요한 부분이라 하겠다.

위에서 살펴본 사실들은 모두 기본적인 원칙을 망각한 데서 연유하는 현상으로서 국가공동체에 균열을 가져올 수 있는 것이었다. 그러한 까닭에 기사 D에서 교수들은 올해의 사자성어로 혼용무도를 선택했다고 한다. 이들은 직업적 속성상 세상이 크게 평온해도 태평성대라고 말할 위인들이 아니지만, 군주가 어리석고 용렬하여 세상이 어지럽고 도리가 제대로 행해지지 않았다는 평가는 혹평에 가깝다. 그 해의 다사다난과

정치권의 대응을 돌아다 볼 때 뼈아픈 지적이라 아니할 수 없다.

이러한 사실들은 『삼국사기』에서 아들을 두지 못했던 진평왕의 심모 원려와 딸 덕만의 선덕왕 즉위, 후세에 볼 만한 것을 전하려던 진흥왕대 의 『국사』 편찬, 구성원권構成員權을 세습한 귀족회의와 그 대표 이벌찬 의 권능, 김용춘의 내성사신內省私臣 임명과 왕실 기능의 강화, 대등회 의의 구성원이면서 행정 관부의 장을 겸한 귀족관료, 당시 관행에 따라 전쟁 포로나 토지와 같은 전리품에 집착했던 귀족, 끝으로 선덕왕에 대 한 김부식의 폄론貶論 등을 상기시키면서 인간사의 고금이 크게 다르지 않다는 사실을 보여준다. 다만 권원權原을 시조신始祖神에 두는 신라 왕 조에서는 무방했더라도, 주권재민의 대한민국에서는 일어나서는 안 될 일이라는 점이다.

이처럼 현재의 사실과 고대의 사실에는 시대적 조건의 차이가 있을 뿐, 권력의 본질적 속성이 공히 내재되었을 것이라는 인류학적 전제는 고대의 사료 이해에 역사적 상상력을 제공해줄 것이다. 이러한 문제의 식에 입각하여 고대 왕권에 관한 논의를 신라 중심으로 살펴보고자 한 다. 다만 주제의 성격상 기왕에 발표된 글에서[1] 관련 내용을 재구성하 면서 비교사적 내용들을 보완하는 데 그칠 수밖에 없음을 밝혀둔다.

신라사에 대한 전통적인 시기구분에는 『삼국사기』가 구분한 상대, 중 대, 하대의 삼대론三代論과, 『삼국유사』가 구분한 상고, 중고, 하고의 삼 고론三古論이 있다. 중고기는 상대와 함께 진덕왕대(647~653)가 하한이 었지만, 법흥왕대(514~539)를 상한으로 설정한 점에서 달랐다. 중대는 하고기와 같이 태종무열왕대(654~660)를 상한으로 설정했더라도, 혜공

---

1 김영하, 『한국고대사회의 군사와 정치』, 고려대민족문화연구원, 2002; 『신라중대사회연구』, 일 지사, 2007; 『한국고대사의 인식과 논리』, 성균관대출판부, 2012.

왕대(765~779)가 하한인 점에서 차이가 있었다. 결국 신라사는 7세기 중엽을 분기로 이전의 상·중고기와 그 이후의 중·하대라는 네 시기로 나눌 수 있다. 이러한 시기구분은 신라 왕호의 변천과도 상응하고 있었다. 상고기는 고유식 왕명 시기, 중고기는 불교식 왕명 시기, 하고기 또는 중·하대는 유교식 왕명 시기이기도 했다. 고유식 왕명 시기에는 다시 거서간, 차차웅, 이사금, 마립간의 차례로 왕권의 강도는 차이를 보이고 있었다.

이러한 신라사의 시기구분에 따라 고대 왕권으로서의 상·중고기 왕권의 전개와, 중세적인 중대 왕권으로의 전환에 관해 살펴볼 생각이다. 각 시기마다 해당 사회의 성립 상황, 왕권과 이념의 관계, 귀족과 관료의 위상 변화, 지방 지배의 양상 변천 등이 검토의 대상이 될 것이다. 신라는 지리적으로 한반도의 동남방에 위치했으므로, 고조선에서 발원한 국가 형성의 여파가 가장 늦게 미친 지역이었다. 따라서 선행 사회로서 고조선과 부여의 왕권에 관한 소묘는 동일한 과정을 거쳤을 신라의 왕권 이해에도 시사하는 바가 있을 것이다.

제정일치의 사회에서 제천을 주관한 단군은, 홍익인간이 가능한 규모의 소국 수장으로서 사회적 지도자에 지나지 않았다. 소국의 병합을 통해 고대국가로 이행한 고조선에서는 조선후朝鮮侯가 기원전 4세기 무렵에 연燕과의 길항 관계 속에서 정치적 지배자로서 왕을 자칭하기에 이르렀다. 이러한 조선 지역에서의 동향 변화는 중국의 전국시대에 제후들이 경쟁적으로 자립을 지향하던 정치적 동향과 무관하지 않았다. 고조선의 왕위는 부자간에 상속되고 있었다. 특히 위만조선에서 태자의 존재는 왕제王制의 확립을 의미했다. 위만조선의 권력구조는 왕을 위해 복무하는 관료적 성격의 대신大臣과, 귀족회의를 구성하고 왕을 견제하는 귀족적 성격의 상相으로 이루어졌다. 한편 부여에서도 부자상속의 왕제는 확립되어 있었으며, 재지기반의 가加들이 귀족회의를 구성한 데 비해 왕에게 예속된 관료적 성격의 사자使者들은 국사를 담당했을 것이다.

위만조선의 왕 우거右渠는, 한과의 관계 개선을 간언하다가 받아들여지지 않자 진국辰國으로 떠난 귀족회의의 대표인 조선상朝鮮相 역계경歷谿卿은 물론 자신의 주전노선을 따르지 않고 다른 귀족 세력과 함께 한에 투항한 조선상 노인路人을 제지할 수 없을 만큼 왕권에 한계가 있었다. 부여의 귀족회의는 흉년에 대한 책임을 물어 왕 마여麻余를 죽이고 그의 어린 아들 의려依慮를 즉위시킬 정도로 왕권을 제약하고 있었다. 이러한 위만조선과 부여의 경험이 시간적으로 지속하고 공간적으로 확산하는 과정에서 고구려, 백제, 신라, 가야가 차례로 성립되었다.

2) 상고기 왕권의 위상과 귀족

신라 상고기의 왕권을 검토하기에 앞서 왕의 권력 행사를 가능케 한 국가 형성에 관해 먼저 언급해둘 필요가 있다. 『삼국사기』는 기원전 57년에 신라, 기원전 37년에 고구려, 기원전 18년에 백제가 각각 건국한 것으로 기록하고 있다. 그러나 요동 지역과 한반도의 서북방에 걸친 선진 지역에서 소국 병합을 통한 고대국가로의 이행과 그 확산 추세를 미루어 볼 때, 실제의 국가 형성은 고구려, 백제, 신라의 순서였을 것이다. 다만 여기에서는 형성 시기의 재조정이 필요한 데, 고구려의 국가 형성에 관한 자료는 이에 관한 단서를 제공할 수 있을 것 같다.

고구려의 존립 기간에 관해 〈고자묘지명〉(700)에 언급된 708년은 당대의 기록일 뿐만 아니라, 『삼국사기』가 그 기간으로 설정한 기원전 37

년에서 668년까지의 705년과도 근사한 바가 있다. 이것의 기준은 전근대의 왕조국가에서 왕실의 정통성과 관련된 제사의 관행 여부에 의한 것이겠지만, 정치적 사회로서 삼국의 성립을 이해하는 데 시사하는 바가 적지 않다. 삼국이 시차는 있더라도 유사한 과정을 거쳐 발전한 점을 감안할 때, 고구려의 존립 기간에 관한 위의 내용은 신라의 형성 시기를 재조정하는 데 하나의 기준이 될 수 있기 때문이다.

고구려와 신라의 역사에서 몇 가지 연대기를 비교해보면, 불교 공인에서 372년과 528년, 율령 반포에서 373년과 520년, 역사 편찬에서 광개토왕대(391~412) 이전에 성립되었을 『유기』와 진흥왕 6년(545)의 『국사』, 그리고 역사, 영토, 대왕에 관한 의식이 집약된 기념비의 건립에서 414년의 〈광개토대왕비〉와 560년대의 〈진흥대왕순수비〉 등 여러 분야에서 대략 150년의 시차를 보이고 있다. 따라서 사료적 가치가 높은 〈고자묘지명〉의 708년을 따를 때, 고구려는 멸망한 668년으로부터 소급하여 기원전 40년경에는 국가 형성을 이루었을 것이다. 또한 여기에 150년을 더한 기원후 110년경에는 신라의 국가 형성이 이루어진 것으로 추산할 수 있다.

이러한 의미에서 신라의 파사왕대(80~111)는 주목해도 좋을 것 같다.[2] 위만조선의 멸망으로 조선의 유민들이 이주해오기 시작한 파사왕대 이전의 사로 지역에서는 국가 형성에서 중요한 의미를 갖는 전쟁을 수행하는 왕이 존재하지 않았다. 그러나 그 이후에는 정복을 통해 음즙벌국을 비롯한 주변의 소국을 복속시킴으로써 국가 형성의 기반을 마련

---

2 『삼국유사』권2, 후백제 견훤조에 의하면, 백제는 개국한지 600여 년만에 멸망했다고 한다. 백제가 나·당 연합에 의해 멸망한 660년부터 600여 년을 소급하면, 백제가 국가를 형성한 시기는 대략 기원후 1세기경이 될 것이다.

할 수 있었다.[3] 또한 기원을 전후한 시기의 조양동 토광묘에서 출토된 전한경前漢鏡은 또 다른 국가 형성의 지표인 원거리 교역의 실제를 알려주고 있다.

삼국의 형성 시기에 관한 재조정은 기원전 108년에 멸망한 위만조선과 삼국의 지리적 거리에 따른 시간적 연속성을 확보해줄 수 있을 것이다. 또한 그것은 『삼국사기』의 초기 기록에 나타나는 왕의 통치 행위에 관한 일련의 사실들을 새롭게 인식할 수 있는 논리적 근거이기도 하다. 다시 말하면 『삼국사기』의 초기 기록 중에서 신라의 국가 형성에 따른 전쟁 수행과 공납 수취로 인해 군사와 경제 관련의 관직이 무엇보다 먼저 설치된 사실의 보편사적 의미를 확인할 수 있을 것이기 때문이다.

고대국가는 중심부 소국이 전쟁 또는 교역을 통해 주변부 소국을 병합함으로써 영역적 기반을 마련했다. 이때 중심부 소국의 수장과 하호는 각각 왕과 귀족, 민과 노예로 다시 분화함으로써 계급 관계를 성립시킬 수 있었다. 이러한 과정에서 현실적 능력을 갖춘 왕이 등장했고, 그에게 초월적 권위를 부여할 신화가 생성되었다. 삼국시대의 왕제에 관한 연구는 일찍부터 왕위 계승 및 왕비족과의 관계를 밝히는 데 집중했다. 신라에서 중고기의 왕족 김씨와 왕비족 박씨의 존재[4] 및 내물왕 이후 김씨의 왕위 세습이[5] 주목되었다. 한편 『삼국사기』의 초기 기록을 일정하게 인정하면서 왕의 지위와 통치 행위를 살핀 연구도 있었다. 왕자의 덕목으로서 특이한 골상과 장신이나 남다른 지혜와 재능 등을 언급함으로써[6] 최고통치자로서 왕의 자질을 부각시켰던 것이다.

---

3   김영하, 앞의 책, 2002.

4   末松保和, 『新羅史の諸問題』, 東洋文庫, 1954.

5   이병도, 『한국고대사연구』, 박영사, 1976.

6   신형식, 『한국고대사의 신연구』, 일조각, 1984.

이와 같은 연구로 왕제의 변천과 왕의 정치적 성격은 밝힐 수 있었다. 그러나 왕이 권력을 행사할 수 있는 정치적 기제와 내용 검토에 관해서는 미흡한 점이 없지 않았다. 고대국가에서 왕은 전쟁 또는 교역에서 발휘한 현실적 능력을 통해 배타적으로 등장하여 절대적 권위에 가탁함으로써 그 지위를 정당화할 수 있었기 때문이다. 족장의 의미인 거서간居西干에서 최고 지배자인 대왕大王에 이르기까지 다양한 편차를 보이는 신라의 왕호 변천은 왕권의 배타화와 정당화 과정에 다름 아니었던 것이다.

사회적 지도자에서 정치적 지배자로 전환한 왕권의 근거는 절대적 존재로부터 부여받은 정통성에 있었다. 고대국가에서 왕이 천지신과 그것의 인격화로서 시조신에 대한 제사의례를 거행할 수밖에 없었던 이유였다. 고대 중국에서 최고통치자가 수행해야 할 국가의 중대사는 제사와 전쟁이었다.[7] 또한 고전적인 국가기원론에서 언급한 제사[8]와 공권력의 발생에 따른 군대, 사법, 조세 관련의 업무는[9] 기본적으로 왕이 수행할 직무였다.

삼국시대의 왕이 수행한 통치 행위에도 역시 정당성이 부여되어 있었다. 그들은 천손으로 관념된 건국 시조의 후예로 인식되었기 때문이다. 왕은 해당 국가의 사회경제적 조건에 부응한 왕자로서의 기본 덕목을 구비함으로써 천손의 후예임을 입증했다. 신라에서 탈해왕 이후 석씨로서 처음 즉위한 벌휴왕은 풍운을 보고 점을 쳐서 수한水旱과 풍흉을 미리 알 수 있었고, 적손嫡孫이 어렸기 때문에 대신 왕위에 오른 내해왕은

---

7 『春秋左傳注疏』卷27, 成公 13年. "國之大事 在祀與戎 祀有執膰 戎有受脤 神之大節也."
8 퓌스텔 드 쿨랑주, 김응종 옮김, 『고대도시』, 아카넷, 2000.
9 프리드리히 엥겔스, 김대웅 옮김, 『가족의 기원』, 아침, 1985.

즉위와 동시에 큰 비가 내려 해갈됨으로써 백성들이 기뻐했다고 한다. 이것은 농경사회에서 풍요를 가져오는 인격체로서의 왕에게 요구된 주술적 능력이었고,[10] 특히 비정상적인 왕위 계승이 이루어질 때 더욱 긴요한 초월적 권위이자 즉위 이후 행사할 권력의 원천이었다.

따라서 왕은 제의주재자로서의 직무를 수행함으로써 정통성을 천명했다. 신라의 왕들은 남해왕대부터 신궁神宮을 설치하는 소지왕대까지 시조 혁거세를 친사親祀하는 시조묘 제사를 준수했다. 즉위 초에 있었던 시조묘 제사는 왕의 육신은 죽더라도 죽지 않은 영혼을[11] 이어받는 즉위의례의 성격을 띠고 있었다. 춘계와 같은 특정 계절에 주로 거행한 것은 농경의례의 의미도 담보하고 있었기 때문이다.[12] 시조묘에 대한 제사로 권위를 확보한 왕은 군사통수자로서의 능력을 발휘했다. 신라왕은 농경사회라는 조건에 기초한 통치 관행으로서 열병을 실시했다. 신라왕의 열병은 고구려왕의 전렵과 마찬가지로 군사 훈련과 통수의 일환이었다. 이에 기초한 군사력을 바탕으로 방어 위주의 전쟁을 수행할 수 있었던 것이다.[13]

전쟁을 통해 통치 영역을 확장한 왕이 국내에서 수행하는 일은 크게 두 가지였다. 그 하나는 관습법에 의거한 사법집행자로서의 직무이다. 신라왕은 즉위 초에 시조묘 제사를 마친 뒤 사면을 실시했다. 또한 자연재해가 있을 때나 변경 지방을 순수할 때에도 사면을 실시했다. 이것은 인신의 구속과 방면을 골자로 하는 사법 집행에서 차지하는 왕의 상징적 역할을 잘 보여준다. 다른 하나는 통치 영역 내의 주민에 대한 조

10 김영하, 앞의 책, 2002.

11 安丸良夫, 「序論」『天皇と王權を考える』5, 岩波書店, 2002.

12 井上秀雄, 『古代朝鮮史序說』, 寧樂社, 1978.

13 김영하, 「『삼국사기』 전쟁기사의 분석」『사림』16, 2001.

세수취자로서의 직무이다. 신라왕은 정복된 소국이 복속의례의 일환으로 헌상하는 상징적 의미의 청우靑牛, 일각록—角鹿, 백치白雉, 가화嘉禾 등의 상서물을 공물로 수취했다.[14] 이러한 공물 수납은 창름倉廩을 관장하는 의미의 품주稟主 소관이었을 것이다.[15] 첨해왕 5년(251)에는 글씨와 산술에 능한 부도夫道를 아찬으로 직접 발탁하여 물장고物藏庫 사무를 맡겼다고 한다. 이것은 가신家臣을 매개한 공물의 수납과 지출에 관한 권한이 왕에게 있음을 보여주는 사례이다. 제사의례의 주재와 더불어 경제적인 재분배의 장악은 고대 왕권의 본질과 밀접하게 관련되어 있었다.

이처럼 왕이 행사한 권력은 대규모의 역역 동원으로 이루어진 왕릉[16]과 왕권의 상징인 금관을 비롯한 부장품에 잘 반영되어 있다. 특히 신라 금관의 전형을 보여주는 5세기 후반의 금관에서 기본 장식인 나뭇가지와 사슴뿔은[17] 시베리아 샤머니즘의 우주목宇宙木 및 보조령補助靈과도 관련이 있었다. 상고기 왕권의 이념적 정통성이 어디에서 연원하는지를 잘 보여주는 실물인 셈이다.

한편 상고기 왕권의 상대적 존재인 귀족 세력의 출신은 왕족, 전 왕족, 왕비족과 수장층 등으로 나누어진다. 신라는 파사왕대에 음즙벌국

---

14 『삼국사기』에서는 지방의 군과 현이 공물을 헌상한 것으로 나오지만, 실제는 신라에 복속된 소국의 수장층이 헌상의 주체였을 것이다. 이처럼 복속의례로서 공납의 성격은, 『삼국사기』권4, 지증왕 13년조에서 보다시피 우산국이 신라에 복속하여 해마다 토산물을 바친 데서 확인된다.

15 이병도, 앞의 책.

16 고대 왕권이 행사한 전제적 권력의 실제 사례로서 왕릉 축조와 같은 토목 사업에 동원되었던 인력은, 불교 수용 이후에는 고대 일본의 경우와 마찬가지로 사원 조영과 같은 국가적 차원의 사업으로 전용되었을 것이다. 이러한 사실은 〈무술오작비〉(578)에서 보듯이 인력의 사역과 토목 공사에 관한 요령과 기술을 습득하고 있었을 도유나都唯那 보장寶藏이나 도유나都唯那 혜장慧藏과 같은 승려가 제언 축조에 주도적으로 참여한 것으로 반증할 수 있다.

17 이영훈·신광섭, 『고분미술』Ⅱ, 솔, 2005.

등에 대한 복속을 시발로 고대국가로 이행한 이래, 지방 출신의 수장층이 왕경으로 진출하여 귀족 세력으로 전화했다. 조분왕 7년(236)에 무리를 이끌고 항복한 골벌국왕 아음부에게 가택과 전장을 주어 왕경에서의 생활을 안정시킨 것은 좋은 사례이다. 이들은 사로 지역의 6촌 출신과 같이 6두품에 준하는 대우를 받았을 것으로 추측된다.[18] 소국의 수장층이 왕경의 귀족 세력으로 전화한 이외에 왕실 세력의 교체와 분화의 결과로 또 다른 계열의 귀족 세력이 파생되었다.

석씨 왕계인 탈해왕대에 박씨의 귀척貴戚은 왕실로부터 밀려나와 6부에 편입되었다.[19] 그리고 왕족 김씨 이외에 왕비족 박씨는 귀족 세력으로서 성이 없었던 일반의 민[20]과 구별되는 존재였다. 귀족들은 친족집단을 형성하고 자신들의 신분을 유지할 수 있는 관행을 마련했다. 부자간인 침나沈那와 소나素那의 이름에 '나那'자가 연이어 사용된 데서 보듯이, 상고기 귀족들의 인명에 보이는 연명連名 사례는 친족집단 내의 신분 세습을 유추하는 단서일 수도 있다.[21] 또한 귀족 세력은 전리품의 분배를 통해 자신의 경제기반을 확대하거나 재생산했다. 진흥왕 23년(562)에 사다함은 대가야 정벌에 대한 전공으로 하사받은 포로를 양인으로 해방시키고, 토지는 전사들에게 다시 나누어준 일이 있었다. 이러한 사실을 국인들이 아름답게 여길 만큼, 다른 귀족들은 전리품을 자

---

18 이기백, 『한국고대사론』, 탐구당, 1975.

19 이종욱, 『신라국가형성사연구』, 일조각, 1982.

20 『新唐書』卷220, 新羅. "王姓金 貴人姓朴 民無氏有名."

21 고대 일본에서 추고 11년(603)의 관위 12계는 고구려, 백제, 신라의 관위를 배워서 제정한 것인데, 이를 통해 왜의 지배층은 씨성제도氏姓制度의 세습제로부터 관료제적인 집단으로 재편성되기 시작했다고 한다(井上光貞, 『日本古代國家の研究』, 岩波書店, 1965; 倉本一宏, 「大王の朝廷と推古朝」『岩波講座 日本歷史』2, 岩波書店, 2014). 이에 따르면 관위 12계의 모범이 되었던 삼국에서도 관등제 성립 이전에는 역시 세습에 의해 신분을 유지했을 것으로 추측된다.

신의 경제기반으로 삼는 관행이 자리 잡고 있었던 것이다.

이러한 귀족 세력에게 신분의 서열화는 중요했다. 삼국 모두에서 관등제에 관한 사료가 남을 수 있었던 배경이다. 신라가 처음으로 열전에 실린 『양서』에 의하면 자분한지子賁旱支, 제한지齊旱支, 알한지謁旱支, 일고지壹告支, 기패한지奇貝旱支 등 관등보유자는 유자례遺子禮라는 관을 착용했으며,[22] 『남사』는 일고지를 일길지―吉支로 표기한 이외에 자분한지 아래에 일한지壹旱支를 더하여 신라의 6개 관등에 관한 사실을 전한다.[23]

한편 『삼국사기』에는 상고기에 이벌찬, 이찬, 파진찬, 아찬, 일길찬, 사찬, 급찬, 나마 등의 8개 관등이 분화한 것으로 나오고 있다. 이 중에서 나마를 제외한 간군干群 관등의 보유자가 귀족회의인 제간회의諸干會議의 구성원이었다. 왕이 관등을 임명하는 형식을 취하고 있지만, 당시 신라의 발전단계를 감안할 때 왕권이 관등을 일률적으로 임명할 만큼 강화된 것으로 보기 어렵다. 관등이 임명직이 아닐 경우에 고려해볼 수 있는 것이 귀족회의 자체의 선출 가능성이다. 귀족회의는 신분 세습의 관행에 따라 특정 관등과 관련된 친족집단의 구성원을 관등취임자로 선출하고 승진과 강등까지도 아울러 관장했을 것이다.[24]

이들은 관직이 아닌 관등만을 지닌 채 무임소 상태에서 직능에 따라 국사에 종사하는 귀족평의체제貴族評議體制를 운영했다. 이찬伊湌 또는 이벌찬伊伐湌과 같은 수석 관등의 보유자가 대표였다.[25] 중국의 상국相

---

22 『梁書』卷54, 新羅.

23 『南史』卷79, 新羅.

24 김영하, 앞의 책, 2002.

25 김영하, 앞의 책, 2002.

國과 같이 존귀한 존재로 인식된 이벌찬은[26] 귀족회의에서 선출되어 왕으로부터 형식상의 임명을 받았다. 그러나 기본적으로 종신직이거나 적어도 한시직이 아님으로써 그 권능은 왕에 못지 않았을 것이다. 이와 같은 파악 방법은 당시의 지배체제를 중앙집권국가에 선행한 부체제로 파악하는 견해와 다를 수밖에 없다.

귀족회의 대표는 군국정사軍國政事의 총괄자로서 주요 국사를 평의를 통해 결정했다. 고대국가에서 주요 의제의 하나는 대내적으로 왕위 계승의 후보를 정하는 일이었다. 벌휴왕, 미추왕, 흘해왕 등은 전왕이 적자가 없이 죽었고, 파사왕, 실성왕은 전왕의 적자가 똑똑하지 못하거나 어렸기 때문에 각각 추대를 받아 즉위했다. 이들을 추대한 사료상의 신료臣僚, 국인國人, 군신群臣 등은 모두 귀족회의의 구성원으로서, 왕위 계승에서 비정상적인 상황이 야기될 때마다 개입하여 자신들의 이익을 담보할 수 있는 여지를 마련했던 것이다.

다른 하나는 대외적으로 전쟁 수행의 여부를 결정하는 일이었다. 일성왕대의 말갈 정벌과 유례왕대의 왜 정벌에 대한 왕의 적극적인 입장과 달리 이찬 웅선과 서불한/이벌찬 홍권은 반대했다. 흘해왕대의 왜에 대한 방어에서 이벌찬 강세와 실성왕대의 왜에 대한 공격에서 서불한/이벌찬 미사품의 소극적 대책이 모두 왕에 의해 수용되었다. 말갈과 왜를 상대한 전쟁에서 귀족 세력은 전리품을 기대하기 어려웠으므로 소극적이었을 수도 있다.[27] 이러한 현상은 전쟁 수행의 형식으로서 왕이 직접 지휘하는 친솔형親率型보다 귀족 세력이 주도하는 이른바 교견형敎遣

---

26 『隋書』卷81, 新羅, "其官有十七等 其一曰伊罰干 貴如相國."

27 김영하, 앞의 책, 2002.

型이 주류를 이루던 당시의 현실과 무관하지 않았다.[28]

특히 불교 공인 이전의 〈포항중성리비〉(441 또는 501)에서 탁부의 부습지部習智 아간지阿干支와 사탁부의 사덕지斯德智 아간지阿干支의 2인, 〈영일냉수리비〉(503)에서 사탁부의 지도로至都盧 갈문왕葛文王을 비롯한 7왕, 〈울진봉평비〉(524)에서 탁부의 모즉지牟卽智 매금왕寐錦王과 사탁부의 사부지徙夫智 갈문왕葛文王을 비롯한 14인 등 왕경의 핵심적인 부 출신이 국사를 공론하여 교시를 내리는 주체로 나오고 있어서 왕과 갈문왕의 이원구조에 입각한 귀족평의체제의 모습을 잘 보여주고 있다. 귀족 평의로 결정한 사항은 실무 담당의 군주軍主와 도사道使, 전사인典事人과 사대인事大人 등이 집행을 담당했다. 이 중에서 후자는 문헌 자료에 나오는 소사所司나 유사有司와 같은 존재였을 것이다.

따라서 이와 같은 상고기의 권력구조하에서 왕은 아직 귀족 세력을 초월한 존재가 아니었을 뿐만 아니라, 자신의 권력을 통치 영역에 제대로 침투시킬 수도 없었다. 중심부에 대해 집단 예속민의 상태로 복속된 주변부는 간접적인 공납에 의해 통제되고 있었다. 지방에 대한 통치조직이 미비한 상태에서 신라의 왕들은 복속 관계로부터의 이탈을 방지하기 위해 순수와 순행을 실시하지 않을 수 없었던 것이다.[29]

---

28 김영하, 앞의 논문.

29 김영하, 앞의 책, 2002.
　순수는 본래 고대 중국에서 천자가 왕도를 떠나 제후를 직접 통제하던 통치 행위로서, 중앙집권체제가 미비한 단계에서 나타나는 일반적인 현상의 하나였다. 잉카제국의 왕도 지배 지역에 대한 순력巡歷을 통해 민족집단 간의 사회적 관계를 증여와 연회 등을 통해 확인하고 있었다고 한다(熊井茂行, 「インカ王權と國家」『天皇と王權を考える』5, 岩波書店, 2002).

3) 중고기의 대왕 출현과 관료

중고기 왕권의 검토에서 특기할 만한 변화로는 대왕/태왕 칭호의 출현을 들 수 있다. 대왕 칭호는 〈울주천전리서석〉 을묘명(535)과 추명(539)에서 각각 '성법흥대왕聖法興大王'과 '모즉지태왕另卽知太王'으로 처음 나타난다. 신라의 대왕 칭호는 고구려에서 유래했으며, 중국에서는 용례를 찾기 어렵기 때문에 고구려 고유의 칭호로 추측된다. 다만 중국에서 대왕은 군주를 부를 때의 미칭으로 사용되었기 때문에 고구려에서도 마찬가지였을 것이고, 고구려왕 이외에 다른 왕들이 존재하지 않았기 때문에 '왕들 중의 왕'으로서 대왕의 의미는 아니었을 것으로 이해하기도 한다.[30]

그러나 잘 알다시피 광개토왕의 생전의 칭호는 '영락태왕永樂太王'이었고, 사후의 시호는 '국강상광개토경평안호태왕國岡上廣開土境平安好太王'이었다. 이와 같이 연호와 결합한 칭호이거나, 추존된 시호로서의 '태왕'이 일상의 미칭과 같을 수는 없다. 그러한 까닭에 대왕 칭호의 사용 배경으로 고구려가 취한 복속 지역에 대한 지배 방법을 살펴보지 않으면 안 된다.

〈모두루묘지〉에서 보듯이 광개토왕대에 '국강상□개토지호태성왕國岡上□開土地好太聖王'에 대해 '노객奴客'이었던 북부여수사北夫餘守事 모두루牟頭婁는 물론, 광개토왕에 대한 백제왕과 신라왕의 경우도 좋은 사례일 수 있다. 〈광개토대왕비〉에 의하면 두 나라 왕 역시 광개토왕에 대해 '노객'의 처지를 자임하고 있었기 때문이다. 고구려와 두 나라 사이

---

30 武田幸男,『高句麗史と東アジア』, 岩波書店, 1989.

에서 이루어진 주노主奴 관계는,[31] 고구려가 대내외적으로 복속시킨 지역에 대한 지배 질서의 편제 과정에서 최고 단계를 나타내고 있었다. 즉, 대왕은 고대사회의 중층적인 주노 관계 위에서 성립된 '주체/고구려왕/대왕'과 '객체/복속국왕/노객'의 관계를 규정하는 최상위의 칭호에 다름 아니었다. 이러한 대왕의 위상 정립에는 소수림왕대의 율령 반포와 불교 공인 같은 제도적 조치가 뒷받침되었을 것이다.[32] 대왕 칭호는 최근에 존재가 알려진 〈고을덕묘지명〉에 따르면 '건무태왕建武太王', 즉 영류왕대(618~641)에도 사용되고 있었음이 확인된다.

신라에 대왕 칭호의 유입은 고구려에 대한 종속적 입장과 관련이 있었다. 내물왕은 그 37년(392)에 실성을 고구려에 인질로 보냈으며, 실성은 고구려의 후원 속에 내물왕 46년(401)에 귀국하여 그 다음해에 내물왕을 제거하고 왕위에 올랐다. 또한 광개토왕은 그 6년(396)에 한성을 함락시키고 아신왕의 막내아우 설례磔禮와 대신 10인을 볼모로 데리고 돌아갔다. 나중에 백제로 돌아온 설례는 아신왕의 사후 왜로부터 태자 전지의 귀국을 기다리며 섭정하던 형 훈해訓解를 죽이고 왕위에 올랐다.[33] 이처럼 광개토왕대에 조성된 고구려 중심의 국제 질서 속에서

---

31 이와 같이 집단 간에 인격적 예속을 의미하는 주노 관계의 사례는, 『자치통감』권198, 태종 정관 20년조에서 보는 바와 같이 칙륵敕勒의 여러 추장들이 중국에서 '신臣'과 같은 존재를 '노奴'로 칭하는 자신들 고유의 신분 관념에 따라 '천가한天可汗'으로서의 당 태종을 상대하여 자손 대대로 '노'가 될 것임을 맹세한 데서도 찾아진다.

32 〈모두루묘지〉에는 시조 주몽에 대한 칭호로서 '추모성왕鄒牟聖王', 광개토왕에 대한 칭호로서 '국강상□개토지호태성왕國罔上□開土地好太聖王'과 함께 '□강상성태왕 □岡上聖太王'이 기록되어 있는데, 〈광개토대왕비〉의 '추모왕'과 '국강상광개토경평안호태왕'과의 비교에서 '성'자를 부기한 점이 주목된다. 여기의 '□강상성태왕'은 모두루의 가문을 중흥시킨 염모의 활동 시기와 관련하여 고국원왕으로 비정되기 때문에(武田幸男, 앞의 책), 고구려에서 대왕 칭호를 사용한 시기를 고국원왕대로 소급시키기도 한다. 그럴 가능성이 없는 것은 아니지만, 모두루의 묘지가 작성된 장수왕대의 대왕의식을 바탕으로 모두루와 그의 조상들이 노객奴客으로 복무했던 시기의 고구려왕들에 대한 신성 관념을 드러낸 것일 수도 있다.

33 김영하, 앞의 책, 2012.

이루어진 실성과 같은 친고구려파의 귀국이 대왕 칭호의 유입 계기였을 것이다. "을묘년국강상광개토지호태왕호우십乙卯年國岡上廣開土地好太王壺杆十"명문의 〈청동호우〉(415)가 경주에서 발굴된 사실이 저간의 사정을 잘 전하고 있다. 다만 이때 수용된 대왕 칭호의 사용이 법흥왕대로 미루어진 것은 고구려와의 발전 시차에 따른 신라의 여건 미숙과 무관치 않았을 것이다.

삼국이 한 단계 더 발전하기 위해서는 소국적 질서가 온존된 귀족평의체제의 한계를 극복하고 국가 운영의 효율성을 제고할 필요가 있었다. 대왕이 군국정사를 전제하는 체제로의 전환이었는데, 그것은 법흥왕대에 새로운 통치 규범과 이념인 율령 반포와 불교 수용으로 뒷받침되었다. 율령 반포는 귀족 평의의 관습법체제로부터 대왕의 전제를 뒷받침할 성문법체제로의 전환을 의미했다. 불교 공인은 소국 단위의 분절적인 토착신앙을 극복하고 고등종교의 수용을 통한 통치 이념의 일원화였다. 양자는 귀족 세력과 주변부의 상대적 독자성을 현실과 이념의 두 측면에서 약화시키는 수단이었다.

이러한 조치를 통해 귀족 세력에 대한 왕의 위상은 대왕으로 격상될 수 있었다. 특히 중고기 왕권은 김씨의 왕위 세습이 확립됨에 따라 기존의 시조묘 제사 대신 세한勢漢, 즉 성한왕星漢王을 친사하는 신궁 제사에서[34] 정통성을 확인했다. 그런 한편으로 새로 수용한 불교를 통해 중고기의 왕족을 인도의 석가족과 동일시함으로써 신성화하기도 했다.[35]

---

[34] 강종훈, 「신궁의 설치를 통해 본 마립간시기의 신라」, 『한국고대사논총』6, 1994.

[35] 이와 같이 왕권 강화를 위해 권위의 원천을 추가하는 정치적 행위는 동서고금에 일반적이었다. 고대 일본에서 『송서』권97, 왜국전에 나오는 왜의 5왕 가운데 찬讚, 진珍, 제濟, 흥興 등 앞의 네 왕은 정복하는 왕인데 비해, 웅략(457~479)으로 비정되는 마지막 왕 무武는 최초로 등단즉위의식登壇卽位儀式을 통해 통치하는 '치천하대왕治天下大王'으로서의 위의를 갖추게 되었다. 이후 계체(507~531)는 종래 왕통과 다른 가계의 출신인 만큼 등단 즉위에 대화왕

〈울진봉평비〉에서 '모즉지매금왕'이었던 법흥왕의 칭호는 불교 수용 이후의 〈울주천전리서석〉 을묘명과 추명에서 각각 '성법흥대왕'과 '모즉지태왕'으로 바뀌었고, 진흥왕도 세속의 전륜성왕이었던 인도 아소카왕의 행적을 답습한 〈진흥대왕순수비〉에서 역시 '진흥태왕眞興太王'을 천명할 수 있었다. 〈단양적성비〉(551 이후)에서 진흥왕이 5인의 대중등大衆等, 곧 대등들을 비롯한 2인의 군주와 2인의 당주에게 직접 하교한 일은 귀족평의체제에서 대왕전제체제大王專制體制로의 전환을 반영한 것이었다.

이와 같은 대왕의 전제화를 위해서는 무엇보다 안정적인 왕위 계승이 긴요했다. 삼국의 발전 과정에서 왕위 계승의 원칙은 부자상속 또는 장자 우선의 방향으로 확립되었다. 박, 석, 김씨의 3성이 교대로 왕위를 계승하던 관행은 내물왕대에 김씨 왕계로 고정되었고, 눌지왕대에는 장자에 의한 부자상속의 관행이 자리를 잡았다.[36] 특히 중고기에는 지증왕계에 속한 3대 가계 내의 성골 신분이 왕위 계승을 독점했다.[37] 진흥왕 27년(566)에는 동륜銅輪을 태자로 삼음으로써 태자제를 성립시킬 수 있었지만,[38] 그가 즉위 전에 죽었기 때문에 왕위 계승을 둘러싸고 갈등

권의 상징인 검경봉정의식劍鏡捧呈儀式을 더함으로써 새 왕조의 성립을 정당화했다(和田萃, 「神器論」 『天皇と王權を考える』2, 岩波書店, 2002). 또한 유럽에서 4~5세기경 게르만족 이동기의 동고트족 왕은 정복하고 재판하는 존재였으나, 프랑크 왕국의 메로빙 왕조에 이르면 두 기능은 희박해지는 대신 로마 교황과 제휴해서 즉위의례에 도유의식塗油儀式을 도입함으로써 왕권을 신성화하고 있었다(佐藤彰一, 「戰う王, 裁く王」 『天皇と王權を考える』2, 岩波書店, 2002).

36 이기백, 『신라정치사회사연구』, 일조각, 1974.

37 이종욱, 「신라 중고시대의 성골」 『진단학보』50, 1980.

38 이에 대해 최재석은 진흥왕대에 차기 왕위 계승을 전제한 태자제가 도입되었더라도, 그것은 형식적인 모방일 뿐 실제적인 기능을 수행하지 못한 것으로 파악했다(『한국고대사회사연구』, 일지사, 1987). 그러나 진흥왕 이후의 왕들이 폐위, 무자, 여왕 등의 이유로 태자제를 운용할 수 없는 여건에 있었을 뿐, 신라의 발전 과정에서 중고기의 왕권이 태자제를 시행할 수 없는

이 야기되었던 것이다.

또한 대왕전제체제의 운영에는 신분제, 관등제, 공복제의 정비 위에서 귀족 세력의 관료화가 불가피했다. 관등제는 상고기에 분화되었던 8개의 관등에 잡찬, 대아찬, 대나마 등으로 다시 분화된 3개의 관등을 더하고, 실무 담당의 유사와 소사를 대사 이하의 6개 관등체계 내로 흡수함으로써 법흥왕대에 경위 17관등제가 확립되었다. 공복제는 관등제 및 골품제와 결합하여 1관등 이벌찬까지의 진골은 자의紫衣, 6관등 아찬까지의 6두품은 비의緋衣에 모두 아홀을 잡았다. 또한 10관등 대나마까지의 5두품은 청의靑衣, 12관등 대사까지의 4두품은 황의黃衣로 구분되었다. 여기에서 기본적으로 나마 이상의 진골 귀족이 대등회의大等會議의 구성원이었을 것이다.[39]

이러한 일련의 제도화는 법흥왕 7년(520)에 율령을 반포하고 백관의 공복을 제정했다는 사실로 미루어 보아 법에 근거하고 있었다. 〈울진봉평비〉의 노인법奴人法과 대교법大敎法, 〈단양적성비〉의 국법國法과 전사법佃舍法 같은 표현에서 보듯이 중국으로부터 계수한 율령 이외에도 고유법의 명문화도 있었을 것이다. 한국 고대국가의 발전 과정에서 한 단락을 짓는 대왕전제체제를 뒷받침할 필요가 있었기 때문이다. 이와 관련하여 〈울진봉평비〉에서 처벌 내용을 알려주는 박사博士의 존재는 주목할 만하다.

이제 중고기 왕권은 범내물왕계 중심의[40] 귀족회의에 집중되었던 권력을 행정 관부 단위로 분산시킴으로써 왕권 강화를 유도했다. 법흥왕

단계는 아니었다.

39 이기백, 앞의 책, 1974.
40 이기백, 앞의 책, 1974.

3년(516)에 병부령과 4년(517)에 병부, 그 18년(531)에 상대등, 진흥왕 26년(565)에 품주稟主 전대등典大等 등의 설치는 종래 무임소 상태에서 국사를 담당하던 관등보유자들의 귀족회의로부터 국왕 예하의 특정 관직과 관부가 분리되기 시작했음을 알려준다. 상고기에 있었던 장군직 분화의 관행 위에서[41] 병부령의 관직이 병부보다 먼저 설치되었는데, 그것은 행정책임자를 귀족회의로부터 먼저 분리시킨 다음 행정 관부를 나중에 설치하는 초기 양상에 다름 아니었다. 병부령의 임무는 중앙과 지방의 군정을 관장하는 '장내외병마사掌內外兵馬事'로서 모두 3인이지만, 중고기에는 2인의 복수제로 운영되었다. 이처럼 신라 관제의 발달 과정에서 군사 관련의 관직이 가장 먼저 분화된 의미는 세계사의 사례들과 동일한 현상이라는 데 있다.

상대등의 설치는, 중고기 왕권이 권력을 강화하고자 법흥왕 14년(527)에 왕실 주도로 불교를 공인한 데 따른 귀족 세력의 반발을 제도적으로 해결하려는 타협의 산물이었다.[42] 상대등은 특정 행정 관부의 책임자가 아니라, 제간회의에서 변화한 대등회의의 의장으로서[43] 1인을 두었다. 그 임무는 '총지국사摠知國事'에서 보다시피 군정 이외의 국정을 총괄하는 재상이었다. 그러나 상대등은 규정상 병부령도 겸할 수 있었는데, 그것은 상고기에 국정과 군정의 군국정사를 총괄했던 귀족회의

---

41 김영하, 앞의 책, 2002.

42 이기백, 『신라사상사연구』, 일조각, 1986.
  다만 이기백은 상대등 설치와 불교 공인의 관계에 관해 법흥왕 14년에 이차돈의 순교 후 귀족 세력과의 타협으로 그 18년에 상대등을 설치하고 22년에 흥륜사의 창건 공사를 재개함으로써 실질적인 불교 공인이 이루어진 것으로 보았다. 이에 대해 필자는 법흥왕 14년에 불교를 공인함으로써 야기된 귀족 세력의 불만을 무마하기 위한 조치로 그 18년에 상대등을 설치할 수밖에 없었을 것이라는 관점이다.

43 이기백, 앞의 책, 1974.

대표로서의 직임이 유제로 남았던 것으로 추측된다.

이와 같이 중고기 초에 비로소 분화하기 시작한 군정과 국정에 관한 권한은 상고기에는 하나로 통합되어 있었다. 이찬 또는 이벌찬이 '참정사參政事'하거나 '참국정參國政'함으로써 국정의 결정 과정에 참여했을 뿐만 아니라, '겸지내외병마사兼知內外兵馬事'함으로써 군정도 아울러 관장했던 것이다. 그러나 중고기에는 관등과 관직의 분리 및 행정 관부의 분화에 따라 군정과 국정에 관한 권한을 병부령과 상대등에게 각각 분산시킴으로써 왕권을 강화할 수 있었다. 더구나 진흥왕 26년(565)에는 이제까지 왕의 가신적 존재로서 공물의 출납을 담당한 품주에 2인의 전대등을 설치하여 각각 수납과 지출을 담당케 함으로써[44] 역시 귀족 세력에 대한 재분배를 통제했다. 중고기 초의 왕권은 고대국가의 권력구조에서 가장 핵심인 군사와 경제 관련의 관직을 분리시킬 수 있을 만큼 강화되어 있었던 것이다.

이러한 대왕의 전제화에 대한 반발로 귀족 세력은 거칠부의 주도로 동륜의 아들 백정白淨을 배제하고 동생 사륜舍輪을 진지왕으로 즉위시켰다. 그러나 진지왕의 폐위 후 백정이 마침내 진평왕으로 즉위함으로써 대왕전제체제는 더욱 강화되었다. 진평왕은 즉위 원년(579)에 동모제인 백반伯飯과 국반國飯을 각각 진정갈문왕眞正葛文王과 진안갈문왕眞安葛文王에 책봉함으로써 왕위의 장자계승원칙을 다시금 천명했다. 그러한 다음 적극적으로 추진한 관제 정비는 행정 관부 단위로 권한을 재분산하는 방향이었다. 여기서는 먼저 자신의 즉위를 지지했던 노리부와 수을부를 차례로 상대등에 임명하는 한편,[45] 귀족 세력의 협조 속에 권

---

44 이기백, 앞의 책, 1974.

45 『三國史記』卷4, 眞平王 元年, 10年.

한을 재분산시킨 행정 관부의 분화를 검토하기로 한다.

진평왕대에 가장 먼저 설치된 위화부位和府는 인사 업무를 담당하는 행정 관부였다. 왕이 인사 행정을 장악한 것은 향후 관제 정비의 방향에 대한 예고이기도 했다. 다음으로 설치된 예부령은 통치 이념으로서의 불교 관련 업무를 포함한 교육 행정의 책임자였다. 이처럼 인사와 교육을 전담하는 행정 관부를 독립시키고, 귀족 세력을 관료로 임명하여 왕에게 예속시킴으로써 국정을 총괄한 상대등의 권한은 더욱 축소되었을 것이다. 또한 군정을 담당한 병부에서 거승車乘 관련의 업무를 분리시켜 승부령에게 이관함으로써 병부령의 권한을 약화시켰다. 재정을 관장한 품주 전대등은 진평왕 6년(584)에 공부의 수납에 관한 권한을 조부령에게 이관하고, 다시 진덕왕 5년(651)에는 지출에 관한 권한마저 창부령에게 이관하게 되었다.

진평왕은 주요 권한의 재분산을 통한 분업화로 왕에게 권력 집중을 유도하는 한편, 주요 행정 관부의 정비를 시도했다. 병부에서 함선 업무를 선부서로 분리시켜 소속 관서로 삼고 대감과 제감 각 1인을 두었다.[46] 선부서는 나중에 승부와 같은 비중의 선부로 독립함으로써,[47] 병부령의 권한은 더욱 축소되었을 것이다. 이 밖에 진평왕 11년(589)에는 병부에 제감 2인과 품주에 대사 2인의 실무 관인을 두어[48] 주요 행정 관부답게 조직을 정비했다. 이러한 조직화의 연장선상에서 진덕왕대에는

---

46 신라 관제의 정비 과정에서 가장 먼저 분화된 병부에서 다시 다른 행정 관부보다 먼저 특정 업무를 담당하는 소속 관서인 선부서가 분리될 수 있었던 배경에는, 상고기에 이미 왜의 빈번한 침입과 관련하여 『삼국사기』권2, 유례왕 6년조; 『삼국사기』권3, 자비왕 10년조; 『삼국사기』권4, 지증왕 6년조 등에서 보는 바와 같이 선박과 전함의 수리 및 이용에 관한 조치가 관행적으로 있어왔기 때문에 가능했을 것이다.

47 『三國史記』卷38, 船府.

48 『三國史記』卷38, 兵部, 執事省.

창부와 예부가 먼저 영令−경卿−대사大舍−사史의 4등관제를 갖추게 되었다.[49]

이처럼 분업화와 조직화가 이루어진 각종 행정 관부를 총괄해야 할 왕을 보좌하기 위해, 조부調府와 창부倉部를 분리시킨 뒤 가신으로서 왕정에 관여하는 기능만 남아 있던 품주를 집사부執事部로 개편할 필요가 있었던 것이다.[50] 이제 중고기 왕권은 국사를 분장한 행정 관부를 일원적으로 통제하는 대왕 중심의 관등−관직체제를 확립하게 되었다. 이로 말미암아 상고기의 제간회의에 비해 귀족회의 대표의 권능은 약화될 수밖에 없는 권력구조의 변화가 나타났다.

무엇보다 진평왕대 후반에는 상대등이 없을 때도 있었는데, 이것은 상대등이 왕에 의한 임명직이었을 가능성을 암시하기도 한다. 진평왕 10년(588)에 수을부의 임명 이후 오랫동안 상대등의 임명 기사가 보이지 않기 때문이다. 이에 대해 상대등이 실재하고 있었을 가능성,[51] 또는 신귀족세력이 임명을 저지했을 가능성이[52] 제기되었다. 상대등이 존재했더라도 제대로 기능하지 못했거나, 분화된 행정 관부에 대한 왕의 직접 통제로 말미암아 상대등의 존재가 아예 필요하지 않았는지도 모른다. 어느 경우라도 진평왕의 왕권이 전제화된 결과였다. 진평왕대 후반

---

49 김영하, 앞의 책, 2002.

50 『삼국사기』권5, 진덕왕 5년조에서 보는 바와 같이 기밀 사무를 관장하기 위해 집사부執事部 중시中侍가 신설된 뒤, 『삼국사기』권9, 경덕왕 6년조에서 보다시피 시중侍中으로 개명된 집사부와 그 시중의 이해에 대해서는 여러 견해가 있다. 이와 관련하여 『한서』권19 상, 백관공경표 7 상조에서 시중과 중상시는 금중에 들어갈 수 있다는 "侍中·中常侍得入禁中"의 규정과 이에 대해 천자를 입시하기 때문에 시중이라 한다는 "入侍天子 故曰侍中"라는 응소의 주석을 참고할 때, 신라에서도 중시는 궁중 내부에까지 출입하면서 왕을 보좌하는 집사로서의 업무를 담당했을 것이다.

51 이기백, 앞의 책, 1974.

52 신형식, 앞의 책, 1984.

에는 과연 1왕대 1상대등제[53]의 원칙에 따라 상대등이 계속 재임하고 있었는지조차 의심스럽다.

이러한 대왕전제체제하에서는 전쟁 수행의 형식도 변화했다. 귀족을 파견하는 교견형보다 왕이 친히 통솔하는 친솔형의 빈도가 상대적으로 증가했다. 전쟁의 성격이 종래 귀족 세력의 이익 기여에서 대왕을 위한 왕토 확장과 왕민 확보로 바뀌었기 때문이다. 따라서 6정 군단의 정비에 따른 대규모 동원으로 전쟁 수행의 내용도 달라졌다. 왕이 친솔하여 상대의 왕도를 함락시키거나 왕까지 살해하는 치열한 각축전이었으며, 전리품의 노획보다 대량 살육이 수반되었다.[54] 신라가 진흥왕 15년(554)의 관산성 전투에서 백제의 성왕과 좌평 4인, 사졸 29,600인을 죽인 것은 현저한 사례이다.

왕의 친솔로 획득한 왕토[55]와 왕민의 지배를 위한 지방 제도가 마련되기 시작했다. 지증왕 6년(505)에 왕이 친히 국내의 주군현을 정했다는 내용은 실제와 거리가 있지만, 중고기에 이르러 통치 영역은 광역권으로 나누고 대왕전제적 차원의 '주군제州郡制'를 실시했던 것이다. 〈진흥대왕순수비〉 가운데 창녕비(561)에 보이는 비자벌주, 한성주, 비리성주, 감문주의 사방군주四方軍主, 상주와 하주의 행사대등行使大等, 우추·실직·하서아군의 사대등使大等 등과 같이 광역의 주와 군을 담당하는 지방관을 통해 지방 통치에 임했다. 또한 철제 농구의 보급과 우경 농법

53 井上秀雄, 앞의 책.
54 김영하, 앞의 논문.
55 〈중원고구려비〉에서 '고려대왕高麗大王'과 관련될 것으로 추측되는 "□왕국토□王國土"를 "대왕국토大王國土"로 읽을 수 있다면, 당시 대왕이 지배하는 국토로서 왕토 개념에 잘 부합하는 표현이다. 이러한 경우 『삼국사기』권4, 진평왕 30년조에서 보다시피 원광 자신이 대왕의 땅에 살고 있다고 언급했을 때의 "대왕지토지大王之土地"도 같은 의미로 읽을 수 있을 것이다.

의 확대로 인해 해체된 촌락공동체로부터 대두한 호민 출신의 사인使人과 촌주村主를 통해 지방 행정의 말단에 해당하는 성과 촌에 대해서도 왕권을 침투시켰던 것이다.

그러한 결과 기존의 공납과 달리 왕토 내의 왕민에 대해 조세와 역역를 부과하는 직접 지배를 시도함으로써 관련 업무도 증가했다. 진평왕 때에 국가의 재정 업무를 총괄하던 품주로부터 공물의 수납만을 전담하기 위한 조부가 독립되거나, 진흥왕과 진평왕 때에 있었던 명활산성과 남산신성의 축조가 지방민의 조직적인 동원 결과라는 사실은 그 방증일 수 있다.[56] 다만 그 실제는 아직 공동체의 유제 위에서 이루어지는 부과이고 동원이었기 때문에 개별적 지배가 제대로 관철된 것은 아니었다. 진평왕 때에 사량부 출신의 가실이 왕경 율리에 거주하는 설씨의 아비를 대신하여 입역할 수 있었던 것도 왕경에서조차 총원만을 파악하는 공동체적 동원이었기 때문에 가능했을 것이다.

진흥왕이 나라를 위해 정성을 다하고 죽은 적성 지방의 야이차也尒次 가족을 포상한 것이나, 충신하고 정성스러울 뿐만 아니라 공이 있는 옥저 지방의 복속민에 대해 포상을 약속한 것은[57] 저간의 변화한 사정을 전하고 있다. 그러나 신라의 중고기를 중앙집권국가의 단계로 이해한 기존 견해와는 달리, 중앙의 왕권이 지방에 대해 명실상부한 중앙집권적인 통치체제를 확립하기 위해서는 다음 시기인 중대를 기다리지 않으면 안 되었다.

---

56 〈慶州明活山城碑〉; 〈慶州南山新城碑〉.

57 〈丹陽赤城碑〉; 〈眞興大王巡狩碑〉.

4) 중대 왕권의 중세적 성격

중대 왕권은 고구려, 백제, 신라의 삼국과 당 및 왜까지 휘말린 7세기 동아시아 국제전의 와중에서 확립되었다. 삼국 말의 대왕전제체제 하에서 일어난 귀족 세력 간의 권력투쟁은 권력구조가 변동한 결과로서 연개소문의 권력 장악, 의자왕의 왕권 강화, 김춘추의 왕위 계승으로 일단락되었다. 삼국 말에 공통적으로 나타난 권력의 집중 현상이 각기 다른 모습으로 귀결되었더라도, 그것은 본질적으로 고대 말기의 정치 과정에서 파생될 수밖에 없었던 형식의 차이에 불과했다.

삼국이 정립하는 형세를 이루었을 때, 문화적 동질성에도 불구하고 영토의 통일성 결여로 인한 상호 전쟁은 고대국가의 대외적 모순이었다. 이 무렵의 전쟁은 왕권의 전제화를 위해 통치 공간의 배타적 확장을 도모하는 한편, 삼국이 서로 주도권을 쟁탈하기 위해 치러진 대규모의 각축전이었다. 여기에 중국 중심의 세계 질서를 구축하려는 수·당 제국의 동방 원정이 중첩됨으로써 그 모순을 더욱 격화시켰던 것이다. 당시 전쟁의 본질이 대왕을 위한 왕토와 왕민의 확보에 있었기 때문에, 이와 관련된 귀족 세력의 이해관계에 따라 그들의 대외 인식도 달라졌다. 구귀족세력은 소극적이었던 반면, 신귀족세력은 적극적이지 않을 수 없었다.

신귀족세력인 사륜계의 김춘추는 금관가야계인 김유신의 도움을 얻어 진골 출신으로 처음 왕위에 올랐다. 무열왕이 당면한 정치적 과제는 다른 진골 귀족의 체제 도전이라는 대내적 모순과 신라의 존립 자체를 위협하는 백제의 신라 침공이라는 대외적 모순의 해결이었다. 무열왕은 두 모순을 동시에 해소할 방법으로 체제 안정을 위한 대외 전쟁의 길을 추구했다. 이에 구귀족세력과의 경쟁에서 우위를 확보하기 위해 활용했던 외교적인 나·당 관계를 군사적인 나·당 연합으로 전환시키고 여·제 연병의 백제를 상대로 통합 전쟁을 추진했던 것이다.

백제 멸망 후 변화한 정세 속에서 신라는 백제 고지를 기미羈縻 지배하는 당과 다시 싸울 수밖에 없는 곤경에 처하게 되었다. 문무왕은 보장왕의 서자 안승을 맞아들여 고구려왕에 책봉하는 한편, 검모잠이 주도하는 고구려 유민의 부흥운동을 지원함으로써 백제통합에 유리한 여건을 조성했다. 신라는 문무왕 11년(671)에 사비성에 소부리주所夫里州를 설치함으로써 사실상 백제통합의 숙원을 이룰 수 있었다.

신라의 도발적 행동에 대해 당은 문무왕의 동생 김인문을 신라왕으로 삼아 귀국시키는 한편 유인궤와 이근행을 파견하여 신라를 공격했다. 문무왕의 사과로써 왕의 관작은 복구되었고, 매소성과 기벌포 전투에서 대패한 당은 문무왕 16년(676)에 안동도호부를 요동 고성으로 철수하지 않을 수 없었다. 이로써 신라가 임진강 이남의 백제 고지만을 통합한 데 대해서는 영역 발전의 차원에서 상당한 의미 부여가 가능하다. 그러나 그와 같은 사실을 신라의 삼국통일로 해석하는 데는 동의하기 어렵다.

7세기 동아시아의 국제전은 한국사에서 신라의 백제통합과 고구려 고지에서 발해의 건국이라는 남북국의 성립으로 귀결되었다. 이러한 과정을 거치면서 삼국 말의 고대적 모순이 일정하게 해소됨으로써 신라는 새로운 사회로 이행할 수 있었다. 문무왕과 신문왕은 중대 왕권에 불만을 품은 진주, 진흠, 김흠돌, 흥원, 진공 등의 진골 귀족을 율령에 의거하여 숙청함으로써 체제를 안정시킬 수 있었다. 왕의 율령적 위상이 확립된 위에서 지배기구를 재편성했던 것이다. 무열왕이 자파의 김유신을 상대등에 임명한 사실은 당시 약화된 귀족회의의 위상을 단적으로 상징하고 있었다.[58] 이제 고위의 귀족관료로 구성되는 재상회의宰相會議가 기왕의 귀족회의를 대신하게 되었다.

특히 신라는 전쟁 중에 당의 총관제를 수용하여 왕의 일원적 군사통수권을 확립함으로써[59] 중앙집권적 귀족관료체제를 수립할 수 있는 기반을 마련했다. 이러한 중대의 지배체제는 고대사회의 연속선상에서 전제주의에 입각한 전제왕권체제로 파악되어왔다.[60] 그러나 한국 중세사회의 정치적 특성을 중앙집권에서 찾을 때, 신라에서 중대의 성립은 신라사를 포함하는 한국사의 차원에서 새로운 사회의 이행이기도 했다. 다만 귀족관료의 개념에서 귀족은 신분이고 관료는 직분일 것인데, 골품, 문벌, 양반 등의 출신으로써 그것을 수식하는 데서 알 수 있듯이 귀족과 관료의 비중 차이가 중앙집권체제를 운영한 신라, 고려, 조선 왕조의 성격을 규정하는데 영향을 미치게 되었다.

중앙집권체제는 필요조건으로서 왕권의 강화와, 충분조건으로서 관료제와 군현제의 운영이 그 핵심이다. 신라는 중앙집권적 통치체제를 수립하기 위한 지배기구를 편성했다. 삼국 간의 각축에서 이긴 신라의 지배층은 자기 체제에 대한 확집으로 인해 골품제를 온존시킨 위에서 골품귀족의 관료화를 통한 관료제의 운영을 도모했다. 우선 왕권의 안정을 위해 왕위의 직계계승원칙을 확립했으며, 당의 율령을 준용하여

---

58 김영하, 앞의 책, 2007.

59 김영하, 앞의 책, 2007.

60 이기백, 앞의 책, 1974.
한편 이기백은 이후에 집사부 중시의 성격과 전제왕권에 관한 일련의 논쟁 과정에서 전제정치로 용어를 바꾸고, 역사 발전의 일정한 단계에만 존재하는 역사적인 개념으로 규정하지는 않았다. 이에 따라 전제정치는 한 사람의 군주에게 권력이 집중되는 정치 형태로서, 일반적인 군주 정치와는 구별되는 데 핵심적인 특징이 있는 것으로 보았다(『한국고대정치사회사연구』, 일조각, 1996).

중앙과 지방의 통치조직을 정비했다. 중앙의 통치조직에서 4부部, 9부府의 행정 관부와 그 소속 관서는 거의 기존 체제를 유지시켰다. 한편 기왕의 4등관제에 사지舍知를 더한 영-경-대사-사지-사의 관직체계는 장관長官-통판관通判官-판관判官-구검관勾檢官-주전主典으로 구성되는 당의 5등관제를 따른 것이었다.[61] 고유의 관위명인 대사와 사지가 그대로 관직명으로 사용된 사실은, 신라의 율령제 수용이 불철저하게 이루어졌음을 살필 수 있는 사례이기도 하다.

신라에서 율령의 편찬 여부는 논란 대상이지만, 내성의 율령전에 소속된 율학박사가 당의 율령을 참조하여 신라에 맞게 준용했을 것이다. 경덕왕 17년(758)에 율학박사 2인을 둔 다음 해에 시행한 관제의 한화 조치는 물론, 흥덕왕 9년(834)에 옛 법에 따라 밝은 명령을 내리니 고의로 범한 자에게는 소정의 형벌이 있을 것이라는 하교에 의거하여 색복色服, 거기車騎, 기용器用, 옥사屋舍와 관련된 골품의 금제 규정도 율령전에서 마련했을 것이다. 이처럼 율령을 편찬하지 않고 당의 율령을 준용한 사실은, 국자감에서 율령을 교육한 당[62] 및 대학료大學寮에 율령학습의 명법생明法生을 두었던 일본[63]과 달리 국학에 율학박사를 두고 율령을 교육하지 않은 것으로도 반증할 수 있다.

---

61 고대 일본은 당의 관제 중에서 사무가 정해진 기일대로 처리되는가를 점검하는 구검관을 제외한 장관-차관-판관-주전의 4등관제를 채택하고 있었다고 한다(大隅淸陽, 「律令官僚制と天皇」 『岩波講座 日本歷史』 3, 2014). 이러한 사실을 참고할 때, 신라의 관제에서 관직명이 분명한 영, 경, 사 이외에 고유의 관위명 자체가 관직명으로 사용된 대사와 사지의 직무도 각각 판관과 구검관에 해당할 것으로 추측된다.

62 『唐六典』卷21, 國子監. "律學博士一人 從八品下 助敎一人 從九品上 律學博士掌敎文武官八品已下及庶人子之爲生者 以律令爲專業 格式法例兼習之."

63 고대 일본에서 율령 교육과 관련된 명법박사와 명법생에 관한 내용은 『속일본기』 권2, 대보 원년. 8월조; 『속일본기』 권21, 천평보자 2년, 9월, 11월조; 『속일본기』 권31, 보귀 2년, 11월조 등의 연대기에서 확인된다.

지방의 통치조직은 중앙에 의한 지방 지배를 강화하는 방향에서 조직되었다. 9주, 5소경과 117군, 293현 및 특수 행정 구역인 향, 부곡이 그 대강이다. 주의 장관이 총관에서 도독으로 바뀐 데서 보듯이, 지방민에 대한 전시의 동원체제가 평시의 지배체제로 전환됨으로써 총관/도독-태수-소수/현령에 의한 전면적인 지방 지배를 관철시킬 수 있었다. 비록 하대의 사실이기는 하지만, 대산군과 부성군의 태수로 부임했던 최치원과 양근현의 소수로 임명된 자옥의 사례에서 보듯이 군과 현에도 지방관이 파견되는 중앙집권적 차원의 '군현제郡縣制'였다.

지방 행정의 말단은 진·차촌주가 담당했다. 〈촌락문서〉(695 또는 755)에서 사해점촌의 연수유답烟受有畓에 포함된 촌주위답村主位畓은 그들의 직분 세습에 따른 보유 토지를 제도적으로 보장해준 것이었다. 이와 같은 중앙집권적 통치체제하에서 3~1두품의 구분을 없애는 골품제의 변화에 따라 왕경의 평인과 지방의 백성은 조용조租庸調를 부담할 법제적 양인으로 일괄 파악되었다. 다만 〈촌락문서〉에서 9등호제가 적용된 공연孔烟 43연 중에서 중하연中下烟이 5연, 하상연下上烟이 4연, 하중연下中烟이 7연, 하하연下下烟이 25연, 등외연等外烟이 2연인 데서 보다시피, 하등호 이하가 절대 다수일 만큼 민의 자립도는 매우 낮았다. 여기에 중대 왕권이 위로부터 추진한 공민화정책의 한계가 있었다.

신라 중대의 중앙집권체제에 상응하는 통치 이념의 근간은 불교였다. 특히 신라 중대의 화엄 사상은 개체와 전체의 상호 관계에 관한 일즉다—即多 다즉일多即—의 원용 사상에 입각하여 통치 이념으로서의 역할을 다하고 있었다.[64] 중대 왕권과 화엄종의 관계에 관해서는 초역사적 보편성과 비세속적 평등성에 기초한 화엄 사상이 세속의 왕권을 위

---

[64] 이기백, 앞의 책, 1986.

한 통치 이념으로 기능할 수 없다는 비판도 있었다.[65] 그러나 화엄 사상이 연기적 존재로서 인간의 절대적 가치를 추구했더라도, 그것을 수용한 시대가 요구한 사회사상으로서의 상대적 의미를 간과할 수는 없다. 신라 중대의 불교는 사회의 발전에 상응하여 교리를 발전시켰으며, 이에 따른 종파의 분립 현상도 나타나게 되었다.

6두품 출신의 원효는 무열왕이 신귀족세력을 기반으로 중대 왕권을 성립시킬 때, 민의 포섭에 기여한 바가 있었다. 그는 인간 평등의 원칙 위에서 화쟁和諍 사상을 강조했다. 그것은 역사적 의미를 띠기 시작한 피지배층 위주의 화합 사상이었다. 한편 진골 출신의 의상은 당에서 귀국하여 화엄종을 개창하고 부석사를 비롯한 10곳의 사찰을 통해 지방의 교화에 진력했다. 그는 지배층 중심의 통화統和 사상을 기반으로 문무왕 이후의 중앙집권적 지방 지배에 기여하고 있었다. 두 사람은 각각 포교의 계층 확산과 지역 확대로 중대의 중앙집권화에 종횡으로 부응했던 셈이다.

불교 못지않게 체제 유지에 기여한 사상으로 유학을 들지 않을 수 없다. 신라 중대에는 유학의 예제禮制에 의해 현실의 지배 질서가 편성됨으로써 기왕의 중층적인 주노主奴 관계는 다시 국내와 국제간을 이중 규제하는 군신君臣 관계로 바뀌게 되었다. 당 중심의 국제 질서 속에서 신문왕 12년(692)에는 태종무열왕의 시호마저 당의 간섭을 받을 만큼 예제의 제약이 있었다. 따라서 신라는 제후의 예에 맞게 5묘제五廟制를 채택하는 한편 국내의 명산대천만을 제사할 수밖에 없었다.

신라가 수용한 유학은 한·당 유학이 기본이었으므로 국가적 성격을 띠게 되었다. 이러한 특징은 국학에서『논어』와『효경』을 필수로 교육하

---

65 김상현, 「신라 중대 전제왕권과 화엄종」『동방학지』44, 1984.

고, 독서삼품과의 시험에서 『효경』과 『예기』 또는 『곡례』를 공통으로 부과한 데서 잘 드러난다.[66] 유학이 차지하는 통치 이념으로서의 성격은 가家의 분화에 따른 가사와, 가부장적 통치구조의 정점에 위치한 왕의 국사에서 작동할 충효 윤리의 강조에서도 찾을 수 있을 것이다.[67] 이후 고려와 조선 왕조에서도 통치 이념으로서 불교와 유학의 비중은, 전자가 점감하는 반면 후자는 점증하는 추세를 보이게 되었다.

이러한 중대 왕권의 기본 성격은, 중고기의 연장이기보다 고려의 소급선상에서 규정하는 것이 한국사의 시대구분에도 정합적일 것이었다. 신라 하대에 진골 귀족의 분지화로 말미암아 약화된 왕권 아래에서도 전장典章 제도의 정비는 골품제적 요소를 더욱 탈각하는 방향이었다. 이때 마련된 맹아들이 그 이후 한국사의 전개 과정에서 더욱 정착되어 갔던 것이다. 현행 제왕적 대통령제의 운영에는 여전히 한국의 중세사회에서 해체와 재편성을 거듭한 중앙집권적 권력 행사의 역사가 내재하고 있는지도 모른다.

이상에서 불평등사회로 전환한 이후의 신라에서 왕권의 사적 추이를 귀족 및 관료와의 관계 속에서 검토했다. 기실 평등사회에서는 있는 체하고 잘난 체하는 자들의 세습화를 견제함으로써 평등성을 유지할 수 있었다.[68] 그러므로 우리 역사상의 단군과 같은 평등사회의 수장은 자신의 재물을 아끼지 않을 뿐만 아니라 집단에 평화를 가져올 수 있는 조정자라는[69] 사실이 인류학적 사례들로 확인되고 있다. 그러나 생산력의 발전이 불평등사회를 초래했고, 부유하고 위세가 있는 자들의 욕망에

---

66 김영하, 앞의 책, 2007.
67 김영하, 앞의 책, 2007.
68 켄트 플래너리·조이스 마커스, 하윤숙 옮김, 『불평등의 창조』, 미지북스, 2015.
69 小馬徹, 「王のカリスマ性」 『天皇と王權を考える』4, 岩波書店, 2002.

따라 권력을 행사할 수 있는 제도적 장치가 마련되었다. 신라사의 전개 과정에서 확인된 바와 같이 그들만의 권력 분배와 행사, 그리고 길항 관계는 그런 사실을 잘 알려주고 있다. 이러한 현상은 왕이 권력의 주체인 시대였기 때문에 가능했더라도, 국민이 권력의 주체인 시대에도 여전히 자신들만의 권력투쟁에 몰두하는 작금의 현실은 상대적으로 평등했을 소국공동체에 대한 향수를 불러일으킨다.[70]

그것은 오만한 권력에 대한 경계와 겸손한 권력에 대한 갈구에서 기인한다. 오늘날 횡행하는 특정 정치인과의 친소 관계를 기준으로 구분한 파당은, 구양수가 「붕당론」에서 논한 공익 추구의 진붕眞朋이 아니라 사리 집착의 위붕僞朋으로서 민생과 무관했던 조선 왕조의 당쟁을 무색케 한다. 진실한 정치인이라면 위붕을 꺼려야 할 것이지만, 오히려 조장하는 것은 아닌지 우려스럽다. 더구나 선출직의 세습화는 이른바 봉건제로의 회귀를 의미할 뿐만 아니라 국회의원의 권력 과점과 사리 탐닉으로 대의제의 기본 정신이 훼손될 때, 첨단 정보사회라는 현재의 조건 변화는 그 제도의 존재 자체에 대한 근본적인 성찰을 요구할 것이다.

---

70 여기서 말하는 소국공동체는 국가 형성 이전에 미약한 계급 관계가 발생한 다른 한편으로 원시공동체의 유제도 다분히 남아있는 삼한의 소국과 같은 단계로부터 추상된 개념이다. 그와 같은 소국의 존재는 세계사적으로 볼 때 이상사회를 희구하는 사람들의 상상력을 자극하는 원천이기도 했다. 이에 관한 고전적인 사례의 하나는 전국시대의 패권을 놓고 상쟁하던 시기에 살았던 노자가 『도덕경』 제80장에서 "小國寡民 使有什佰之器而不用 使民重死而不遠徙 雖有舟輿 無所乘之 雖有甲兵 無所陳之 使人復結繩而用之 甘其食 美其服 安其居 樂其俗 隣國相望 鷄犬之聲相聞 民至老死 不相往來"로 묘사한 데서 보듯이, 작은 나라는 많지 않은 백성들이 안락함을 누리는 이상향 그 자체였다. 다른 하나는 두 살 때의 인구가 217,000명으로 추정되는 아테네에서 성장한 플라톤이 중년에 저술한 『국가』에서 지상의 어디에도 있을 수 없는 이상적인 국가의 모습을 논한 다음, 그에 대한 현실적인 처방으로 만년에 저술한 『법률』에서 규모가 5,040세대 곧 2만 명을 조금 넘는 사회로 구상한 바가 있었다(플라톤, 박종현 역주, 『국가·정체』, 서광사, 1997). 이처럼 시공간을 달리하는 두 철인은 공히 인간의 욕망에서 비롯된 불평등사회로서 국가의 폐해를 거론하고 인위의 배제와 욕망의 자제를 통한 평화롭고 정의로운 사회의 실현을 바라고 있었던 것이다.

의상은 「법성게」에서 어제와 오늘은 서로 맞닿은 하나이지만, 또한 어제와 오늘은 섞이지 않는 별개라고 했다. 권력의 역사적 성격을 부각시키면 어제와 오늘은 달라지겠지만, 본질적 속성에 주목하면 어제와 오늘은 같을 수밖에 없다. 그럼에도 어제와 오늘의 권력 양상을 굳이 구분하여 인식해보려는 데에 보다 나은 내일을 바라는 역사학인의 미련함이 있다.

(「古代王權의 전개와 전환─신라 왕권의 추이를 중심으로─」
『韓國古代史研究』83, 2016)

제2부

7세기 동아시아 국제전의 이해

1. 7세기 동아시아의 정세와 전쟁: 신라의 백제통합과 관련
2. 신라의 '통일' 영역 문제
3. 신라의 '백제통합'과 '일통삼한' 재론
4. 신라의 '백제통합'과 '일통삼한' 재론 2: 핵심 사료의 쟁점과 해석
5. 신라의 '삼국통일론'은 타당한가?

1. 7세기 동아시아의 정세와 전쟁:
신라의 백제통합과 관련

1) 관점: 신라의 삼국통일인가?

　기록을 통해 문자 너머의 실상을 보려는 해석 행위가 역사학이다. 역사에서 사실의 발생, 기록, 해석은 모두 인간의 하고자 하는 마음의 소산이었다. 그런 만큼 해석의 결과인 역사상은 각양각색일 수밖에 없었는데, 역사상을 구성하는 일어난 사실과 그에 따른 의식의 상응 여부는 중요하다. 일치할 경우에는 한 현상의 두 측면으로 보면 되지만, 그렇지 않을 경우에는 별개의 사실로 따져보지 않으면 안 된다.

　한국사에서 7세기 후반에 있었던 일련의 사실들을 이해하는 일도 그렇다. 백제 의자왕이 642년에 신라의 대야성을 공함한 이래, 당이 676년에 평양의 안동도호부를 요동 고성으로 철수할 때까지 동아시아 세계는 치열한 외교전과 장기간의 국제전으로 요동치고 있었다. 이에 대한 통설적 견해는, 신라가 당과 연합하여 백제와 고구려를 멸망시킨 뒤 다시 당과 싸워 676년에 안동도호부를 몰아냄으로써 대동강과 원산만 이남의 영토를 확보하고 삼국통일을 이룬 것으로 요약된다. 그와 같은 사정은 '통일신라'라는 왕조명의 표현에[1] 잘 반영되어 있다.

이러한 해석에 대한 비판으로 신라의 백제통합론이 제기되었다. 642
년 이후 김춘추의 백제통합 의지와 청병 외교, 당 태종의 고구려 원정
실패와 전략 변화, 나·당의 이해관계 일치와 제·여 원정, 제·여 멸망 이
후의 상황 변화와 나·당 전쟁 등을 검토한 결과, 신라는 675년에 임진
강 이남의 백제를 통합한 데 불과한 것으로 파악하는 견해다.[2] 이에 대
한 비판으로 신라의 삼국통일론이 다시 제기되었다. 삼국통일의 개념
과 시기 설정의 문제를 검토한 다음 641년부터 700년까지의 삼국통일
전쟁을 전쟁의 서막, 백·고의 멸망 과정, 신·당 전쟁과 일본·토번, 전쟁
의 여진 등으로 나누어 고찰함으로써, 신라는 676년에 대동강 이남까
지 세력을 미친 것으로 이해하는 견해이다.[3] 이후 신라의 백제통합론과
삼국통일론은 전쟁 기간의 범주 설정, 전후 신라 영토의 범위, 일통삼
한의식의 형성 시기 등에 관해 서로의 입장을 거듭 밝힌 바 있다.[4]

이러한 과정에서 개념을 구성하는 용어의 사전적 의미를 새삼 환기시
킬 필요성이 제기되었다. 우선 '통합'은 본래 둘 이상이던 것을 하나로
동화시키는 것인데 비해, '통일'은 둘 이상으로 나뉜 것을 다시 하나로
일치시키는 것이라고 한다. 여기에 더하여 '병합'은 통합과 사전적 의미

---

1 '통일신라'라는 표현은 손진태가 『한국민족사개론』(을유문화사, 1948)에서 가장 먼저 사용했
다. 그러나 『국사대요』(을유문화사, 1949)에서는 외족의 군사를 빌려 동족의 국가를 멸망시킨
귀족국가로서 신라의 본질적 죄악을 한계로 인식한 때문인지 다시 '신라'로 환원하고 있었다
(김영하, 「신라통일론의 궤적과 함의」, 『한국사연구』153, 2011).

2 김영하, 『신라중대사회연구』, 일지사, 2007.

3 노태돈, 『삼국통일전쟁사』, 서울대출판부, 2009.

4 김영하, 「7세기 후반 한국사의 인식문제」, 『한국사연구』146, 2009; 「일통삼한의 실상과 의
식」, 『한국고대사연구』59, 2010; 앞의 논문, 2011; 「신라의 '통일'영역 문제」, 『한국사학보』56,
2014; 노태돈, 「7세기 전쟁의 성격을 둘러싼 논의」, 『한국사연구』154, 2011; 「삼한일통의식의
형성 시기에 대한 고찰」, 『목간과 문자』16, 2016.

가 같지만, 동화 과정에서 상대의 독자성을 일정하게 인정하는 점에서 차이가 있을 수 있는 것으로 일단 정리한 위에서 논의를 진행하기로 한다. 여기에서는 먼저 신라통일론과 남북국론에 이르기까지의 사실에 대한 인식과 해석의 변천을 전근대와 근대로 나누어 약술하려고 한다. 먼저 전근대에서의 사실 인식인데, 다음 기록이 검토의 대상이다.

> 문무왕 2년(662), 3월에 크게 사면을 실시하고, 왕은 이미 백제를 평정平定하였으므로 소사所司에 명하여 대포大酺를 베풀었다. (『삼국사기』권6)

> 문무왕 8년(668), 11월 5일에 왕이 사로잡은 고구려인 7천을 데리고 입경하였다. 6일에 문무 신료를 이끌고 선조묘先祖廟에 고하기를, "삼가 선왕의 뜻을 이어 대당大唐과 함께 의병을 일으켜서 백제와 고구려의 죄를 물어 원흉은 복죄伏罪하고 국운이 태정泰靜하게 되었으므로, 이제 감히 고하노니 신이여 들으소서"라고 하였다. (상동)

백제와 고구려의 멸망 이후 전승 행사의 핵심으로서 포로를 바치는 헌부獻俘 의식은, 당이 사로잡아 간 의자왕과 보장왕을 당 고종에게 바치는 것으로 끝났다.[5] 신라에서는 660년 백제를 멸망시키고 죽은 무열왕을 이어 즉위한 문무왕이, 그로부터 2년이 지난 뒤에 비로소 백제 평정에 따른 연회를 베풀고 있었다. 왕조국가에서 종묘와 사직이 자리 잡은 왕도의 함락,[6] 즉 왕조의 평정과 같은 의미의 원흉 복죄는 백제와 함

---

5   『新唐書』卷3, 高宗 顯慶 5年, 高宗 總章 元年.
    한편 『신당서』권220, 고려전에 의하면, 당 고종은 이적에게 조서를 내려 고구려로부터 돌아오는 길에 당 태종의 소릉에서 먼저 헌부 의식을 거행하도록 조치하고 있었다.
6   왕도의 함락으로 인한 종묘와 사직의 훼손과 그 재건이 갖는 중요성은 『삼국사기』권17, 동천왕

께 고구려에도 적용되었다.

이와 같은 인식이 669년 문무왕의 하교에서는 두 적을 이미 평정했다는 "양적기평兩敵旣平"이나, 소위 「답설인귀서」로 알려진 671년 문무왕의 보서報書에서 비로소 두 나라를 평정했다는 "시평양국始平兩國"이란 표현으로 나타났다. 왕이 주관하는 국가 차원의 의식이나 공식 문서에서는 역사적 사실로서 제·여 평정만을 언급할 따름이었던 것이다. 한편 신라가 삼한, 즉 삼국을 하나로 아울렀다는 "일통삼한一統三韓"은 전혀 다른 맥락에서 출현했다.

> 신문왕 12년(692), 봄에 대가 말랐다. 당 중종이 사신을 보내 구칙口勅하기를, (중략) 왕과 군신이 함께 의논하여 대답하기를, "(전략) 그러나 생각하건대 선왕先王 춘추春秋는 자못 어진 덕이 있고, 하물며 생전에 양신良臣 김유신金庾信을 얻어 한마음으로 정치하여 삼한을 일통하였으니[同心爲政一統三韓] 그 공업이 적다고 할 수 없다"고 하였다. (『삼국사기』권8)

측천무후는 신라에 사신을 보내 당 중종이 구칙하는 형식으로[7] 태종무열왕의 시호가 당 태종의 묘호에 저촉된다는 외교적 난제를 제기했다. 신라 조정이 대응하는 과정에서 고구려 포함의 일통삼한을 무열왕의 업적으로 소급시킨 데서 알 수 있듯이, 일통삼한에는 의식적 측면이 강하

21년조에서 보듯이 유주자사 관구검의 침입으로 환도성이 일단 왕도로서 기능할 수 없는 것으로 판단되자, 우선 평양성을 쌓고 백성과 '묘사廟社'를 옮겼다는 데서 알 수 있다.

7 이것은 사실상 측천무후가 684년에 중종을 폐위시킨 이후에 있었던 일이므로, 이에 대해서는 전근대사학에서도 두 가지 견해가 있어왔다. 『삼국유사』는 연대를 소급해서 고종 때에 있었던 사실로 이해한 반면, 『동국통감』과 『동사강목』은 주체를 바꾸어 측천무후가 행한 것으로 파악했다. 한편 『삼국사기』를 편찬하면서 여왕의 존재에 대해 비판적이었던 김부식이 측천무후 대신에 중종이 구칙한 것으로 바꾸어 서술했을 가능성도 없지 않았다(김영하, 앞의 논문, 2010).

게 포함될 수밖에 없었다. 670년에 고구려 왕조를 부활시킨 안승의 보덕국마저 684년에 해체됨으로써 삼한이 삼국을 의미할 수 있는 대내적 조건은 마련되었다. 더구나 고구려 고지의 지배를 사실상 포기한 당에서도 일찍부터 고구려를 삼한으로 인식하는 경향이 있어왔다.[8] 이에 무열왕계의 중대 왕실은 당의 부단한 포섭 대상이던 김유신계와 합심하여 대외적으로 일통삼한을 표방하고 태종무열왕의 업적으로 부회했던 것이다.[9] 신라 조정의 단합된 모습을 확인한 당은 더 이상 시호 문제를 거론하지 않게 되었다. 이러한 내용은 『삼국사기』를 통해 알 수 있는 당시의 사실인 동시에 고려시대의 인식이기도 했다. 그러므로 김부식도 신라가 상국上國과 함께 모의하여 삼토三土를 아울러 한 집안으로 삼은[10] 것으로 평가할 수 있었다.

사실 인식으로서 양국 평정에서 비롯된 일통삼한의식은 정통론의 근거로 작용했다. 조선 초기의 관찬 사서인 『동국통감』은 문무왕의 치세 중임에도 불구하고, 고구려의 멸망에 따른 '일통一統'과 하나로 통합한 "통합위일統合爲一"을[11] 기준으로 문무왕 8년 이전의 삼국기三國紀와

---

8 권덕영, 「당 묘지의 고대 한반도 삼국 명칭에 대한 검토」 『한국고대사연구』 75, 2014.

9 김영하, 앞의 논문, 2010.
한편 〈문무왕릉비〉(682)에서 "지과팔인地跨八賓 훈초삼□ 勳超三□"에서 결자 부분을 '삼한三韓'으로 읽더라도, 아직 안승의 보덕국이 존재하고 있었으므로 고구려를 포함하는 삼한일 것인지에 대해서는 일정한 검토를 요한다. 그것은 고구려 멸망 이전의 〈대당평백제국비명〉(660)에서 소정방의 전공을 기리는 중에 "일거이평구종一舉而平九種 재첩이정삼한再捷而定三韓"이라고 하여 동방에 대해 종족적으로는 구이九夷와 지역적으로는 삼한을 상투적 관용어로 사용함으로써, 당시 현장에서 비명을 읽은 신라인들은 그 삼한에 아직 멸망하지 않은 고구려가 포함될 수 없다는 사실을 인지했을 가능성도 있기 때문이다. 그러나 토지가 팔방에 걸쳤다는 공간적 의미의 대구로서 공훈이 '삼□' 뛰어넘는다는 시간적 의미라면, 결자 부분은 삼황오제를 가리키는 '삼오三五'일 수도 있다.

10 『三國史記』卷43, 金庾信 下, 論.

11 『東國通鑑』卷9, 文武王. "諱法敏 (中略) 在位 凡二十一年 一統後十一年.";『東國通鑑』卷9, 文武王 19년. "臣等按 (中略) 文武之平定麗濟統合爲一者 大抵皆太宗之恢拓之略 庾信贊助

9년 이후의 신라기新羅紀로 나누었다. 조선 후기에 안정복의 『동사강목』도 역시 고구려의 멸망에 따른 '혼일混一'과 비로소 삼한이 하나가 된 "시일삼한始一三韓"을[12] 기준으로 문무왕 8년 이전과 9년 이후로 상·하의 권차를 달리했다. 이처럼 고구려 왕조의 멸망을 일통 또는 일통삼한의 계기로 인식했고, 일통삼한에 입각한 신라-고려의 정통론은 다른 강목체 사서에도 적용되었다.[13]

한편 남북국론을 제기한 유득공이 서문을 쓴 한치윤의 『해동역사』는 일통삼한의식에 매몰되지 않음으로써, 신라사에 발해사를 부기한 『동사강목』과 달리 신라기新羅紀와 더불어 발해기渤海紀를 세기로 독립시킬 수 있었다.[14] 여기에 더하여 김정호는 『대동지지』에서 발해는 고구려의 옛 땅을 계승함으로써 신라와 더불어 200여 년간 남북국을 이루었으며, 신라가 차지한 영토는 한강의 남북 유역으로서 임진강 이남에 불과한 사실을 밝혔다.[15] 근대사학에서의 사료 비판 및 해석과 방불한 역사 인식이 싹트고 있었던 것이다.

다음은 근대 이후의 사실 해석이다. 근대사학은 왕조 위주의 정통론

之力."

12 『東史綱目』, 東史綱目圖, 新羅三姓傳世之圖, "文武 混一東土":"文武 以英明之資 承先人之烈 請唐兵滅高麗 始一三韓 克成前志 何功烈之盛也."

13 한영우, 『조선후기사학사연구』, 일지사, 1989.
이와 같이 신라-고려의 정통론에 입각하여 신라의 편년에 발해의 편년과 사실을 부기한 서술 체제는, 한말에 학부가 편찬한 대표적 사서인 김택영의 『역사집략』(1905)으로 이어지고 있었다(김영하, 앞의 책, 2007).

14 『海東繹史』卷11, 渤海.
이러한 입장은 『해동역사』의 교빙지와 인물고에서는 물론, 한진서가 편찬한 『해동역사』 속권의 지리고 등에서도 관철되고 있었다.

15 『大東地志』卷31, 渤海國, "按三韓諸國統爲三國 卽新羅加耶百濟 而後加耶亡 高句麗南遷又爲三國 及麗濟滅後五十年 渤海又襲句麗舊疆 與新羅爲南北國二百餘年 高麗太祖統一之."; 『大東地志』卷2, 京畿道, "文武王八年麗濟滅 而其地屬于唐[漢水南北爲新羅 臨津以北屬于唐] 開元乙亥 唐勅賜浿江[今大同江]以南地于新羅."

적 사고를 극복하고, 시공간 속에서 이루어진 인간 활동에 관한 인과론적 실증이 긴요했다. 이러한 관점에서 7세기 후반의 역사상을 포착할 수 있는 개념의 안출과 신라 영토에 대한 관심은 당연했다. 한말의 근대화가 파행을 겪었던 것처럼 한국사에 대한 근대적인 서술도 일본인에 의해 먼저 이루어짐으로써 굴절이 불가피했다. 하야시 다이스케林泰輔는 신라가 당과 함께 백제와 고구려를 멸망시킨 사실을 서술한 다음, 전후의 신라 영토와 관련하여 다음 사료를 주목함으로써 신라통일론의 단서를 마련했던 것이다.

> 문무왕 15년(675), 그러나 백제 땅을 많이 차지하고, 마침내 고구려 남경에 이르기까지를 주군으로 삼았다[然多取百濟地 遂抵高句麗南境爲州郡]. (『삼국사기』권7)

여기에 나오는 고구려의 남경에 대해서는 두 가지 해석이 가능하다. 그 하나는 '남쪽 경계'로서 선의 의미이고, 다른 하나는 '남쪽 경역'으로서 면의 의미이다. 하야시 다이스케는 후자의 의미에서 신라가 675년에 고구려의 남경에 이르기까지 주군을 삼음으로써, 시간과 공간이 규정되는 근대적 개념으로서의 '신라의 통일'을 사용하기 시작했다.[16] 이에 관해서는 뒤에서 다시 검토하겠지만, 주군을 삼았다는 내용은 『삼국사기』 찬자의 오류에서 비롯된 부연에 지나지 않았다. 그럼에도 불구하고 식민사학의 공식적인 견해는 신라가 대동강과 원산만 이남의 삼국,

---

16 林泰輔, 『朝鮮史』2, 吉川半七藏版, 1892.
한편 한말의 역사학자 현채가 확실한 증거와 내용의 명료함을 들어 『조선사』를 『중등교과동국사략』(1906)으로 역술함으로써 근대적인 의미에서의 신라통일론이 수용될 수 있는 계기를 마련했다(김영하, 앞의 책, 2007).

즉 반도를 통일한 것으로 귀착되었다. 신라에 의한 반도 통일의 강조는 고구려 고지에서 건국한 발해를 한국사에서 배제하려는 만선사관의 왜곡이었다.[17] 이에 대해 민족주의사학의 신채호는 신라의 삼국통일론을 비판하고 신라와 발해 병존의 양국시대론兩國時代論을 개진함으로써 이후 남북국론의 전개에 지대한 영향을 미쳤다.[18]

한국전쟁 이후 남·북한은 체제 경쟁의 차원에서 7세기 후반의 사실을 해석했다. 남한 학계에서 국가 중심의 통일신라론은 676년에 당의 세력을 몰아냄으로써 대동강과 원산만 이남을 통일한 것으로 보았다. 그 의의는 단일 민족으로서의 문화를 형성한 데 있으며, 한계로는 외세 이용의 비자주성과 통일 영역의 불완전성을 거론했다. '신라와 발해'와 같이 신라에서 통일의 의미를 불식하고 발해를 한국사로 제대로 취급하면 언급할 필요가 없는 한계였다. 한편 북한 학계에서 민족 위주의 후기 신라론은 신라의 삼국통일을 인정하는 단계, 신라에 의한 국토 남부의 통합으로 보는 단계, 당을 압록강 이남에서 쫓아낸 것으로 인식하는 단계를 거쳐 성립되었다. 그러나 '발해와 후기신라'라는 인식에서 보다시피 발해를 앞세우고, 침략자인 당을 축출한 지역을 압록강 이남으로 설정한 것은 주체적 해석의 과잉이었다.[19]

결국 『삼국사기』에서는 제·여의 왕조 평정과 일통삼한이 별개의 사실로 기록되어 있을 뿐이었다. 그러나 조선시대에 이르러서는 고구려의 멸망을 일통삼한의 계기로 파악함으로써 신라에서 고려로 이어지는 정통론의 시원으로 삼는 입장과, 그와 같은 일통삼한의식으로부터 벗어

---

17 김영하, 앞의 논문, 2011.
18 김영하, 앞의 책, 2007.
19 김영하, 앞의 논문, 2011.

나 신라와 발해가 병립하는 남북국으로 인식하는 관점도 나타났다. 나·당 전쟁 후의 신라 영토에 처음으로 주목한 것은 일제 식민사학이었다. 675년에 대동강 이남을 차지했다는 이른바 신라통일론이 제기되어 통설적 견해의 원류로 자리를 잡았던 것이다. 그러나 이러한 해석은 관련 사료의 비판을 결여했을 뿐만 아니라 만주와 조선의 경계 변천에 관심을 기울인 만선사관의 선험적 경역 인식을 전제하고 있었다.

이상에서 보았듯이 전근대 사료의 비판과 근대 식민사학의 극복이라는 이중의 과제 해결에 7세기 동아시아의 국제전을 이해하는 요체가 있는 셈이다. 이러한 관점에서 볼 때 일통삼한의 의식으로 신라의 삼국통일을 입증하려는 논의는 접근 방법의 전도이고, 나말의 분열 상황에서 환기된 일통삼한의식의 대두를 당시의 형성으로 파악하려는 인식은 착각일 수도 있다.

2) 발단: 나·당 연합의 결성

세상사는 인과적 사실들의 무한 연쇄로 이루어진다. 이 중에서 특정한 시공간의 사실을 골라 해석하고 의미를 부여하는 일은 역사학의 몫이다. 한국사에서 7세기 후반의 일들도 예외가 아니다. 동아시아의 정세가 격동하는 와중에 신라는 당과 연합하여 백제와 고구려를 멸한 뒤 다시 당과의 전쟁을 통해 675년에 백제 고지를 모두 차지했고, 신라와의 전쟁에서 패한 당이 676년에 안동도호부를 요동 고성으로 옮긴 뒤 고구려 유민들이 698년에 그 고지에 대한 당의 관할권 약화를 틈타 발해를 세웠다. 한국사에서 새로운 국면이 조성되었던 것이다. 이러한 일련의 사실들은 의자왕의 신라 침공에서 촉발되었다.

의자왕 2년(642), 7월에 왕이 친히 병사를 이끌고 신라를 쳐서 미후獼猴 등 40여 성을 함락시켰다. 8월에 장군 윤충을 보내 병사 1만을 거느리고 신라의 대야성大耶城을 치니 성주 품석과 처자가 나와 항복하므로, 윤충이 모두 죽이고 그 머리를 베어 왕도로 보냈다. (『삼국사기』권28)

선덕왕 11년(642), 8월에는 또 백제가 고구려와 공모해서 당항성黨項城을 빼앗아 당으로 가는 길을 끊으려 하므로, 왕이 사신을 보내 당 태종에게 위급함을 알렸다. (『삼국사기』권5)

무왕을 이어 641년에 즉위한 의자왕은 그 다음해에 왕모족王母族을 숙청하는[20] 친위정변을 통해 왕권을 강화했다. 이와 같은 정변은 삼국 말기에 공통으로 살필 수 있는 권력의 집중 현상으로서, 변화한 국제 정세에 적극적으로 대처하려는 데 목적이 있었다.[21] 왕권을 강화한 의자왕은 정변의 정당성을 천명이라도 하려는 듯이 친히 신라 서변을 쳐서 40여 성을 함락시키는 전과를 거두었다. 또한 신라 서방의 전략 거점인 대야성도 함락시키고, 고구려와 공모하여 당항성을 공취하여 당과의 교통로를 차단하려고 시도했다. 대야성 전투에서 성주 품석 내외가 죽었다. 품석의 아내가 김춘추의 딸이었으므로, 그들의 죽음이 김춘추에게 준 충격은 컸다.

김춘추는 백제통합의 뜻을 굳히고 청병을 위해 고구려로 떠났다. 신라는 고구려를 병탄의 대상이 아니라 청병의 상대로 여기고 있었던 것

---

20 『日本書紀』卷24, 皇極天皇 元年. "今年正月 國主母薨 又弟王子兒翹岐及其母妹女子四人 內佐平岐味 有高名之人冊餘 被放於嶋."

21 石母田正, 『日本の古代國家』, 岩波書店, 1971.

이다. 보장왕은 551년에 신라가 빼앗은 죽령 서북의 고구려 땅을 돌려주면, 출병이 가능하다는 실현 불가능한 내용으로 대응했다.[22] 이것은 대당강경책을 추진하기 위해 642년에 대당온건책을 견지한 국내계 귀족들을 숙청하고 전권을 장악한 평양계 귀족인 연개소문의 입장에 다름 아니었다. 이제 신라는 청병 대상을 당으로 바꿀 수밖에 없게 되었다.

> 선덕왕 12년(643), 9월에 당에 사신을 보내 말하기를, "고구려와 백제가 신의 나라를 침입하여 여러 차례 수십 성이 공습을 받았으며, 두 나라는 연병連兵하여 기필코 신라를 취하려 합니다. 이번 9월에도 크게 군사를 일으키려 하니, 신의 나라 사직은 반드시 보전할 수 없을 것입니다. 삼가 측근 신하를 보내 당에 귀의하여 편사偏師를 빌려 구원을 받으려고 하는 것입니다"라고 하였다. (『삼국사기』권5)

신라는 고구려와 백제의 연병으로 인한 피해 상황을 알리고 왕조의 보전을 위한 구원을 요청했다. 이번에는 백제와 함께 고구려도 거론했는데, 당 태종으로부터 우대를 받고 643년에 귀국한 자장을 통해[23] 고구려를 원정하려는 당의 사정을 알게 되었기 때문일 것이다. 이에 대해 당 태종은 사신이 임의로 응대하기 어려운 세 가지 방책을 제시하는 데 그쳤다. 당시 당은 고구려에 대한 원정 준비로 말미암아 신라를 돌아볼 겨를이 없었다. 다만 사농승 상리현장相里玄獎을 고구려에 보내 신라를 공격하지 말라고 권유하기는 했다.

그러나 당이 제시한 세 가지 방책 가운데 육로를 통해 고구려를 치는

---

22 『三國史記』卷5, 善德王 11年.
23 김영하, 앞의 논문, 2010.

요동직입책遼東直入策과 해로를 통해 백제를 치는 범해직습책泛海直襲策은 이후 당의 전략으로 구체화되었고, 사신이 귀국해서 전한 신라의 왕이 여자이기 때문에 적을 불러들인다는 여주영구론女主迎寇論이 조정에 몰고 온 여파는 컸다. 상대등 비담과 염종 등이 647년 정월에 여왕이 나라를 잘 다스리지 못한다는 명분으로 반란을 일으켰던 것이다. 반란 진압을 계기로 사륜계의 김춘추와 금관가야계의 김유신은 자파로 권력을 집중시킬 수 있었다.[24] 김춘추는 다시 적극적인 외교 활동에 나섰다.

> 효덕천황 대화 3년(647), 이 해에 신라가 상신上臣 대아찬 김춘추 등을 보내면서 박사博士 소덕小德 고향흑마려高向黑麻呂, 소산중小山中 중신연압웅中臣連押熊을 보내주고, 공작새 한 마리와 앵무새 한 마리를 바쳤다. 이에 김춘추를 인질로 삼았는데, 춘추는 얼굴이 아름답고 담소를 잘하였다. (『일본서기』권25)

김춘추의 파견은, 646년에 고향흑마려高向黑麻呂가 신라로 와서 이른바 '임나任那의 조調'를 포기하는 대가로 인질을 보내주길 요청한 데 따른 것이었다.[25] 신라의 실권자로 등장한 김춘추가 왜의 인질일 수도 없지만, 김춘추가 왜에 인질로 갔다는 기사 자체를 『일본서기』 찬자의 날조로 보기도 한다.[26] 여하튼 친당과 친신라노선의 대화개신정권이 신라에게 고위 인물의 파견을 요청한 데는 그만한 까닭이 있었다.

제1차 견당사 견상어전초犬上御田鍬와 약사혜일藥師惠日은 632년에

---

24 김영하, 『한국고대사회의 군사와 정치』, 고려대민족문화연구원, 2002.

25 『日本書紀』卷25, 孝德天皇 大化 2年. "九月 遣小德高向博士黑麻呂於新羅 而使貢質 遂罷任那之調."

26 三池賢一, 『日本書紀』"金春秋の來朝"記事について』『古代の日本と朝鮮』, 學生社, 1974.

당의 사신 고표인高表仁과 함께 왜로 돌아왔다. 고표인은 왜에서 성대한 영접을 받았지만, 왜의 왕자와 의례상의 명분 문제로 다툼으로써 교섭은 결렬되었고 양국 관계는 단절되었다.[27] 왜는 당과의 국교를 재개할 단서가 필요했다. 648년에 신라를 매개로 당에 표를 보냄으로써 소식을 통할 수 있었다[28]는 중재 역할의 부탁이었던 것이다. 김춘추는 과연 다음해에 당으로 갔다.

> 정관 22년(648), 윤12월 계미에 신라왕이 그 나라의 상相 이찬간 김춘추와 아들 문왕을 보내와서 조공하였다. (『구당서』권3)

이때 김춘추는 643년에 파견되었던 신라 사신과는 달리 지극한 환대를 받았다. 당 태종은 고구려 응징을 명분으로 645년에 추진한 친정의 실패 이후, 647년과 648년의 원정으로도 고구려를 복속시킬 수 없었다. 그가 장손무기長孫無忌와 30만을 동원한 649년의 원정을 다시 기약하던[29] 시점의 사정을 반영한 것으로 짐작된다. 김춘추는 당 태종의 허락을 받아 국학의 석전釋奠과 강론을 관람했으며, 당 태종은 삼국의 존재를 인정하지 않는 신찬 『진서』를 김춘추에게 하사함으로써 고구려와 백제를 원정하려는 뜻을 드러냈다.[30] 또한 김춘추는 백제의 침입으로 인한 신라의 멸망은 물론 조공로의 폐쇄 가능성까지 언급함으로써 당으

---

27 『舊唐書』卷199 上, 倭; 榎本淳一, 「遣唐使の役割と變質」 『岩波講座 日本歷史』3, 岩波書店, 2014.

28 『舊唐書』卷199 上, 倭. "至二十二年 又附新羅奉表 以通起居."

29 『新唐書』卷220, 高麗. "帝與長孫無忌計曰 (中略) 明年以三十萬衆 公爲大總管 一擧可滅也."

30 이성규, 「중국 고문헌에 나타난 동북관」 『동북아시아 선사 및 고대사 연구의 방향』, 학연문화사, 2004.

로부터 출병 허락을 얻는 동시에 향후 중화 문물의 수용에서 상징적 의미를 지닐 장복章服을 요구하기도 했다.[31] 이러한 외교적 성취의 관건은 백제와 고구려를 멸망시킨 뒤 점령지의 귀속 문제가 타결된 데 있었다.

> 문무왕 11년(671), 대왕이 보서報書하기를, 선왕이 정관 22년(648)에 입조하여 태종문황제太宗文皇帝를 만나 받든 은혜로운 칙서에서 "짐이 이제 고려를 치려는 것은 다른 까닭이 아니라 너희 나라가 양국에 끼어서 매번 침입을 받아 편안할 때가 없음을 가없게 여김이니, (중략) 내가 두 나라를 평정하면 평양 이남의 백제 토지[平壤已南 百濟土地]는 모두 너희 신라에게 주어 길이 편안하게 하려 한다"하고 계책을 내리고 군기軍期를 주었다. (『삼국사기』권7)

당 태종은 648년에 김춘추와 만났을 때, 고구려와 백제의 평정 이후 '평양 이남의 백제 토지'를 신라에 주기로 칙서로 약속했다. 당이 고구려 원정의 명분을 기왕의 응징에서 신라 구원으로 바꾼 데서 보듯이, 이제까지 고구려 원정에서 소기의 성과를 거두지 못한 당 태종이 신라를 고구려 원정에 끌어들이기 위한 유인책일 수 있었다.[32] 이로써 신라의 백제통합을 당이 지원하고, 당의 고구려 점령을 신라가 후원하는 나·당 연합의 전략적 조건이 충족되었다. 이러한 약속은 이미 645년에 당 태종이 고구려를 친정할 때 신라가 병사 5만으로 후원한 바 있고,[33] 당이

---

31 『三國史記』卷5, 眞德王 2年.
　　여기에서 김춘추는 청병의 동기로 백제의 침입만을 거론한 데 비해, 『삼국사기』권6, 문무왕 9
　　년조의 하교에서는 김춘추가 백제는 물론 고구려까지 평정하기 위해 당에 청병한 것으로 나온
　　다. 그러나 이것은 문무왕이 무열왕의 백제 평정을 이어 고구려마저 멸망시킨 이후의 상황에
　　서 제·여 평정이 선왕의 유업에서 비롯된 점을 강조하기 위한 표현으로 이해된다.

32 김영하, 앞의 논문, 2010.

33 『舊唐書』卷199 上, 新羅. "太宗將親伐高麗 詔新羅纂集士馬 應援大軍 新羅遣大臣 領兵五

신라를 위해 다음과 같이 고구려를 공격하는 호혜적 성격으로 인해 실현 가능성이 높은 것이었다.

> 고종 영휘 6년(655), 정월에 고려와 백제, 말갈이 연병하여 신라의 북경으로 침입하여 33성을 취하였으므로, 신라왕 춘추가 당에 사신을 보내 도움을 구하였다. 2월 을축에 영주도독 정명진과 좌위중랑장 소정방을 보내 병사를 내어 고구려를 쳤다. 5월 임오에 명진 등이 요수를 건너니, 고려가 그 병사가 적은 것을 보고 문을 열고 귀단수貴端水를 건너와 역습하므로 명진 등이 분격하여 크게 깨뜨렸다. (『자치통감』권199)

고구려와 백제의 연병은 신라의 대당 외교에서 구실로만 언급된 것이 아니라, 위의 내용과 같이 군사적 실제로 작동하고 있었다. 신라는 당과의 약속에 입각하여 구원을 요청했으며, 정명진과 소정방이 신성 서남의 귀단수에서 고구려군을 깨뜨렸다. 여·제 연병의 남북 진영과 나·당 연합의 동서 진영의 대결이 가시화되기 시작했다. 이것은 또한 당의 연합 대상으로 백제가 고려될 수 있었음에도 불구하고 신라의 외교적 성과와 당의 입장 변화에 따라 완전히 배제되었음을 의미했다.

백제는 기왕에 당이 상리현장을 파견하여 신라에 대한 공격 중지를 권유한 데 대해 사죄로써 대응한 바 있었다.[34] 신라에 대한 공략 자체가 전략적 목적이었던 백제의 책략이었다. 당이 645년 2월, 647년 3월, 648년 정월의 세 차례에 걸쳐 고구려를 원정할 때마다, 의자왕은 공교롭게도 해당 연도의 5월, 10월, 3월에 신라에 대한 공세를 강화하고 있

萬人 入高麗南界 攻水口城 降之."
34 『舊唐書』卷199 上, 百濟; 『三國史記』卷28, 義慈王 4年.

었다.[35] 백제가 표방한 명분과는 달리 실제의 목적을 이루려는 이른바 백제회이책百濟懷二策이었으며, 백제는 당에 대한 조공도 일시 중단하기에 이르렀다.[36] 이러한 의사 결정의 대내외적 배경이 궁금하지만, 당이 신라와 연합할 수 있는 여건은 더욱 성숙되어 있었던 것이다.

이러한 상황에서 백제는 신라 공략을 중단할 수 없었다. 의자왕은 649년에 좌장 은상을 보내 정병 7천을 이끌고 신라의 석토성을 비롯한 7성을 공취했으며, 그 연장선상에서 고구려와 연병하여 신라 북경을 공격했던 것이다. 신라는 마침내 국지전이 아니라 백제통합을 목적으로 삼는 전면전을 위해 당에 원병을 청하기에 이르렀다. 무열왕은 659년에 백제의 빈번한 국경 침범을 명분으로 삼아 당에 사신을 보내 군대를 요청했다. 나·당 연합에 의한 백제 원정의 단서가 마련되었다. 원병 요청에는 숙위로 머물고 있던 김인문의 역할도 있었을 것이며, 그는 또한 당군 지휘부의 일원으로 참전하여 신라군과의 연합작전에서 조정 역할을 맡았다.[37]

3) 전개: 백제와 고구려의 멸망

가. 백제의 멸망과 왜

인간의 의지와 욕망에서 발로된 일은 관성을 지니기 마련이다. 백제

---

35 『三國史記』卷28, 義慈王 5年, 7年, 8年.

36 『舊唐書』卷199 上, 百濟. "及太宗親征高麗 百濟懷二 乘虛襲破新羅十城 二十二年 又破其 十餘城 數年之中 朝貢遂絶."

37 『三國史記』卷44, 金仁問.

를 멸망시키려는 김춘추의 의지와, 고구려를 점령하려는 당 태종의 숙원이 빚어낸 나·당 연합의 백제와 고구려에 대한 원정이 그러했다. 먼저 신라가 당과 연합하여 백제를 멸망시키는 과정과 왜의 동향에 관한 일단을 살펴보고자 한다. 백제 공략에 관한 외교적 제의는 신라에 의해 제기되었더라도, 원정에 관련된 일련의 군사적 사안은 당이 주도했다.

A1) 고종 현경 4년(659), 11월 계해에 형국공 소정방을 신구도총관神丘道總管으로 삼고, 유백영을 우이도총관嵎夷道總管으로 삼았다. (『구당서』권4)

2) 고종 현경 5년(660), 3월 신해에 신구도군을 보내어[發神丘道軍] 백제를 쳤다. (상동)

B1) 고종 현경 4년(659), 11월 계해에 하로부賀魯部의 실결궐사근悉結闕俟斤 도만都曼이 변경을 노략하므로 좌효위대장군 소정방을 안무대사로 삼아 쳤다. (『신당서』권3)

2) 고종 현경 5년(660), 정월 계묘에 사로잡은 도만을 바쳤다. (상동)

3) 고종 현경 5년(660), 3월 신해에 좌무위대장군 소정방을 신병도행군대총관神兵('丘'의 오기: 인용자)道行軍大總管[38]으로 삼고, 신라왕 김춘추를 우이도행군총관嵎夷道行軍總管으로 삼아 세 장군과 신라 병사를 이끌고 백제를 쳤다. (상동)

C1) 고종 현경 4년(659), 11월에 사결사근思結俟斤 도만都曼이 소륵疏勒,

---

[38] 『자치통감』권206, 측천후 신공 원년조에 따르면, '신병도군神兵道軍'은 우금오위대장군 무의종을 신병도행군대총관神兵道行軍大總管으로 임명한 데서 보듯이 거란을 칠 때에 실제로 편성된 바 있었다. 한편 부대 명칭에 지리적인 개념을 사용하지 않고 신병도와 같이 추상적인 개념을 사용한 것은 측천무후 시기의 특징이기도 했다.

주구파朱俱波, 알반타謁般陀 등 세 나라를 이끌고 우전于闐을 쳐서 깨뜨렸다. 계해에 좌효위대장군 소정방을 안무대사로 삼아 쳤다. (『자치통감』권200)

　2) 고종 현경 5년(660), 3월에 백제가 고구려의 후원을 믿고 자주 신라를 침범하니, 신라왕 춘추가 표를 올려 구원을 요청하였다. 신해에 좌무위대장군 소정방을 신구도행군대총관으로 삼아 좌효위장군 유백영 등 수륙군 10만을 이끌고 백제를 쳤다. 춘추를 우이도행군총관嵎夷道行軍總管으로 삼아 신라의 무리를 이끌고 당군과 합세하도록 하였다. (상동)

나·당 연합의 백제원정군은 사료 B3)과 C2)에서 보다시피 신구도행군대총관 소정방을 비롯한 좌위장군 유백영, 우무위장군 풍사귀, 좌효위장군 방효태 등 세 장군[39]과 우이도행군총관 무열왕 등으로 구성된 것으로 알려졌다. 그러나 B1)과 C1)은 서돌궐의 사결부 추장 도만이 소륵을 비롯한 세 나라와 함께 안서도호부 관하의 우전을 깨뜨리자, 659년 11월 21일 계해에 소정방을 안무대사로 삼았다고 한다. 이에 관해 사료 A1)은 동일한 연월일에 소정방이 신구도총관에, 유백영이 우이도총관에 임명된 사실을 전한다.

　여기의 '신구神丘'는 후한의 두헌과 경병이 89년에 흉노를 정벌하고 올랐던 연연산燕然山을 가리킨다.[40] 이럴 경우 신구도는 소정방이 안무대사로 토벌에 나섰던 서북 방면과 일치하며, 사료 A1)에서 신교본新校本 『구당서』의 우이도禺夷道는 동방을 가리키는 우이도嵎夷道의 간오가 아니라 무영전본武英殿本 『구당서』에서 보는 바와 같이 서방을 가리키는

---

39 『新唐書』卷220, 百濟.

40 『後漢書』卷23, 竇融. "憲秉登燕然山 去塞三千餘里 刻石勒功 紀漢威德 令班固作銘曰 (中略) 其辭曰 鑠王師兮征荒裔 勦凶虐兮截海外 夐其邈兮亘地界 封神丘兮建隆嵑 熙帝載兮振萬世."

곤이도崑夷道의 착오일 수 있다. 더구나 A1)의 우이도가 B3)과 C2)의 우이도와 같은 방면이라면, 유백영과 무열왕의 역할이 중복되는 모순이 생기기 때문이다.

결국 당은 백제원정군을 별도로 편성하지 않았으며, 사료 B2)에서 소정방이 정월에 사로잡은 도만을 고종에게 헌부한 뒤 사료 A2), B3), C2)에서 보다시피 서북 방면을 토벌할 때 편성했던 신구도군을 3월 10일 신해에 징발하여 백제 원정에 투입했던 것이다. 이러한 사실은 당시 백제원정군이 신구도군을 필두로 구성된 사실을 알려주는 당대의 자료인 〈대당평백제국비명〉(660)에서 소정방의 직함으로도 다시 확인된다.[41] 무열왕은 백제 공략의 주역으로서 동방 원정의 의미에 합당한 우이도행군총관에 임명되었다. 당이 앞으로 고구려 원정에서 도움을 얻어야 할 신라의 오해를 불러일으키지 않기 위해, 백제 원정에서는 신라를 도울 뿐이라는 나·당 연합의 명분에 충실했던 것으로 볼 수도 있다. 이와 같은 당의 취지는 신구도부대총관으로 참전한 김인문이 대변했을 것으로 추측된다. 또한 당의 전략적 치밀성은 보안 유지를 위해 왜의 사신을 억류한 데서도 나타났다.

---

41 〈大唐平百濟國碑銘〉. "使持節神丘嵎夷馬韓熊津等十四道大摠管 左武衛大將軍 上柱國 邢國公 蘇定方."
　　이와 관련하여 『신당서』권111, 소열 열전에서는 소정방이 신구도대총관으로 백제를 토벌한 데 대해, 『구당서』권83, 소정방 열전과 『구당서』권199 상, 신라전에서는 소정방이 웅진도대총관熊津道大總管으로서 백제를 원정한 것으로 나오고 있다. 한편 『구당서』권4, 고종 현경 4년조에 의하면 이해에 소정방이 신구도총관에 임명되었고, 그 다음해인 5년(660)에는 신구도군을 이끌고 백제를 원정한 것으로 기술하고 있다. 따라서 『구당서』열전에서 소정방이 웅진도대총관으로 기술된 것은 백제 원정의 사실을 고려하여 고친 것이며, 〈문무왕릉비〉(682)에서 소정방의 직함일 것으로 추측되는 웅진도행군대총관熊津行軍大總管도 신라의 입장에서 백제 원정에 합당한 내용을 적은 것으로 추측된다. 그것은 〈대당평백제국비명〉에서 신구도 이외에 웅진도가 따로 나오는 사실로도 알 수 있기 때문이다.

제명천황 5년(659), 7월 병자 삭朔 무인에 소금하小錦下 판합부연석포坂合部連石布, 대선하大仙下 진수연길상津守連吉祥이 당에 사신으로 갔다[8월 11일에 축자의 대진포를 출발하여 9월 13일에 백제 남부의 섬에 이르렀으나, 섬의 이름은 알 수 없다. (중략) 일이 끝난 뒤에 칙지로 "당은 내년에 반드시 해동에서 전쟁을 일으킬 것이므로, 너희 왜국 사신들은 본국으로 돌아갈 수 없다"고 하고, 드디어 서경西京에 숨겼다가 별처에 가두어 두었다]. (『일본서기』 권26)

　　위의 견당사는 659년 7월에 출발하여 661년 5월에 귀국한 제4차 견당사였다. 이들은 협주에서 보다시피 당에서 일을 마친 뒤 귀국하지 못하고 서경에 유폐되었다. 당이 660년에 있을 백제 원정에 관한 정보가 백제로 유출되는 상황을 미연에 방지하기 위한 조치였다. 이들은 당으로 가는 길에 백제 남쪽의 섬에 머물렀던 일이 있을 뿐만 아니라, 의자왕은 왜와의 전통적인 우호 관계 위에서 654년에 새삼 왜와의 우의를 더욱 강화한 일이 있었다.[42] 견당사가 돌아가는 길에 백제에 들러 당의 원정 계획을 알려줄 수도 있는 형편이었다. 이들은 백제의 멸망 이후에야 비로소 귀국할 수 있었다. 나·당연합군이 백제 공략을 시작한 지 5개월 만에 왕도 사비성은 함락되었다.

　　당은 부部-군郡-성城으로 편제된 백제의 통치조직을 부府-주州-현縣으로 개편하고 기미羈縻 지배에 임했다. 웅진, 마한, 동명, 금연, 덕안 등 5도독부를 두고 주현을 다스렸으며, 백제 출신의 유력자를 뽑아 도독, 자사, 현령에 임명했다. 왕문도를 웅진도독으로 삼아 병사를 지휘하고 사비성에 진수하도록 조치했다. 왕문도가 부임하는 도중에 죽자,

---

42 『三國史記』卷28, 義慈王 13年.

대방주자사 유인궤가 대신했다.[43] 아직 고구려가 멸망하기 이전이라 하더라도, 당의 기미 지배는 전후에 백제 토지를 신라에게 주기로 한 약속과는 거리가 먼 조치였다. 기실 당은 백제 토지를 신라에게 줄 의향이 없었다.

> 백제에 있는 장사들이 모두 당으로 돌아가길 바랐다. 유인궤가 말하길, "주상께서 고려를 병탄하고자 하여 먼저 백제를 치고[先誅百濟] 병사를 두어 진수한 것은 그 복심을 제압하는 것이었다." (중략) 유인궤가 또 표를 올려 말하기를, "폐하께서 만약 고려를 진멸하고자 한다면, 백제 토지를 포기해서는 안 됩니다[不可棄百濟土地]"라고 하였다. (『구당서』권84, 유인궤)

유인궤는 백제 원정의 의미를 고구려 점령에 긴요한 우회 전략으로서 백제를 먼저 치는 데 있다는 백제선주론에서 찾았다. 기왕에 추진한 요동공략책이 여의치 못한 상황에서, 당이 고구려를 반드시 병탄하기 위해서는 백제 고지에 당병을 진수시키고 전략 거점으로 삼을 필요가 있었던 것이다. 당의 백제 원정과 멸망 이후 일련의 조치는 유인궤의 진술과 상당히 부합하고 있었다. 또한 유인궤는 당 고종에게 고구려를 멸망시키려면 백제 토지를 포기해서는 안 된다는 백제포기불가론을 건의했다. 백제는 고구려 점령을 위한 후방기지로서의 가치 때문에 신라에게 줄 수 없다는 의미에 다름 아니었다.[44] 이러한 전략에 따라 당은

---

43 『舊唐書』卷199 上, 百濟.

44 『구당서』권84, 유인궤 열전에 의하면, 실제 유인궤는 백제 고지의 후방기지화를 위해 전후 복구에 몰두하는 한편 둔전을 경영하고 양식 비축과 군사 위무를 통해 고구려 경략에 대비하고 있었다.

백제 고지를 전략 거점으로 삼아 고구려를 경략하는[45] 평양직공책을 추진했으며, 나중에 진장 유인원도 마지막 고구려 원정에 참여하고 있었다.[46]

당의 기미 지배에 대해 백제 유민들은 부흥운동을 일으켰다. 무왕의 조카 복신이 일찍이 승려 도침과 함께 주류성을 근거로 반란을 일으키고, 왜에 볼모로 있던 왕자 부여풍을 맞이하여 왕으로 삼았다. 백제의 서북부가 모두 호응했고, 백제부흥군은 백제부성百濟府城의 유인원을 포위하기도 했다.[47] 이때 백제의 멸망으로 위기를 느낀 왜도 부흥운동을 적극 후원했다. 그러나 왜의 수군은 663년에 나·당연합군과의 백강전투에서 대패했다. 부여풍은 고구려로 달아났고, 주류성이 함락됨으로써[48] 백제의 부흥운동은 종말을 고했다.

당은 664년에 칙사 유인원을 시켜 김인문, 천존과 부여융이 웅진에서 동맹하도록 강제했다. 웅진이 신라와 백제부흥군이 자주 싸웠던 웅령이라면, 우선 웅령을 웅진도독부와 신라의 경계로 삼는 데 동맹의 목적이 있었을 것이다. 그 다음해에는 칙사 유인원이 주선한 웅진도독 부여융과 문무왕의 취리산 회맹을 계기로 당은 사실상 백제를 부활시켜 주었다. 1도독부-7주-51현으로 재편된 백제 영역에 대한 신라의 도발을 예방하려는 데 회맹의 목적이 있었다.[49] 신라는 663년에 이미 당에 의해 기미주인 계림대도독부로 재편됨으로써 외형상 웅진도독부와 처

---

45 『舊唐書』卷84, 劉仁軌. "仁軌又上表曰 (中略) 陛下再興兵馬 平定百濟 留兵鎭戍 經略高麗."

46 『三國史記』卷6, 文武王 7年, 8年.

47 『舊唐書』卷199上, 百濟.

48 『日本書紀』卷27, 天智天皇 2年.

49 김영하, 앞의 논문, 2010.

지가 같아졌을[50] 뿐만 아니라, 도리어 당이 후원하는 웅진도독부의 견제를 받는 지경에 이르렀다. 이이제이의 대상 번복은 당의 본색이 드러난 것이고, 신라는 감수할 수밖에 없는 곤경에 처하게 되었다.

나. 고구려 멸망의 배경

나·당 연합에 의해 백제에 이어 고구려도 멸망했다. 그 배경을 당의 전략 변화에 초점을 맞추어 살펴보기로 한다. 645년 당 태종의 친정에서 668년 고구려의 멸망까지 20여 년간은 당의 지속적 공격과 고구려의 부단한 방어로 점철되었다. 당의 공격이 성공했거나 고구려의 방어가 실패했다면, 전쟁은 보다 일찍 끝났을 것이다. 그러나 고구려의 성공적 방어는 전쟁을 장기화시켰고, 이에 상응하여 당도 전략을 바꿀 수밖에 없었다. 고구려의 강력한 방어 역량은 일시적인 효과이기는 했겠지만, 귀족 세력과 결탁한 불교 대신에 도교를 매개로 민을 권력기반으로 포섭한 연개소문정권의 특성과도 무관하지 않았을 것이다.

연개소문은 642년 대당온건파를 제거한 정변의 정당화를 위해서라도 대당강경책은 불가피했다. 고구려와 당의 관계에 균열이 생기기 시작했다. 643년 6월에 고구려에 사신으로 다녀온 태상승 등소鄧素가 당 태종에게 회원진에 수병을 두고 고구려를 압박하기를 요청했다. 이때에는 거부했던 당 태종도 같은 해 9월에 신라의 구원 요청을 계기로 사농승 상리현장을 고구려에 보내 신라에 대한 침략을 중지할 것을 설유하

---

50 당이 부여융에게는 웅진도독으로서 기미주의 도독호만을 수여한 데 비해, 『삼국사기』권7, 문무왕 11년조의 「답설인귀서」에서 문무왕이 '계림주대도독 좌위대장군 개부의동삼사 상주국 신라왕 김법민鷄林州大都督左衛大將軍開府儀同三司上柱國新羅王金法敏'으로 자서한 데서 보듯이 대도독호 이외에도 본국 왕호를 사용하고 있어서 내용적으로는 차이가 있었다.

는 한편, 불응할 경우 645년에 원정할 뜻도 전하도록 했다.[51]

이러한 요구는 상리현장이 고구려에 도착한 644년의 시점에서 최후통첩의 성격을 띠었으며, 거부할 경우에 원정 명분을 축적하기 위한 측면도 없지 않았다. 과연 연개소문은 신라의 고구려 영토에 대한 반환 문제를 거론하면서 거부했고, 정탐을 목적으로 파견된 장엄마저 굴에 가두어 버렸다.[52] 이에 당 태종은 반전론자인 저수량보다 주전론자인 이적의 원정 건의를 받아들이게 되었다.[53]

당 태종이 밝힌 고구려 원정의 이유는 세 가지였다. 첫째, 요동은 본래 중국 땅으로서 수隋가 네 번이나 출정했지만 뜻을 이루지 못했다. 둘째, 수의 원정 실패로 인한 중국 자제들의 원수를 갚고 연개소문의 정변으로 인한 고구려 군부君父의 수치를 씻으려는 것이다. 셋째, 중국의 사방이 크게 평정되었으나, 오직 고구려만은 아직 평정되지 않았다.[54] 당태종의 전략 구상에 비추어 마지막 이유가 가장 실제에 가까웠다. 당은 630년에 동돌궐과 635년에 토욕혼을 각각 복속시키고, 640년에는 서역의 고창을 점령하고 교하성에 처음으로 안서도호부를 두었다. 위징이 지배의 실효성을 들어 난색을 표했음에도 불구하고, 당 태종이 강행한[55] 지배욕은 앞으로 안동도호부를 설치해야 할 동방의 고구려에 대한 부단한 침공을 예고하고 있었다.

그러한 조짐은 이미 641년에 직방낭중 진대덕陳大德을 고구려에 파견하여 고창의 멸망 사실을 알림으로써 의중을 타진하는 한편 정세를

---

51 『資治通鑑』卷197, 太宗 貞觀 17年.

52 『舊唐書』卷185 上, 蔣儼.

53 『新唐書』卷220, 高麗.

54 『資治通鑑』卷197, 太宗 貞觀 19年.

55 『資治通鑑』卷195, 太宗 貞觀 14年.

정탐한 데서 드러났다.[56] 당 태종은 먼저 서방을 안정시킨 뒤 동방 원정에 나서려는 동서 균형의 전략 운용을 보이고 있었던 것이다.[57] 기실 642년 연개소문의 정변과 그에 따른 권력 집중도 국제 정세의 변화에 대응하기 위한 조치로서의 성격이 짙었다. 당 태종의 고구려 원정 전략과 연개소문의 당에 대한 강경노선으로 말미암아 두 나라의 격돌은 불가피해졌다. 마침내 당 태종은 장안의 부로父老를 상대로 참전하는 자손들의 안전을 기약하고 645년에 친정 길에 올랐다. 고구려에 대한 원정 실패와 그에 따른 농민 반란으로 인한 수의 멸망이 그에게 끼친 심리적 압박이 그만큼 컸기 때문이었다.[58]

당의 고구려원정군은 수륙 두 방향으로 편성되었다. 수군은 장량이 지휘하여 평양으로 들어가고, 육군은 이적의 지휘로 요동으로 나아가 양군이 합세하는 작전이었다. 현토성, 개모성, 비사성, 요동성, 백암성 등이 차례로 함락되었다. 그러나 안시성 전투에서 고구려군의 강력한 저항에 부딪친 당군은 물러날 수밖에 없었다. 고구려의 방어 역량에 더하여 당의 고구려 원정을 도우려는 설연타薛延陀와도 오히려 화친을 꾀하는[59] 고구려의 적극적 외교 등이 승인일 수 있었다. 당 태종은 출발할

---

56 『資治通鑑』卷196, 太宗 貞觀 15年.

57 이러한 동서 균형의 전략 운용은 당에서 뿐만 아니라, 『자치통감』권181, 양제 대업 5년, 6년, 8년조와 『자치통감』권182, 양제 대업 9년, 10년조에서 보다시피 수 양제가 서쪽으로 순수하여 고창, 이오, 토욕혼 등을 복속시키고 다시 동쪽으로 순수하여 돌궐의 계민가한 장막에서 고구려의 사신을 만난 것을 계기로 세 차례에 걸쳐 고구려를 원정했다가 실패한 데서도 확인된다.

58 『자치통감』권182, 양제 대업 11년조에 따르면, 수가 고구려 원정의 실패로 피폐해진 틈을 타서 수에 우호적이었던 돌궐의 계민가한啓民可汗을 이은 시필가한始畢可汗이 침입해왔다. 이때 천하의 병사 모집에 16세의 나이로 응모했던 이세민은 이후 부친 이연을 도와 각종 전투를 성공적으로 지휘함으로써 수의 멸망을 직접 경험한 바 있었다.

59 『新唐書』卷217 下, 回鶻. "(薛延陀) 俄遣使請率師助伐高麗 以刺帝意 (中略) 夷男沮縮 不敢謀 以使謝 固請助軍 帝嘉答 高麗莫離支令靺鞨 以厚利啗夷男 欲與連和 夷男氣索 不發 亦會病死 帝爲祭于行."

때의 호기와는 달리 위징이 살아 있었더라면, 이번 친정은 없었을 것이라며 매우 후회하면서 돌아갔다.[60] 당은 고구려에 대한 단기 점령 전략의 실패로 요동에 대한 장기 소모 전략으로 전환했다.

647년에는 이적이 신성을 거쳐 남소성과 목저성에 진주하여 고구려군과 싸웠으나 이기지 못했으며, 우진달은 석성을 공취한 뒤 적리성을 공격했다. 또한 648년에는 해로로 침입한 설만철이 압록강 하구의 박작성을 공격하여 상당한 성과를 거두고 돌아갔다.[61] 이처럼 압록강 이북의 요동 외곽에 대한 당의 산발적인 공략은 호구戶口의 약탈을 통한 고구려의 역량 약화 및 보장왕의 사죄와 같은 고구려의 복속에 전략적 목적이 있었다. 이러한 전략마저 소기의 성과를 거두지 못하자, 당 태종은 장손무기와 의논한 끝에 649년에 다시 고구려를 단기에 점령하려는 대규모의 원정 준비에 착수했다. 그러나 그의 죽음으로 무산되고 말았다.[62]

당 태종의 뒤를 이은 고종도 요동에 대한 소모 전략을 따랐다. 그것은 나·당 연합이 결성된 이후 655년에 있었던 신라의 구원 요청에 의해 재개된 측면도 없지 않았다. 신라를 침공한 고구려를 견제하기 위해 정명진과 소정방이 신성과 귀단수 전투에서 고구려군을 깨뜨리고 돌아갔다.[63] 658년에는 본기의 내용으로는 정명진이 적봉진 전투에서 이긴 듯하나, 열전의 내용을 볼 때 그렇지만은 않았던 것 같다.[64] 659년에 계필

---

60 『資治通鑑』卷198, 太宗 貞觀 19年.

61 『新唐書』卷220, 高麗.

62 『新唐書』卷220, 高麗.

63 『新唐書』卷3, 高宗 永徽 6年; 『新唐書』卷220, 高麗.

64 『新唐書』卷3, 高宗 顯慶 3年; 『新唐書』卷220, 高麗. "顯慶三年 複遣名振 率薛仁貴攻之 未能克."

하력은 요동을 공략했으며, 설인귀는 횡산 전투에서 고구려군을 깨뜨릴
수 있었다.[65]

그러나 요동 방면에서의 장기 소모 전략으로도 고구려를 복속시키지
못함으로써 당은 기왕의 전략을 수정하지 않을 수 없었다. 이제까지 당
이 수행해온 고구려에 대한 단독작전과 요동공략책遼東攻略策의 비효율
성을 극복하지 않으면 안 되었다. 나·당 연합에 의한 백제 원정과 평양
을 직접 공격하는 평양직공책平壤直攻策으로의 전환 배경이었다.

당은 백제 멸망 이후 그 고지를 전략 거점으로 삼고 평양을 직접 공
격하기 시작했다. 660년에는 백제 원정에 참전했던 소정방, 유백영과
요동을 공략하던 계필하력이 고구려를 공격했던 것이다.[66] 661년에 당
고종은 다시 평양을 친히 원정하려고 소사업, 임아상, 계필하력, 소정
방 등으로 35군을 편성했으나, 측천무후의 만류로 친정만은 그만두었
다. 662년에 소정방과 방효태가 이끄는 당군이 평양성을 포위하기에
이르렀다. 그러나 연개소문이 방효태의 영남병嶺南兵을 사수에서 몰살
시키자, 신라로부터 군량을 지원받은 소정방은 곧바로 포위를 풀고 돌
아갈 수밖에 없었다.[67] 당 고종은 백제에 머무르고 있던 당군의 철수까
지 고려할[68] 정도로 충격을 받았으며, 당으로서는 고구려 내부에 응원
세력을 부식시킬 필요성을 절감한 계기였을지도 모른다.

평양직공책도 실패한 이후 666년에 마지막 원정이 재개될 때까지 두
나라 사이에는 소강의 기운이 흘렀다. 이 기간에 당 고종은 664년 7월

---

65 『舊唐書』卷4, 高宗 顯慶 4年;『資治通鑑』卷200, 高宗 顯慶 4年.

66 『新唐書』卷3, 高宗 顯慶 5年.

67 『三國史記』卷6, 文武王 2年.

68 『舊唐書』卷84, 劉仁軌. "高宗勅書與仁軌曰 平壤軍廻 一城不可獨固 宜拔就新羅 共其屯守
若金法敏藉卿等留鎭 宜且停彼 若其不須 卽宜泛海邊也."

에 태산 봉선에 관한 조서를 내린 뒤 666년 정월 초하루에 측천무후와 함께 봉선 의식을 거행했다. 서쪽으로 파사波斯에서 동쪽으로 왜에 이르는 국가의 왕족과 사신도 다수 참석한 유례없이 성대한 규모였다.[69] 보장왕의 왕자 복남도 당이 정한 일정에 따라 665년에 입조하여 그 의식에 참석하고 있었다.[70]

두 나라의 치열했던 전쟁 상황에 비추어 매우 이례적인 일이었다. 취리산의 회맹 이후 유인궤가 신라, 백제, 탐라, 왜 등의 사신을 인솔하고 참석한[71] 데 비해, 복남의 참석에 관해서는 알려진 내용이 없어 더욱 그러했다. 장기간의 전쟁을 혐오하는 세력이 665년 연개소문의 죽음을 계기로 당과의 관계 개선을 위해 보장왕과 함께 봉선 참석을 추진한 결과일 수 있었다. 이러한 대당온건책에 태막리지 남생이 동조함으로써 대당강경책을 고수하던 남건과의 사이에 내분이 발생했다.[72] 당은 고구려의 내분을 기회로 666년 12월에 이적을 요동도행군대총관에 임명하고 마지막 원정을 재개했다. 그 과정에서 있었던 다음 장면이 주목을 끈다.

시어사侍御史 가언충賈言忠이 일을 살피고 돌아왔다. 고종이 군중軍中은 어떠하던가라고 물었다. 대답하기를, "반드시 이깁니다. 지난날 선제께서 고려의 죄를 물었을 때, 그 뜻을 이루지 못한 까닭은 고려에 아직 허점이 없었기 때문이었습니다. 속언에 전쟁 중에 내응하는 자가 없으면 중도에 돌아선다[軍無媒中途回]고 하였습니다. 이제 남생이 형제간의 싸움으로 우리의 향도가

---

69 『冊府元龜』卷36, 高宗 麟德 元年, 2年, 乾封 元年.

70 『舊唐書』卷4, 高宗 麟德 2年; 『舊唐書』卷199 上, 高麗.

71 『三國史記』卷6, 文武王 5年.

72 김영하, 앞의 책, 2007.

되었으니, 우리는 고려의 허실을 모두 알 수 있고 장사들도 충성스럽고 굳셉니다. 신은 그러한 까닭에 반드시 이깁니다라고 말할 수 있습니다"라고 하였다. (『신당서』권220, 고려)

가언충의 발언에는 당의 고구려 공략에 관한 과거와 미래가 함축되어 있었다. 그는 우선 당태종이 연개소문의 죄를 묻는 명분으로 고구려를 원정했으나, 목적을 달성하지 못한 원인이 고구려 상하의 일치된 방어역량에 있음을 인정했다. 그리고 이번 원정에서 남생이 형제간의 내분으로 말미암아 당군의 향도를 맡은 점을 필승의 이유로 제시했다. 여기에서 가언충이 전쟁 중에 내응하는 자가 없으면 중도에 돌아선다는 속담의 인용은, 그와 같은 세력을 부식시키기 위해 고구려를 상대로 이간공작을 벌였을 당의 사정을 암시하고 있었다. 당이 마지막으로 선택할수밖에 없었던 궁여지책이기도 했을 것이다.

한편 신라는 666년에 숙위 한림과 삼광을 통해 당에 고구려 원정을 요청했다. 이를 통해 신라가 고구려까지 멸망시킬 의지를 지녔던 것으로 보기도 하지만, 기실 여기에는 백제 고지를 차지하기 위한 신라의 전략적 판단도 없지 않았다. 외교적으로는 당 태종이 약속한 바대로 고구려마저 멸망시킨 이후에 백제 토지의 할양을 기대하는 것이고, 군사적으로는 당의 관심을 고구려로 돌림으로써 백제통합을 용이하게 추진하려는 것이었다.

문무왕은 667년에 당으로부터 고구려 원정을 도울 대장군의 정절旌節을 받고 김유신을 필두로 응원군을 편성했다. 그러나 문무왕은 풍병風病을 이유로 김유신을 출전시키지 않았다.[73] 김유신을 '봉상정경 평양

---

[73] 『三國史記』卷6, 文武王 8年.

군개국공 식읍이천호奉常正卿平壤郡開國公食邑二千戶'에 책봉하고 회유함으로써 신라 조정을 이간시키려는 당의 의도를 문무왕이 간파한 결과일 수 있었다.[74] 당은 망명한 남생을 향도로 앞세우고 승려 신성의 내용을 얻어[75] 668년 9월에 왕도 평양성을 함락시킬 수 있었다. 당의 고구려 평정은 교제郊祭를 통해 하늘에 사례할[76] 만큼의 숙원 사업이었던 것이다.

당은 평양의 안동도호부 관하에 부-주-현을 두고 고구려인 유공자와 중국 출신의 관인이 함께 통치에 임하는 지배정책을 실시했다. 이와 같은 방법은 정주현正州縣으로 편입시켜 직접 지배한 고창의 경우에 비해서는 기미적이었지만, 당의 관인이 참여하지 않은 백제에 비하면 내지화內地化의 경향이 강한 것이었다.[77] 이에 대해 검모잠이 패강 이남에서 당의 관인과 승려 법안 등을 죽이고 부흥운동을 일으켰다. 왕의 외손 안승이 왕으로 추대되었으나, 그는 고간의 공격을 받자 검모잠을 죽이고 신라로 달아났다. 문무왕은 670년에 안승을 금마저에 안치하여 고구려왕에 책봉하고 제사를 주재하도록 조치함으로써 멸망한 왕조를 부활시켜 주었다. 이러한 조치는 신라가 고구려의 부흥운동을 지원할 수 있는 명분이고, 당이 후원하는 부여융의 웅진도독부에 상대하는 의미도 없지 않았다.[78]

한편 『삼국사기』 권43, 김유신 열전에서는, 문무왕이 김유신의 동생 김흠순의 출전 요청에도 불구하고 '수국守國'을 명분으로 참전시키지 않았다고 한다.

74 김영하, 앞의 논문, 2010.

75 『舊唐書』 卷199 上, 高麗.

76 『新唐書』 卷220, 高麗. "是歲郊祭 以高麗平 謝成于天."

77 栗原益男, 「七·八世紀の東アジア世界」 『隋唐帝國と東アジア世界』, 汲古書院, 1979.

78 김영하, 앞의 논문, 2010.

4) 반전: 나·당 전쟁과 토번

모든 일이 처음의 약속처럼 순조롭게 진행되는 것은 아니다. 전개 과
정에서 드러난 동상이몽의 갈등이 반전을 가져오기 때문이다. 신라는
백제와 고구려가 멸망한 이후 백제 땅이나마 차지하길 기대했고, 당은
고구려 고지에 대한 지배는 물론 신라를 견제하려는 의도에서 웅진도독
부를 포기할 의사가 없었다. 이러한 상황에서 신라의 백제통합이라는
본래의 목적과, 당이 신라마저 지배하려는 변질된 목적을 포기하지 않
는 한 두 나라의 전쟁은 불가피했다.

신라는 고구려 유민의 부흥운동을 지원함으로써 백제를 통합할 전략
을 구사했다. 신라의 사찬 설오유가 670년에 고구려의 태대형 고연무
와 더불어 각각 정병 1만을 이끌고 압록강을 건너 옥골屋骨에서 말갈병
을 깨뜨린 일이 있었다. 옥골의 위치 비정과 관련하여 옥골을 요동의 오
골성烏骨城으로 보고, 신라가 백제 고지에서의 성과를 담보하려고 당에
대해 취한 양동작전의 일환으로 이해하기도 한다.[79] 이로써 당군의 군
사 활동은 고구려 고지로 국한되었으므로, 신라의 백제통합이 보다 쉽
게 이루어질 수 있는 여건이 조성되었을 것이다.

문무왕은 670년에 웅진도독부가 우호 제의를 거부하고 오히려 사마
예군을 보내 정탐하자, 웅진도독부가 신라를 도모하려는 것으로 알고
토벌에 나섰다. 품일, 문충, 중신, 의관 등이 63성을 공취하고, 천존,
죽지와 군관, 문영 등이 각각 7성과 12성을 함락시키는 막대한 전과를
올렸다.[80] 이러한 와중에 설인귀가 671년에 문책하는 서신을 보내왔으

---

79 노태돈, 「대당전쟁기(669~676) 신라의 대외관계와 군사활동」『군사』34, 1997.
80 『三國史記』卷6, 文武王 10年.

며, 문무왕은 해명하는 답서를 보냈다. 신라는 백제의 부활로 인한 후환 때문에라도 그 통합의 불가피성을 천명하는 한편, 백제 토지 할양의 약속을 저버린 당과의 전쟁도 불사할 명분을 피력했다. 이제 백제통합의 결실이 나타나기 시작했다.

> 문무왕 11년(671), 소부리주所夫里州를 두고 아찬 진왕으로 도독을 삼았다. (『삼국사기』권7)

신라는 마침내 사비에 소부리주를 설치함으로써 백제 고지를 실질적으로 지배하게 되었다. 그러나 당의 영향이 엄존한 상황에서 일련의 조치를 강구하지 않을 수 없었다. 673년에는 변경의 축성을 통해 방어 시설을 정비하고, 백제를 멸한 뒤에 없앴던 수병戍兵도 다시 두었다.[81] 한편 당은 한성도독 박도유에게 미인계를 써서 한성주를 습격하도록 사주하거나, 670년에 신라를 배반하려고 모의한 한성주총관 수세 및 673년에 신라에 모반하고 당에 붙으려던 아찬 대토와 같은 친당파를 매개로 분란을 일으키면서 고구려 점령에 군사력을 집중했다.[82] 그러나 신라는 673년에 북변으로 내침한 당군과 거란·말갈병을 호로하와 왕봉하 일대에서 크게 격파했다. 당은 고구려의 부흥운동을 종식시킨 다음 신라에 대해 매우 강경한 입장을 취했다.
　신라가 안승을 받아들여 고구려왕으로 책봉했을 뿐만 아니라 소부리주를 두고 진왕을 도독에 임명한 조치에 대해, 당은 674년에 문무왕의

---

81 『三國史記』卷7, 文武王 13年.
82 김영하, 앞의 논문, 2010.

관작을 삭탈하는 대신 김인문을 신라왕으로 삼아 귀국시킴으로써[83] 신라 조정의 분열을 획책했다. 이에 수반하여 유인궤가 계림도대총관으로 내침하자 본격적인 나·당 전쟁에 돌입하게 되었다. 유인궤가 675년의 칠중성 전투에서 신라군을 이기고 돌아간 뒤, 안동진무대사로 임명된 이근행이 다시 경략에 나섰다. 나·당 전쟁의 경과와 결과는 다음과 같이 사서에 남았다.

D1) 상원 2년(675), 신라가 이에 사신을 보내 입조하여 복죄하고 아울러 방물 헌상이 이어졌으므로, 고종이 김법민의 관작을 복구하였다. 이미 백제의 땅을 모두 차지하고 고구려 남경에 이르렀으니[既盡有百濟之地 及高句麗南境], 동서가 약 9백리이고 남북이 약 1천 8백리이다. 경내에 상주, 양주, 강주, 웅주, 전주, 무주, 한주, 삭주, 명주 등을 설치하였다. (『당회요』권95, 신라)

2) 고종 상원 2년(675), 법민이 사신을 보내 입조하여 사죄하고 조공이 잇따랐으므로, 인문이 곧 돌아 와서 왕을 그만두자 조서로써 법민의 관작을 복구하였다. 그러나 백제 땅을 많이 차지하고, 드디어 고려 남경까지 이르게 되었다[然多取百濟地 遂抵高麗南境矣]. 상주, 양주, 강주, 웅주, 전주, 무주, 한주, 삭주, 명주 9주를 두고 주에는 도독을 두어 10군 혹은 20군을 다스렸으며, 군에는 태수가 있고 현에는 소수가 있었다. (『신당서』권220, 신라)

3) 문무왕 15년(675), 왕은 이에 사신을 보내 조공하고 또 사죄하니, 당 고종이 용서하고 왕의 관작을 복구하였다. 김인문은 중도에 돌아왔으므로 임해군공으로 바꾸어 책봉하였다. 그러나 백제 땅을 많이 차지하고, 마침내 고구

---

83 『新唐書』卷220, 新羅.

려 남경에 이르기까지를 주군으로 삼았다[然多取百濟地 遂抵高句麗南境爲州郡]. 당병이 거란·말갈병과 함께 내침한다는 소문을 듣고 9군을 내어 기다렸다. (『삼국사기』권7)

우선 경과로서 당의 내침에 대해 문무왕이 사죄로써 대처하자, 당 고종은 신라왕의 관작을 복구시키고 김인문을 불러들여 임해군공으로 다시 책봉했다고 한다. 다음은 결과로서 신라가 백제 땅을 모두 차지하여 고구려의 남경에 이르는 영역을 확보한 사실을 전한다. 여기에서 문제가 되는 내용이 후자이다. 일반적으로 사료 D3)에서 고구려의 남경에 이르기까지를 주군으로 삼았다는 내용에 근거하여, 신라가 675년 대동강 이남의 고구려 영토 일부를 차지하고 삼국을 통일한 것으로 해석해왔다.

그러나 사료 D3)의 직접적인 전거는 D2)이며, D2)의 『신당서』(1060)와 같은 인식은 그보다 먼저 편찬된 D1)의 『당회요』(961)에 이미 나타나고 있었다. 『당회요』는 송 태조 때에 왕부가 당에서 편찬된 소면의 『회요』와 최현의 『속회요』 이후의 사실을 보완한 것이다.[84] 『회요』는 당 고조부터 덕종(780~804)까지의 사실을 편찬한 것이므로, 사료 D1)은 실제로 덕종 이전의 기록이었던 셈이다. 여기에는 신라의 영토가 고구려 남경까지 이르게 되었다는 내용만 있을 뿐, 주군을 삼았다는 내용은 없었다. 다만 이러한 내용과는 별개로 전후에 실시된 신라의 9주와 군현에 관한 내용만을 약술해놓았을 따름이었다. 결국 사료 D3)은 D1), 2)에서의 두 내용이 모두 문무왕 15년에 있었던 사실로 간주한 다음, 고구려 남경에 이르렀다는 내용에다가 주군을 삼은 내용을 덧붙여 찬술하

---

84 『宋史』卷249, 王溥. "溥好學 手不釋卷 嘗集蘇冕會要及崔鉉續會要 補其闕漏 爲百卷 曰唐會要."

는 오류를 범했던 것이다. 이에 대한 사료 비판도 없이 675년에 있었던 하나의 사실로 해석하는 후대의 착오가 있게 되었다.

여기에서 "고구려남경"은 '남쪽 경역'이 아니라 '남쪽 경계'로서 임진강 일대에 해당한다.[85] 따라서 당군과 거란·말갈군의 내침 소식을 듣고 9군을 내어 기다리던 신라가 주로 교전한 전선도 천성(파주), 매소성(연천), 칠중성(파주), 석현성(개풍) 등 임진강의 연변 일대에 형성되어 있었다. 이것은 당시 신라의 서북경이 대동강 이남에 이르지 못한 사실의 반증이다. 한편 신라의 동북경은 675년에 안북하를 따라 요새를 설치하고 철관성(문천)을 축조한 뒤 아달성(이천)과 적목성(회양)에서 말갈군과 교전하고, 676년에는 당군이 도림성(통천)으로 내침한 사실로 미루어 원산만 이남에 이르고 있었음을 알 수 있다.[86] 결국 신라가 675년의 시점에서 당과의 전쟁을 통해 확보한 영역은 임진강과 원산만 이남으로서 백제를 통합한 데 지나지 않았던 것이다.

한편 이근행의 당군은 675년의 매소성에서 대패했을 뿐만 아니라, 소부리주를 공격하려던 당의 수군도 676년에 기벌포(금강 하구)에서 격파됨으로써 나·당 전쟁도 막을 내렸다. 당은 토번과의 전쟁에 역량을 집중하기 위한 소극적인 퇴수책退守策의 일환으로[87] 당의 관인을 먼저 혁파했던 안동도호부를 676년에 요동 고성으로 옮기고, 그 다음해에는 다시 신성으로 옮겨서 설치했다. 그러나 당이 신라, 곧 한반도에 대한

---

85 김영하, 앞의 논문, 2010.
이와 관련하여 일통삼한의식에 따라 신라-고려의 정통론을 견지한 『동국통감』과 『동사강목』은 『삼국사기』의 오류를 답습하고 있었다. 그러나 그로부터 벗어난 『해동역사』권10, 문무왕 16년 조에서는 『신당서』 신라전의 내용을 따랐기 때문에, 『해동역사』 속권7, 신라, 북계연혁조에서도 당 고종 상원 2년(675) 당시의 서북방 경계를 임진강 일대로 설정할 수 있었다.

86 김영하, 앞의 논문, 2014.

87 陳仁恪, 『唐代政治史述論稿』, 三聯書店, 2001.

지배욕을 버린 것은 아니었다.

고종 의봉 3년(678), 9월에 당 고종이 장차 병사를 내어 신라를 치려하자, 시중 장문관이 집에서 와병하다가 스스로 가마를 타고 들어와 뵙고 간언하기를, "지금 토번이 노략하므로 병사를 내어 서방을 치고 있습니다. 신라는 비록 불순하나 변경을 침범하지는 않았습니다. 만약 또 동방을 치게 되면, 신은 공사 간에 그 폐해를 이기지 못할까 두렵습니다"라고 하였다. 고종이 이에 그만 두었다. (『자치통감』권202)

고창과 고구려에 대한 원정이 전략적 균형을 이룬 이후, 이번에는 당의 신라에 대한 원정 의도가 토번과의 전쟁 때문에 중지될 만큼 동서 균형의 전략 운용에서 서방의 토번은 중요한 변수였다. 이러한 7세기 동아시아의 정세에서 토번 변수는 다시 동방에서 발해의 건국 과정에도 영향을 미치고 있었다. 고구려의 멸망 이후 영주로 사민되었던 대조영이 696년에 거란 이진충의 반란을 계기로 동쪽으로 탈출했던 것이다.

만세통천 연간(696)에 거란 이진충이 반란을 일으키자 대조영은 말갈의 걸사비우와 더불어 망명인들을 이끌고 동쪽으로 달아났다. 험한 곳을 차지하고 스스로를 굳게 지켰다. 진충이 죽자, 측천무후는 우옥금위대장군 이해고에게 명하여 병사를 이끌고 가서 그 여당을 치도록 했다. 먼저 걸사비우를 쳐서 목을 베고, 또 천문령을 넘어 조영을 뒤쫓았다. 조영이 고려와 말갈의 무리를 모아 해고에 항거하자, 왕사王師는 크게 패하고 해고만 탈출하여 돌아왔다. 마침거란과 해奚가 모두 돌궐에 항복하여 길이 막혔으므로, 측천무후는 토벌할 수 없게 되었다. 조영은 마침내 그 무리들을 이끌고 동쪽으로 계루桂樓의 고지를 차지하고 동모산에 의거하여 성을 쌓고 살았다. (『구당서』권199 하, 발해말갈)

658년에 고창으로부터 안서도호부를 옮긴 구자龜玆[88]와 우전, 소륵, 언기焉耆 등 이른바 안서 4진을 둘러싸고 670년에 당과 토번이 공방을 벌인[89] 이래, 토번의 논흠릉찬파論欽陵贊婆는 696년 3월에 소라한산 전투에서 당군을 크게 깨뜨렸다.[90] 또한 같은 해 5월에 당은 거란의 송막도독 이진충이 영주도독 조문홰를 죽이고 일으킨 반란 진압에 실패했을 뿐만 아니라, 이진충이 죽은 뒤 그를 대신한 손만영은 697년에 협석곡 전투에서 당군을 대파함으로써[91] 이곳에서 당의 세력은 크게 위축되었다. 이 기회를 이용하여 세력을 신장시킨 돌궐이[92] 거란과 해를 복속시킨 결과, 천문령에서 이해고의 당군을 깨뜨리고 동쪽으로 이동한 대조영은 698년 동모산에서 진국震國/발해를 세울 수 있었다. 당의 대외 관계가 크게 동요하던 시기에 건국한 대조영은 곧 돌궐에 사신을 보내 통교했다.

7세기 동아시아의 국제전은 한국사에서 신라의 백제통합과 고구려고지에서 발해의 건국으로 귀결되었다. 백제 원정을 계기로 고구려는 물론 신라까지 지배하려던 당은 결국 아무 것도 이루지 못했다. 중국이 전통적으로 구사해온 바대로, 당은 다시 정벌에서 회유로 기본 전략을 바꾸었다. 대조영이 712년에 당으로부터 홀한주도독 발해군왕에 책봉되었던 것이다. 그러나 발해가 고구려를 계승한 국가라는 사실 자체가

---

88 『資治通鑑』卷200, 高宗 顯慶 3年.

89 『資治通鑑』卷201, 高宗 咸亨 元年.

90 『資治通鑑』卷205, 則天后 萬歲通天 元年.

91 『舊唐書』卷6, 則天皇后 萬歲通天 元年, 2年.

92 『舊唐書』卷194 上, 突厥 上. "萬歲通天元年 契丹首領李盡忠孫萬榮反叛 攻陷營府 默啜遣使上言 請還河西降戶 卽率部落兵馬 爲國家討擊契丹 制許之 默啜遂攻討契丹 部衆大潰 盡獲其家口 默啜自此兵馬漸盛."; 『資治通鑑』卷206, 則天后 聖曆 元年; "默啜還漠北 擁兵四十萬 據地萬里 西北諸夷皆附之 甚有輕中國之心."

이미 당의 잠재적 적대 세력으로서 갈등을 예비하고 있었다.

　당은 발해 배후의 흑수말갈과 연계하여 발해를 견제하고자 했다. 여기에서 파생된 대문예의 망명으로 인해 당과 발해의 갈등이 고조되었다. 대문예의 형인 무왕 대무예는 732년에 장문휴를 보내 등주를 공격하고 자사 위준을 죽이기에 이르렀다.[93] 이에 당은 그 다음해에 대문예를 시켜 발해를 공격하는 한편 김사란을 신라에 보내 발해의 남쪽 변경을 치도록 요구했다.[94] 일기불순으로 신라에게 기대했던 성과는 거두지 못했지만, 당은 발해 견제의 이용 가치를 고려하여 735년에 비로소 '패강이남'의 신라 귀속을 허락했다. 따라서 신라와 발해의 남북국이 성립된 이후에 이루어진 신라의 대동강 이남 진출까지 삼국통일의 일환으로 이해하는 것은 시대와 사실 인식에 대한 착오에 다름 아니다. 이것은 신라의 서북경 개척이라는 차원에서 파악해야 할 또 다른 역사일 뿐이기 때문이다.

（「7세기 동아시아의 정세와 전쟁－신라의 백제통합과 관련하여－」
『新羅史學報』38, 2016)

---

93 『資治通鑑』卷213, 玄宗 開元 20年.
94 『舊唐書』卷199 下, 渤海靺鞨.

2. 신라의 '통일' 영역 문제

1) 문제의 제기

역사 연구에서 사실에 대한 실증과 그 해석으로 이루어진 결과는 교육을 통해 사회로 환원됨으로써 현재뿐만 아니라 바람직한 미래로의 발전을 위해 기능한다. 하나의 고리를 이루는 분절된 마디로서 역사, 역사학, 역사 교육의 발전적 순환 관계에서 역사 교육이 차지하는 비중을 짐작할 수 있을 것이다.

한국사에서 중요한 시기로 꼽히는 7세기도 동아시아 세계의 정세 변화와 맞물린 주요 사건들로 점철되어 있었다. 삼국 내적으로는 642년 백제의 신라 대야성 공함과, 그 외적으로는 645년 당의 고구려 침공에서 시작하여 698년 고구려 고지에서 발해의 건국으로 마무리되는 일련의 연대기들이 그것을 잘 말해주고 있다. 이러한 사실들에 대해서는 근대 이후 서로 다른 해석에 입각하여 신라통일론과 남북국론이라는 상이한 인식체계를 구축했다.

7세기 후반의 연대기에 대해서는, 종래 신라가 삼국을 통일하는 과정으로서의 종적 관점에 따라 신라의 삼국통일로 파악해왔다. 이에 대해 7세기 동아시아의 각국이 연동한 국제전이라는 횡적 관점에서 신라의 백제통합에 불과하다는 견해가 제출되었다.[1] 논쟁적인 문제 제기였던 만큼 반론이 제기될 수밖에 없었는데, 동아시아의 국제전이라는 관점은 공유하면서도 역시 신라의 삼국통일일 수밖에 없다는 기존 견해의 확인이었다.[2] 양자는 다시 한 번 상대방의 논지에 대해 비평할 기회를 가졌다.[3]

7세기 동아시아의 국제전이 한국사에서 신라의 백제통합과 고구려 고지에서 발해의 건국으로 귀결되었다는 남북국론의 논리는, 일통삼한에 대한 새로운 해석 및 근대 식민사학 이후에 전개된 신라통일론의 함의 검토와 그 비판을 통해 보완되었다.[4] 이제 다시 영역 문제만을 논의하려는 이유의 하나는 고등학교용 국사 교과서의 내용이 관행적 집필 기준을 따랐더라도 역사적 사실에 근거하지 않은 해석을 따르고 있고, 다른 하나는 기왕에 신라의 삼국통일을 입증하는 데 이용된 금석문 자료에 대해 새로운 해석이 제기되었기 때문이다.[5]

여기에서 검토하려는 『고등학교 한국사』는 2009년 개정 교육 과정에 따른 것으로서, 2013년 5월에 검정 1차 심사의 발표 이후 근·현대사 분야에서 보수와 진보 진영의 심각한 갈등이 노정된 바 있었다.[6] 역사

1 김영하, 『신라중대사회연구』, 일지사, 2007.

2 노태돈, 『삼국통일전쟁사』, 서울대출판부, 2009.

3 김영하, 「7세기 후반 한국사의 인식문제」『한국사연구』146, 2009; 노태돈, 「7세기 전쟁의 성격을 둘러싼 논의」『한국사연구』154, 2011.

4 김영하, 『한국고대사의 인식과 논리』, 성균관대출판부, 2012.

5 윤경진, 「〈청주운천동사적비〉의 건립 시기에 대한 재검토」『사림』45, 2013; 이동주, 「신라 '儀鳳四年皆土'명 기와와 납음오행」『역사학보』220, 2013.

6 김한종, 「한국사 교과서 검정 파동의 원인과 과제」『역사와 현실』92, 2014.

교육에서 사실의 공유와 올바른 해석이 갖는 중요성을 일깨워준 사례였다. 교과서로 말미암은 것은 아니지만, 고대사 분야에서도 유사한 일이 없지는 않았다. 신라의 삼국통일을 부정하는 견해를 북한의 공식적 견해인 고구려 중심의 주체사관과 연결시키려던 의도가 그것이다.[7]

그러나 7세기 후반의 한국사에 대한 인식은 신라의 삼국통일에 대한 긍정과 부정을 떠나 실사구시의 입장에서 사실과 해석의 정합성을 확보하지 않으면 안 된다. 여기에서는 먼저 고등학교용 국사 교과서에 서술된 신라의 통일 계기와 영역, 그리고 이로부터 파생될 수밖에 없었던 한계와 의의 등을 아울러 분석하고자 한다. 그러한 다음 교과서의 서술 가운데 사료와 괴리된 내용을 확인함으로써 교과서 내용의 재검토와 시정에 근거를 제공하고자 한다. 비록 교과서에서 관련 내용의 서술은 간략하지만, 제도권 교육을 통해 사회로 환원되는 영향력은 다른 어느 한국사 개설서보다 크기 때문이다.

결국 신라의 삼국통일 여부에 관한 논의는 통일 영역에 관한 문제로 귀결되는 만큼, 전쟁 전후의 영역 비교를 위해 660년 백제 멸망과 668년 고구려 멸망 이전의 신라 북경에 관해 우선 언급해두기로 한다. 당시 신라의 서북경은 568년에 북한산주를 폐지하고 설치한 남천주(이천)가[8] 여전히 한강 이북을 관할했고, 동북경은 668년에 설치한 비열홀주(안변)가[9] 원산만 일대까지 관할했을 것이다. 결국 675년에 당과의 전쟁

7　이문열, 「역사와 관점」 『한국사시민강좌』 32, 2003.

8　『三國史記』卷4, 眞興王 29年. "冬十月 廢北漢山州 置南川州 又廢比列忽州 置達忽州."

9　『三國史記』卷6, 文武王 8年. "三月 (中略) 置比列忽州 仍命波珍湌龍文爲摠管."
　　여기에서 신라가 668년에 설치한 비열홀주는 『삼국사기』권7, 문무왕 11년조의 「답설인귀서」에서 보는 바와 같이 이로부터 30여 년 전에 고구려에게 탈취되었던 것이지만, 666년 연정토가 내투할 때에 귀부한 12성의 하나로 신라에 편입되었다가 이에 이르러 주를 설치하고 총관을 두었던 것으로 이해된다.

이 사실상 끝났을 때 신라의 북경은 여기에서 얼마나 더 확장되었는가를 확인하고, 그것이 갖는 역사적 의미를 재음미하는 데 본고의 목적이 있다.

2) 국사 교과서의 내용 분석

2014년 3월부터 사용되고 있는 검정필『고등학교 한국사』는 모두 8종이다. 이들 교과서는 모두 교육과학기술부가 2011년 12월 30일에 확정 발표한 교과 교육 과정에 적용할「고등학교 한국사 교과서 집필 기준」(이하 집필 기준으로 칭함)을 근거로 서술되었기 때문에 검정 심사를 통과할 수 있었을 것이다. 신라의 통일 영역에 관해서는, 1. 우리 역사의 형성과 고대 국가의 발전이라는 장의 4) 통일신라와 발해의 발전과 사회·경제적 모습을 파악한다라는 절에서 다루도록 했는데, 집필 기준에서 제시한 내용은 다음과 같다.

신라가 삼국을 통일한 과정을 동아시아 국제 정세의 흐름 속에서 이해한다. 신라의 삼국통일이 갖는 민족사적 의의와 함께 한계도 설명한다. 삼국을 통일한 신라와 발해의 발전 과정을 정치는 물론 사회·경제적 모습을 중심으로 서술한다. 신라가 확장된 영토와 통치 제도의 개편을 바탕으로 주변 국가와 활발하게 교류하였음을 서술한다. 발해가 고구려의 역사와 문화를 계승한 사실과 주변 국가와의 활발한 교류를 통해 발전한 모습을 서술한다. 발해 멸망 이후 유민의 동향에 대해서도 서술한다. 신라의 통일로 삼국의 문화가 통합 발전됨으로써 우리 민족 문화의 바탕을 이룬 사실에 유의하며, 그 문화적 특징을 사례를 들어 제시할 필요가 있다. 남북국시대로 명명하는 역사 인식의 흐름이 있음에 유의하여 그 의미와 한계를 서술한다.

위의 인용 중에서 본고의 주제와 직접 관련되는 내용은 신라의 통일 과정과 동아시아 국제 정세의 관계, 신라의 삼국통일이 갖는 민족사적 의의와 한계, 신라의 통일이 민족문화의 토대 형성에서 차지하는 의미 등으로 정리할 수 있을 것이다. 이러한 집필 기준은 검정의 주요 준거이 기도 했을 것이므로, 각 교과서는 정도를 달리하면서 서술에 반영하지 않을 수 없었을 것이다.

실제 대부분의 교과서는 고구려와 수·당의 전쟁, 나·당 연합과 제·여 멸망, 제·여의 부흥운동 등을 차례로 언급한 다음 나·당 전쟁과 삼국통 일을 서술하고 있었다. 수가 6세기 말에 분열되었던 중국을 통일하고, 당이 그것을 계승함으로써 새롭게 조성된 동아시아 세계의 정세 변화 속에서 신라의 삼국통일을 설명하고 있는 것이다. 우선 신라의 삼국통 일이라는 개념을 성립시킨 시간적 조건으로서 통일 계기에 관해 살펴보 기로 한다. (괄호 안은 출판사)

A1) 676년에 당/당군/당의 세력을 몰아내고 삼국통일을 완성. (미래엔, 천 재교육, 지학사, 교학사)

2) 676년에 대동강 이남 지역에서 당의 세력을 몰아내고 삼국통일을 이룩 함. (비상교육)

3) 676년에 당군을 몰아내고 삼국통일을 이룩함으로써 대동강~원산만의 영토 확보. (리베르)

4) 676년에 당의 세력을 한반도에서 몰아내고 삼국통일을 이룩함. (금성출 판사)

5) 676년에 안동도호부를 요동성으로 밀어내고 삼국통일을 이룸. (두산동아)

신라가 675년에 매소성(연천)과 676년에 기벌포(금강 하구) 전투에서 당과 싸워서 이긴 의미는 컸다. 자료 A1)~4)에서 보는 것처럼 신라가 당/당군/당의 세력을 몰아내거나, A5)처럼 안동도호부를 밀어냄으로써 삼국을 통일한 계기로 인식되었기 때문이다. 기실 676년을 신라가 삼국을 통일한 연대로 정한 것은 1963년에 열린 국사교육통일심의위원회였다.[10] 신라가 당을 축출하고 통일한 영역에 관해서는 대동강과 원산만의 이남 또는 한반도로 나누어졌으며, '몰아냄' 또는 '밀어냄'과 같은 주체적 역할이 강조되었다. 이것은 식민사학이 신라의 통일을 '주어진' 것으로 파악했던 논리와는 달리 '쟁취한' 것으로서의 의미를 부각시키려는 데서 연유했고, 외세 이용의 한계를 상쇄하려는 입장과도 무관하지 않았다.[11]

이와 같은 통일 계기의 서술 내용에서 제기될 수 있는 문제는 두 가지이다. 첫째, 신라가 당을 일방적으로 몰아낸 것만은 아니라는 점이다. 당은 당시 토번과의 전쟁으로 인해 신라와의 전쟁에만 치중하기 어려운 실정이었다. 둘째, 전쟁의 동기와 결과가 상응하지 않는다는 점이다. 백제와 고구려가 멸망한 상황에서 신라는 백제 고지만이라도 통합하기 위해 당과 싸웠을 뿐, 새삼스럽게 삼국을 통일할 목적으로 당과 싸운 것은 아니었다. 이처럼 전쟁의 동기와 결과가 엇물린 서술은, 동아시아 세계의 개별 국가들이 상호 연동하는 국제전으로 관점을 바꾸었음에도 불구하고 신라 위주의 삼국통일전쟁으로 이해해온 과거의 관성으로부터 자유롭지 못했기 때문이다. 다음은 계기에 이어 통일 개념의 공간적 조건으로서 신라의 통일 영역에 관한 검토이다.

---

10 조성운, 「제2차 교육과정의 제정과 국사교과서의 편찬」『한국사학보』66, 2017.
11 김영하, 앞의 책, 2012.

B1) 참고 지도에 통일 영역의 북방 경계선을 표시하고, '대동강~원산만'이라 부연 설명. (미래엔, 비상교육, 두산동아, 리베르)

2) 참고 지도에 통일 영역의 북방 경계선을 표시하고, '대동강~용흥강'이라 부연 설명. (금성출판사)

3) 참고 지도에 통일 영역의 북방 경계선을 표시하고, '대동강'이라 부연 설명. (지학사)

4) 참고 지도에 통일 영역의 북방 경계선만을 표시. (천재교육, 교학사)

자료 B에서 보다시피 통일 영역은 자료 A3)과 같이 본문에서 대동강과 원산만의 이남 지역을 확보한 것으로 서술한 이외에, 모든 교과서는 학습의 시각적 효과를 높이기 위해서 참고 지도를 활용하고 있었다. 지도상에 신라가 통일한 영역의 북방 경계선을 표시했을 뿐만 아니라, 여기에 더하여 B1)~3)은 '대동강~원산만/용흥강 혹은 대동강을 경계로 삼국통일 이룸(676)'이라고 부연 설명함으로써 서술 내용을 압축적으로 제시하기도 했다.

이러한 서술 중에서도 자료 A4)와 같이 당의 세력을 한반도에서 몰아내거나 다음에 설명할 자료 C7)처럼 요동 지역을 상실했으므로 D5)와 같이 압록강 일대에서 세력 균형을 이루었다고 서술하면서도, 신라가 통일한 영역의 북방 경계만은 대동강과 원산만을 잇는 선으로 파악하는 경우도 있었다. 그러나 정작 통일 영역에서 제기될 수 있는 근본적인 문제는, 모든 교과서가 서술하고 있듯이 676년에 과연 신라의 북방 영토가 대동강과 원산만을 잇는 선에 이르렀는가에 관한 것이다. 이것은 본고의 주제이므로 다음 절에서 상세히 검토하도록 하겠다. 한편 신라 통일의 한계에 대한 서술은 다음과 같다.

C1) 대동강 이북의 고구려 땅을 상실한 불완전한 통일. (천재교육)

2) 당 세력을 끌어들임과 대동강의 이남 지역 확보. (미래엔)

3) 외세인 당을 끌어들임과 대동강 이북의 고구려 땅을 상실. (비상교육)

4) 외세를 끌어들임과 영토 축소의 불완전한 통일. (두산동아)

5) 외세인 당과의 연합과 고구려 영역의 일부만 차지. (금성출판사)

6) 당의 세력 이용과 민족의 활동 반경이 대동강과 원산만 이남으로 축소. (리베르)

7) 참고란에서 당과의 연합과 요동 지역의 상실 언급. (지학사)

8) 한계는 탐구 활동의 자료 읽기로 대체. (교학사)

이처럼 각 교과서에서 한계의 서술이 다양하더라도, 신라 통일의 한계는 크게 외세 이용과 영역 상실로 인한 통일의 불완전성으로 정리할 수 있다. 실제 자료 C1)이 대동강 이북의 고구려 땅 상실만을 언급한 것을 제외하면, 나머지 교과서는 실제 두 가지의 한계를 다양하게 표현할 따름이었다. 외세 이용에 관해서는 외세/당의 세력을 끌어들이거나 당과 연합한 사실을 거론했고, 영역 상실에 관해서는 대동강 이남 지역의 확보에서 요동 지역의 상실까지 미묘한 의미상의 차이를 보이고 있었다.

여기에서 영역 상실이라는 한계의 기준과 관련하여 신라사의 측면인가, 아니면 민족사의 측면인가라는 질문이 제기될 수 있다. 집필 기준은 신라 통일의 민족사적 의의와 함께 한계도 설명하라고 명시했지만, 외세 이용으로 말미암은 영역 상실의 한계는 분명 신라사의 한계였던 것이다. 자료 C1), 3), 7)이 대동강 이북의 고구려 땅 또는 요동 지역의 상실을 한계로 언급했지만, 이곳을 차지하고 있던 발해를 민족사로 인정하면 영토 상실의 한계는 불필요한 지적에 지나지 않기 때문이다.

즉, 신라사의 입장에서 고구려까지 포함한 삼국통일을 전제했을 때, 그렇지 못한 결과에 대해 영역 상실의 한계를 언급할 수는 있을 것이다. 그러나 민족사의 관점에서 볼 때 고구려 고지에서 발해의 건국은, 영역 상실의 한계가 무의미한 지적일 뿐이라는 사실을 잘 알려준다. 이때 자료 C8)은 본문에서 신라 통일의 한계를 서술하지 않았는데, 집필 기준을 따르지 않았음에도 오히려 민족사의 관점에 충실한 역설을 보여주었다. 마지막으로 신라 통일의 의의를 살펴볼 차례이다.

D1) 당/외세를 물리친 자주적 성격과 삼국의 문화를 융합하여 민족문화 발전의 토대 마련. (미래엔, 천재교육, 리베르)

2) 당을 몰아낸 자주적 통일과 삼국의 문화·경제력을 통합하여 민족문화 발전의 토대 마련. (비상교육)

3) 삼국의 경제력 통합과 문화의 융합으로 민족문화 발전의 토대 마련. (금성출판사)

4) 민족문화 발전의 토대 마련 및 당과 주변 지역의 공존 가능한 국제 관계의 조성. (두산동아)

5) 참고란에서 민족의 통일과 민족문화의 기반 마련 및 압록강 일대에서 우리 민족과 중국의 세력 균형 언급. (지학사)

6) 의의는 탐구 활동의 자료 읽기로 대체. (교학사)

신라의 통일이 갖는 한계의 지적은 그 의의를 강조할 수 있는 논리적 장치이기도 했다. 특히 자료 C2), 3)에서 당의 세력을 끌어들인 한계를 지적했으므로, 같은 교과서인 D1), 2)에서 당을 물리친 자주적 성격의 통일을 부각시킬 수밖에 없었던 것이다. 자료 D2), 3)에서 삼국의 경제력 통합은 쉽게 이해되지 않는 내용이지만, D6)을 제외한 나머지 교과서는 집필 기준에 따른 의의로서 민족문화 발전의 토대 마련을 빠짐없이 언급하고 있었다. 그러나 이것 역시 한계의 경우와 마찬가지로 신라사 위주의 관점에서 갖는 의의에 다름 아니었다.

이와 같이 검정필 국사 교과서에서 나타난 신라의 삼국통일에 관한 내용상의 문제점은 기왕의 국정 국사 교과서에서도 그대로 드러났던 것이지만,[12] 집필 기준의 작성자와 교과서의 집필자가 온전히 감당해야 할 몫은 아니다. 그것은 한국전쟁 이후 분단체제가 심화되는 과정에서 신라 위주의 삼국통일을 긍정하고 민족적 의미를 강조해온[13] 학계의 책임이기도 하기 때문이다. 그러한 의미에서 1960년대부터 학계의 연구 동향을 부단히 반영하면서 수정해온 대표적인 한국사 개설서에서 신라의 삼국통일에 관한 서술의 변천은 어떠했는가를 살펴볼 필요가 있다.

『국사신론』은 신라가 676년에 한강 유역 일대에서 당군을 축출하자, 당은 안동도호부를 신성으로 옮기고 반도에 대한 신라의 지배권을 실질적으로 인정함으로써 대동강과 원산만을 잇는 선 이남의 땅을 점유한 것으로 보았다. 이러한 신라의 삼국통일은 불완전한 것으로서 만주의 넓은 지역이 통일 영역에서 벗어나는 한계가 있었지만, 한국 민족의 형성을 위한 토대를 마련했을 뿐만 아니라 당의 침략 의도를 거부하고 정치적 독립을 지킨 의의를 지닌 것으로 평가했다.[14] 이러한 내용은 후속의 『한국사신론』에 그대로 이어졌다.[15]

한편 『한국사신론』 개정판에서는 신라 통일의 성격을 반도 통일로 규정하고, 통일신라의 영토와 주민 및 그들이 이루어놓은 사회와 문화를

---

12 국사편찬위원회·국정도서편찬위원회 편, 『고등학교 국사』, 두산동아, 2002.
13 김영하, 앞의 책, 2012.
14 이기백, 『국사신론』, 제일출판사, 1961.
15 이기백, 『한국사신론』, 일조각, 1967.

한국사의 주류로 파악하기 시작했다. 고구려 유민들이 만주에서 건국한 발해에 유의하여 통일신라와 함께 남북국으로 인식하더라도,[16] 역시 민족사의 비중은 신라에 둘 수밖에 없다는 데서 연유한 서술상의 변화였다. 이러한 내용은 신수판으로 이어졌는데, 개정판에서 발해와 남북국을 이루는 '통일신라'를 신수판에서는 통일을 배제한 '신라'만으로 표현하는 의미 있는 변화도 있었다.[17]

결국 집필 지침의 작성에는 한국사 개설서의 내용이 반영될 수밖에 없었고, 또한 교과서는 집필 지침과 개설서의 내용을 근거로 정도의 차이를 보이면서 서술한 데 지나지 않았을 것이다. 이러한 정리 위에서 신라의 통일 영역에 관한 서술의 근거였던 관련 사료와 그 해석에 대한 비판은 다음 절에서 살펴보기로 한다.

3) 관련 사료의 비판적 음미

가. '일통삼한—統三韓'의 의미

신라가 삼국을 통일한 근거로 자주 이용되는 사료가 바로 일통삼한에 관한 것이다. 삼한이 곧 삼국이므로 삼한을 일통한 신라가 삼국을 통일했다는 의미에서이다. 그러나 수와 당에서 삼한을 삼국으로 인식했다고

---

16 이기백, 『개정판 한국사신론』, 일조각, 1976.

17 이기백, 『신수판 한국사신론』, 일조각, 1990.
신라의 삼국통일을 부정하는 필자의 견해가 제출된 이후 '통일신라'에서 '신라'로 왕조명을 바꾸고 실제 서술에서 '통일' 또는 '통일신라'의 사용 빈도를 현저히 줄인 변화가 갖는 연구사적 의미는 적지 않을 것으로 여겨진다(김영하, 앞의 책, 2012).

해서,[18] 마한, 변한, 진한의 삼한을 곧바로 고구려, 백제, 신라의 삼국에 대응시키기에는 어려움이 있다. 일통삼한에 고구려의 포함 여부를 알아보기 위해 다음 사료를 검토하기로 한다.

E. 신문왕 12년(692), 왕이 군신과 함께 의논하여 이에 대답하기를, "(전략) 그러나 생각건대 선왕 춘추는 자못 현덕賢德이 있었고, 하물며 생전에 양신良臣 김유신을 얻어 한마음으로 정치를 하여 일통삼한一統三韓하였으니 그의 공업功業이 많지 않다고 할 수 없다 (후략)"고 하였다. (『삼국사기』권8)

위의 내용은 당의 중종이 구칙口勅하는 형식으로 무열왕의 시호인 태종이 당 태종의 그것에 저촉된다고 신라를 외교적으로 압박했을 때 있었던 신라 조정의 대응에 관한 것이다. 당시는 측천무후에 의해 이미 중종이 폐위된 뒤였으므로, 구칙의 실제 주체와 관련하여 상당한 논란이 있어왔다.[19] 이에 관한 논의는 차치하더라도, 신문왕은 신하들과의 의논을 통해 신라의 일통삼한이 무열왕의 공업임을 들어서 태종을 시호로 올린 경위를 밝혔다. 이때 무열왕계와 김유신계 후손들이 합심하여 당의 회유 대상이었던 김유신의 공로도 함께 내세움으로써 외교적 난제를 해결하는 한편, 신라의 지배층은 일통삼한의식을 공유할 수 있는 계기로 삼았다.[20]

여기에서 무열왕은 백제만을 멸망시키고 죽었으므로, 그가 이룩한 일통삼한의 내용은 과연 무엇인가에 관한 의문이 제기될 수밖에 없다.

18 노태돈, 「삼한에 대한 인식의 변천」『한국사연구』38, 1982.

19 김영하, 앞의 책, 2012.

20 김영하, 앞의 책, 2012.

이럴 경우 가능한 해석의 하나는 무열왕이 실제 멸망시킨 백제만이 신라가 일통한 삼한의 범주에 포함된다는 것이고, 다른 하나는 그 이후에 멸망한 고구려까지 포함한 일통삼한을 무열왕의 업적으로 부회했다는 것이다.

전자와 같이 해석할 경우에는 신라의 백제통합을 왜 일통삼한으로 표현했는지를 밝히지 않으면 안 된다. 김춘추는 진덕왕 2년(648)에 당 태종의 의지로 새로 편찬된 『진서』를 받아 가지고 귀국한 바 있었다. 『진서』 동이전은 마한전에서 마한, 진한, 변한과 진한전에서 변진弁辰을 언급하면서도,[21] 『삼국지』 위서 동이전과 달리 변진은 따로 입전시키지 않았다. 변진/가야가 신라에 이미 편입된 편찬 당시의 현실을 반영한 것일 수도 있었다. 결국 『진서』의 찬자는 삼한의 존재를 알고 있었지만, 삼국에 상응할 존재로는 진의 현토군 속현인 고구려[22] 이외에 마한/백제와 진한/신라를 꼽고 있었던 셈이다. 이러한 사실 인식의 영향을 받았다면,[23] 신라의 지배층은 백제통합만을 가지고 일통삼한으로 의식할 수 있었을 것이다.

이러한 사실은 부여융이 웅진도독에 임명된 665년 이후 문무왕은 한집안으로 삼을 대상으로 백제를 지목한 바 있고,[24] 김유신이 673년에 문병 차 찾아온 문무왕에게 삼한을 한집안으로 삼은 "삼한위일가三韓爲

---

21 『晉書』卷97, 馬韓, 辰韓.

22 『晉書』卷14, 平州 玄菟郡.

23 이성규는 당 태종이 삼국의 존재를 인정하지 않는 『진서』를 김춘추에게 하사한 의미를 고구려와 백제를 멸망시키려는 의도에서 찾았다(「중국 고문헌에 나타난 동북관」 『동북아시아 선사 및 고대사 연구의 방향』, 학연문화사, 2004). 기실 김춘추를 비롯한 신라의 지배층은 당시 긴요했던 당과의 관계를 고려할 때 당 태종의 의도와 『진서』의 삼한인식으로부터 자유롭지 못했을 것이다.

24 『三國史記』卷6, 文武王 11年. "大王報書 (中略) 新羅既是國家之州 不可不爲兩國 願爲一家 長無後患."

一家"의 결과 태평太平에는 이르지 못했더라도 소강小康이라고 이를 만하다고[25] 운위한 데서 확인된다. 신라가 671년에 소부리주의 설치로 백제 고지를 사실상 통합한 상태는, 비록 고구려까지 통합한 태평은 아니더라도 오랜 숙원의 해결로서 소강에는 부합할 수 있었을 것이기 때문이다. 더구나 이때에는 고구려 왕조를 계승시킨 보덕국이 아직 존재하고 있었으므로, 일통삼한에 고구려가 포함될 수 있는 여지는 없었다. 그러나 이와 같은 해석이 당시 신라가 백제만을 통합한 사실과 일치하는 것일지라도, 사료 E의 내용에서 보다시피 고구려까지 포함하는 의식으로서의 '일통삼한一統三韓'에 부합하는 것은 아니었다.

따라서 후자와 같은 해석을 따를 수밖에 없더라도, 일통삼한이 무열왕의 업적으로 부회된 시기를 밝히지 않으면 안 된다. 우선 일통삼한에 고구려를 포함시키기 위해서는 문무왕에 의해 고구려의 왕통을 잇도록 조치된 보덕국의 소멸이 전제되어야 한다. 신문왕은 683년에 안승으로부터 보덕국왕의 지위를 빼앗고, 그 다음해에는 안승의 조카 대문의 모반을 계기로 보덕국을 해체하고 금마군으로 편제했다.[26] 고구려의 왕도는 점령하지 못했지만, 고구려의 왕조를 통합한 조건은 갖출 수 있었던 것이다. 그러한 다음 685년에 완산주를 복치하고, 거열주를 나누어 청주를 설치함으로써 9주를 완비했다. 9주는 다시 686년에 사비주와 발라주를 각각 웅천주와 무진주로 개편했고, 687년에는 일선주의 혁파와 사벌주의 복치를 통해 재정비되었다.

이에 9주와 9서당의 설치는 신라인의 천하의식을 반영한 일통삼한과

---

25 『三國史記』卷43, 金庾信 下. "庾信對曰 臣愚不肖 豈能有益於國家 所幸者 (中略) 三韓爲一家 百姓無二心 雖未至太平 亦可謂小康."
26 『三國史記』卷8, 神文王 3年, 4年.

의 관련 속에서 해석되어 왔다. 9주는 옛 신라 지역의 사벌주/상주, 삽량주/양주, 청주/강주와 옛 백제 지역의 웅천주/웅주, 완산주/전주, 무진주/무주 이외에 옛 고구려 지역의 한산주/한주, 수약주/삭주, 하서주/명주를 가리킨다. 이 중에서 옛 고구려 지역의 3주는 신라가 553년에 한강 유역을 최종적으로 차지하기 이전까지 고구려에 속한 적이 있었던 점을 중시한 관념에서 연유한 것이지만, 여기에는 신라 자신이 부여한 삼국통일의 실제적 의의가 내포된 것으로 이해하기도 했다.[27] 그러나 소위 신라의 삼국통일이라는 것은 적어도 660년 이후의 연대기를 가지고 설명할 실제의 문제이지, 고구려가 475년부터 551년까지 한강 유역을 점령했던 연고의식에 의해 입증될 사실은 아닌 것이다.

한편 9서당은 진평왕 5년(583)의 서당 창설에서 시작하여 613년의 녹금서당/신라민, 672년의 백금서당/백제민, 677년의 자금서당/신라민, 683년의 황금서당/고구려민과 흑금서당/말갈민, 686년의 벽금서당/보덕성민과 적금서당/보덕성민, 687년의 청금서당/백제잔민, 693년의 비금서당/신라민으로 신설과 개편의 과정을 거쳤다. 9서당의 주민 구성에서 보이는 이민족에 대한 관용적 태도는 일종의 의식적인 연합정책이었는데,[28] 이것은 신라가 삼국을 통일한 국가로서의 면모를 드러낼 군제상의 조치라는 점에서 680년대에 일통삼한의식의 형성을 입

---

27 노태돈, 앞의 논문, 2011.
　　이에 대해 김락기는 한강 이남이 옛 고구려 영역으로 기록된 것은 사실의 표현이기보다 일통삼한의식에서 연유한 관념의 소산으로 이해했으며(「경기 남부 지역 소재 고구려 군현의 의미」, 「고구려연구」20, 2005), 심지어 윤경진은 삼한일통의식의 한 지표로 간주되었던 「삼국사기」 지리지 수록 군현의 삼국 분속이 실제로는 고려 중기의 시각에 의해 설정된 것으로 파악하기도 한다(「『삼국사기』 지리지 수록 군현의 삼국 분속」, 「한국사학보」47, 2012).
28 末松保和, 『新羅史の諸問題』, 東洋文庫, 1954.

증할 근거로 이용되기도 했다.[29]

그러나 9서당의 편제 과정에서 신문왕이 재위하던 680년대에 집중적으로 설치된 5개의 서당은 당과의 전쟁에 대비한 군비 증강의 일환이었다.[30] 그와 같은 작업은 실제 청금서당의 창설로 끝났음에도 불구하고, 문무왕 12년(672)에 처음 설치한 장창당을 효소왕 2년(693)에 새삼 비금서당으로 개편하여 9개에 맞추려는 조치는 다분히 이념적인 것이었다.[31] 진평왕 35년(613)에 기존의 서당을 녹금서당으로 개편할 당시에 이미 9서당의 완비까지 전망하지는 않았겠지만, 효소왕대에 9서당의 완비가 갖는 의미를 고려할 때 일통삼한의식의 성립은 실제 690년대 초반으로 미루어졌던 셈이다. 그렇더라도 이러한 사실로부터 역사인식의 개념으로서 신라의 삼국통일을 추상할 수 없음은 물론이다.

고구려를 포함하는 일통삼한의 의식 정비에는 일정한 계기가 필요했다. 사료 E에서 신라의 지배층은 692년에 당 왕조를 무시할 수 없었던 측천무후의 약점을 역이용하여 당 태종과 교섭했던 무열왕의 업적으로 부회하고, 백제통합의 일통삼한을 고구려 포함의 일통삼한으로 전환시켜 대응함으로써 곤경을 벗어날 수 있었다.[32] 그러나 이것은 실제와 괴리된 의식의 정비에 불과했으므로, 그 내용을 충족시킬 작위적인 후속 조치가 필요할 수밖에 없었다. 9서당의 증설 과정에서 마지막에 해당하

---

29 노태돈, 앞의 논문, 2011.

30 서영교, 「구서당 완성 배경에 대한 신고찰」『한국고대사연구』18, 2000.

31 井上秀雄, 『新羅史基礎研究』, 東出版, 1974.

32 김영하, 앞의 책, 2012.
　　한편 이성규는 고구려를 포함하는 삼한의 개념은 수·당이 고구려를 복속시키기 위한 명분 확보를 위해 고안한 것이고, 통일신라 이후 신라인이 삼한을 삼국의 의미로 사용한 것은 당의 영향일 수도 있으나 실제 옛 삼한 지역의 통합에 불과한 사실을 삼국의 통일로 주장하기 위한 의도로 해석하기도 한다(「고대 중국인이 본 한민족의 원류」『한국사시민강좌』32, 2003).

는 장창당이 비금서당으로 개편된 시점이 693년인 사실이 그것을 방증한다. 이후 백제는 물론 고구려 평정의 업적까지 무열왕에게 부회되어 후세에 전해지게 되었던 것이다.[33]

한편 이러한 신라의 일통삼한의식에 따른 삼국통일론은 두 금석문 자료의 해석에 의해 뒷받침되었다. 우선 임해전지에서 출토된 "의봉4년개토儀鳳四年皆土"의 명문 기와에서 '의봉 4년'은 문무왕 19년(679)에 해당하고 개토皆土는 불교 경전에 나오는 국토國土 또는 전토全土와 같은 말로서 "솔토개아국가率土皆我國家"의 의미이므로, 674년의 안압지 축조와 679년의 임해전 중수는 신라의 삼국통일을 기념하는 사업으로 파악되었다.[34] 따라서 신라의 통일 기년은 676년이 아니라 기와가 제작된 679년이라는 입장에서, '개토'는 탐라국을 포함한 패수 이남이 모두 신라의 땅이 되었다는 단순히 영역적 의미에서의 일통삼한을 가리킨다는 해석도 나왔다.[35]

한편 〈청주운천동사적비〉에서 '수공 2년'은 신문왕 6년(686)으로서 보덕국의 해체, 9주의 완비를 이어서 5소경이 정비된 해였다. 비문 중에 "삼한을 합하니 땅이 넓어졌다[合三韓而廣地]"에서 삼한은 삼국을 가리키는 바, 그와 같은 의식은 신라의 통합정책 결과로 삼국인들 사이

---

33 〈聖住寺郎慧和尙塔碑〉. "先祖平二敵國 俾人變外飭 大師降六魔賊 俾人修內德."
이에 대해 윤경진은 태종의 묘호가 신문왕대에 추상된 것이라는 전제 위에서, 태종무열왕의 일통삼한에 관한 의식은 9세기 중엽에 확립된 것으로 보았다(「신라 통일기 금석문에 나타난 천하관과 역사의식」『사림』49, 2014). 그러나 '태종무열대왕지비太宗武烈大王之碑'라는 제액의 〈무열왕릉비〉가 신문왕대의 추상 이후에 건립되었다는 견해는 통설적 이해인 문무왕대의 건립설을 부정할 수 있을 만큼 견고하지 않다. 또한 신라 말기의 금석문에서 산견되는 일통삼한에 관한 기록은 신문왕대에 성립된 일통삼한의식의 확산 결과, 호족 세력이 대두하던 나말의 혼란 상황에서 환기된 것으로 파악할 수도 있다(김영하, 앞의 책, 2012).

34 大坂金太郎, 「儀鳳四年皆土'在銘新羅古瓦」『朝鮮學報』53, 1969.

35 최민희, 「儀鳳四年皆土' 글씨기와를 통해본 신라의 통일의식과 통일기년」『경주사학』21, 2002.

에서 형성되었던 동질성에 기초한 신라인의 일통의식일 것으로 파악했다.[36] 이러한 해석으로부터 일통삼한은 신라가 지배하는 모든 영토를 지칭하지만, 이상적으로는 일통삼국을 의미한다는 견해도 파생되었던 것이다.[37]

이처럼 두 금석문이 모두 신라의 삼국통일과 관련하여 이해되는 가운데 '개토'의 '토'는 시간성을 반영한 표현으로서 오행五行과 관련된 납음納音이며, 기와의 제작 연월일이 납음의 오행에서 '모두 토[皆土]'에 해당한다는 새로운 해석이 제기되었다.[38] 또한 사적비에서 표방한 독자적인 천하관은 당에 사대적이었던 신라보다 삼한일통을 달성한 고려 태조의 공업에 부합하기 때문에, 비의 건립 시기는 686년경이 아니라 나말·여초라는 새로운 견해도 제출되었다.[39]

이제까지 일반적으로 사적비에서 삼한을 통합하여 땅을 넓혔고 창해에 살면서 위세를 떨쳤다는 표현을 통해 삼국통일 직후에 크게 고양된 신라인의 의식과, 명문 기와의 '개토'에서 한반도의 모든 토지는 신라의 것이라는 자랑스러운 통일의식의 고취를 확인해왔다.[40] 그러나 이제 새로운 해석의 제기로 말미암아 두 금석문 자료를 신라의 일통삼한의식의 입증을 위해 활용하기에는 한계가 있을 수밖에 없게 되었다. 결국 후대에 생성된 일통삼한의식과 같은 의식의 존재 자체가 연구 대상일 수는 있지만, 그런 의식의 존재가 당시에 발생한 역사적 사실로서 신라의 삼국통일을 담보해주는 것은 아니다.

---

36 노태돈, 앞의 논문, 1982.

37 이호영, 『신라삼국통합과 여·제패망원인연구』, 서경문화사, 1997.

38 이동주, 앞의 논문.

39 윤경진, 앞의 논문, 2013.

40 이기동, 「신라 '中代' 서설」 『신라문화』 25, 2005.

나. '고구려남경高句麗南境'의 범위

일통삼한에서 사료 이해의 핵심은 고구려의 포함 여부에 관한 의식의 문제에 있었던 데 비해, 여기에서 검토하려는 고구려의 남경은 과연 신라가 임진강과 안변 이남에서 영토를 더 개척하여 대동강과 원산만 이남까지 확보한 결과 삼국을 통일한 것으로 파악할 수 있는가에 관한 사실의 문제이다. 이것은 당시 신라의 서북경에서 대동강 이남의 포함 여부로 귀결되는데, 다음 사료를 검토하기로 한다.

F1) 문무왕 15년(675), 2월 유인궤가 우리 군사를 칠중성七重城에서 깨뜨린 뒤 군사를 이끌고 돌아가자, 당 고종은 조서로써 이근행을 안동진무대사로 삼아 신라를 경략하도록 하였다. 왕은 이에 사신을 보내 당에 조공하고 또 죄를 빌었으므로 당 고종은 이를 용서하고 왕의 관작을 복구해주었다. 김인문은 귀국하던 도중에 다시 당으로 돌아가니 임해군공臨海郡公으로 바꾸어 책봉하였다. 그러나 신라는 백제의 땅을 많이 차지하여 마침내 고구려 남경에 이르렀으므로 주군을 삼았다[然多取百濟地 遂抵高句麗南境爲州郡]. 당병이 거란·말갈병과 더불어 내침한다고 들었으므로 9군을 내어 그들을 기다렸다. (『삼국사기』권7)

2) 고종 상원 2년(675), 그러나 신라는 백제의 땅을 많이 차지하여 마침내 고구려 남경에 이르게 되었다[然多取百濟地 遂抵高麗南境矣]. 상주, 양주, 강주, 웅주, 전주, 무주, 한주, 삭주, 명주의 9주를 설치하였다. (『신당서』권220, 신라)

위의 사료 F1)은 나·당 전쟁이 끝날 무렵 신라가 차지한 영토와 관련하여 "고구려남경"에 이르기까지를 주군으로 삼은 듯이 기술함으로써, 신라가 삼국을 통일한 이후의 영토가 대동강과 원산만을 잇는 선에 이르렀던 것으로 해석하는 단서가 되었다. 그러나 실제 F1)의 해석은 둘로 나누어질 수 있다. 그 하나는 신라가 675년에 백제 땅을 많이 차지함으로써 고구려의 '남쪽 경계'에 이르기까지를 주군으로 삼았다는 것이고, 다른 하나는 신라가 675년에 백제 땅뿐만 아니라 고구려의 '남쪽 경역'까지 차지하여 주군을 삼았다는 것이다. 이러한 차이는 당 태종이 제·여의 멸망 이후 신라에게 할양하기로 김춘추와 약속한 "평양이남 백제토지"의 해석과도 결부되는 것이었다.[41]

여기에서 고구려의 남경은 기왕에 김유신이 한강과 칠중하를 건너서 들어간 고구려의 '남쪽 경계'로서[42] 신라의 서북경에서 임진강 일대에 해당한다. 따라서 당군과 거란·말갈군의 내침 소식을 듣고 9군을 내어 기다리던 신라가 675년에 당군과 교전한 주전선도 천성(파주), 매소성

---

41 『三國史記』卷7, 文武王 11年. "大王報書云 (中略) 我平定兩國 平壤已南 百濟土地 並乞你新羅 永爲安逸."

위의 내용을 "고구려남경"과 결부시킨 해석은 크게 보아 두 가지가 있을 수 있다. 그 하나는 '남쪽 경계'에 유의하여 백제 토지 이외의 평양 이남을 포함하지 않을 수도 있다는 '평양 이남의 백제 토지'와, 다른 하나는 '남쪽 경역'을 고려하여 백제 토지에 더하여 평양 이남을 포함해야 한다는 '평양 이남과 백제 토지'가 그것이다. 이에 대해 필자는 전자의 입장에서 김춘추가 신라의 백제통합과 당의 고구려 점령이라는 전략적 이해가 일치한 가운데 이루어진 당 태종과의 만남에서 평양 이남의 할양을 요구할 수 있는 처지는 아니었기 때문에, 고구려 원정에서 실패를 경험한 당 태종이 신라를 고구려 원정에 끌어들이기 위한 유인책으로 제안했을 가능성에 주목했다(앞의 책, 2012). 한편 노태돈은 후자의 입장에서 향후 전리품으로서 고구려 영토에 대한 분할선인 동시에 고구려를 상대한 전쟁에서 신라군과 당군의 작전 구역을 획정한 것으로 보았다(앞의 논문, 2011). 그러나 이러한 당 태종의 제의가 무엇보다 당의 입장에서 영토의 분할선으로서 구속력을 갖기 어려웠을 것이라는 점은, 고구려 멸망 이후 당의 지배기구인 안동도호부가 설치될 평양의 바로 남쪽을 신라에 할양해야 하는 비현실성에서 찾아진다. 만약 안동도호부가 676년에 요동으로 옮겨가는 지배정책의 변화가 없었다면, 당이 735년에 패강 이남을 신라에게 하사하는 일도 실현되기 어려웠을 것이기 때문이다.

42 『三國史記』卷5, 善德王 11年.

(연천), 칠중성(파주), 석현성(개풍) 등 임진강 일대에서 형성되어 있었다. 이것은 당시 신라의 서북경이 아직 대동강에는 이르지 못한 사실의 반증인 셈이다.

더구나 사료 F2)는 유인궤의 칠중성 승리, 이근행의 안동진무대사 임명, 문무왕의 사신 파견과 사죄, 김인문의 귀당과 문무왕의 관작 복구 등의 내용을 기술한 다음, 신라가 675년에 백제 땅을 많이 차지하여 마침내 고구려 남경에 이르렀던 사실을 언급함으로써 바로 F1)의 전거였음을 알 수 있다. 다만 고구려 남경을 주군으로 삼았다는 내용은 없었는데, 사료 F2)에서 보다시피 위의 내용과는 별도로 기술한 9주 설치에 관한 사실을 F1)에서는 하나의 사실로 묶어 기술함으로써 오해의 여지를 남기게 되었던 것이다. 이러한 사료 비판에 따르면 사료 F1)은 주군의 내용을 제외하고 '남쪽 경계'로 해석할 수 있을지라도, 주군의 내용을 포함하여 '남쪽 영역'으로 해석하기는 어렵다.

한편 신라의 동북경은 675년에 안북하를 따라 요새를 설치하고 철관성(문천)을 축조한 뒤 아달성(이천), 적목성(회양)에서 말갈군과 교전했으며, 676년에는 당군이 도림성(통천)을 내침한 사실로 미루어 원산만에 이르고 있었음을 알 수 있다. 결국 제·여 멸망 이전의 영역과 나·당 전쟁 이후의 영역을 비교해보면, 신라의 북경이 더 개척된 것으로 보기는 어렵다.

그러나 일제시기에 식민사학은 "고구려남경"을 대동강 이남의 '남쪽 경역'으로 보고 신라가 675년에 이곳에 주군을 설치함으로써 사실상 반도를 통일한 것으로 해석했다. 이러한 논지는 만선사관을 대표하는 이케우치 히로시池內宏에 의해 더욱 정치하게 실증되었다. 그는 고구려 유민의 반란과 당의 진압 과정, 신라의 백제 점령 및 당과의 전쟁, 당의 반도 포기와 안동도호부의 이전 등 이른바 신라의 통일 과정에 다름 아닌 일련의 사실에 대한 치밀한 논증을 시도했다. 그러나 핵심 사료인 F1)에 대해서는 F2)를 전거로 제시할 뿐 사료 비판을 결여함으로써 신라에 의한 대동강 이남의 반도 통일을 당연시하고 있었다. 이러한 인식은 발해를 만주사로 귀속시키는 반면, 한국사는 신라만으로 구성하려는 만선사관의 선험적 경역 인식에서 기인하는 것이었다.[43]

한편 신라의 영향력이 미치는 통일 영역으로 설정된 대동강 이남에 대한 신라의 입장과 관련한 다음과 같은 설명은, 시공간적인 조건이 규정적이어야 할 신라의 삼국통일이라는 개념 자체에 대한 의문을 불러일으킨다. 즉, 신라가 676년 이후 임진강 이북에 대한 영역화를 미룬 것은 방어망의 확대에 따른 위험성을 줄이려는 것으로서 영유할 의지 자체가 없었던 것은 아니며, 완충지대로서의 임진강 이북은 휴전 상태인 당과의 대립이 종결되면 다시 영역화를 시도할 수 있는 곳으로 보았다. 실제 735년에 당으로부터 패강 이남을 하사받은 뒤 실현되었으므로, 이곳을 신라의 삼국통일전쟁과 전혀 무관한 지역이라고 굳이 상정할 필요는 없는 것으로 이해하는 것이다.[44]

이와 같은 파악 방법은 신라가 당시 임진강 이남만을 차지한 현실을 인정하면서도, 신라가 676년에 삼국통일을 이룸으로써 대동강 이남에 행사할 수 있었다는 영향력을 735년 이후의 사실로 방증하는 무리를 범하고 있었다. 임진강 이북에 대한 신라의 조치가 삼국통일과 관련이 있으려면, 적어도 발해의 건국으로 말미암아 시대가 바뀌는 698년 이전의 사실로 입증하지 않으면 안 된다. 그렇지 않으면 한국사의 차원에서 신라의 삼국통일이 676년으로 완료되는 것이 아니라, '통일신라'와

---

43 김영하, 앞의 책, 2012.

44 노태돈, 앞의 책; 앞의 논문, 2011.

병존하는 발해의 건국 이후까지 계속됨으로써 시대와 사실의 인식에서 착오가 발생하기 때문이다.

그러나 이러한 신라의 영역화 의지조차 당의 처분에 따라 실현될 수밖에 없는 피동적인 것이었다. 당은 고구려를 계승한 발해의 영역 발전에 대한 잠재적 적대의식에서 배후의 흑수말갈과 연계하여 견제하고자 했다. 그와 같은 과정에서 파생된 대문예의 망명사건으로 인해 당과 발해의 외교적 갈등이 고조되었다. 무왕 대무예가 732년에 장문휴를 보내 등주자사 위준을 공격하여 죽이자,[45] 당은 대문예를 시켜 발해를 치고 김사란을 신라에 보내 발해의 남경을 공격하도록 요구했다.[46] 당은 발해 견제에 이용할 신라의 가치 때문에 성덕왕 34년(735)에 비로소 대동강 이남의 영유를 허락했다. 이것은 당 현종이 패강에 수병을 두고 발해에 대비하려는 성덕왕의 의도를 격려하는 동시에 그 결과를 보고하도록 조치한 사실과도 연동되어 있었다.[47] 이처럼 당은 676년에 평양의 안동도호부를 요동으로 옮긴 이후에도 여전히 임진강 이북에 대한 관할권을 행사함으로써 신라의 진출 자체를 억제하고 있었던 것이다.

한편 신라는 신문왕대에 군현제와 10정을 일제히 정비하면서도 한강 이북을 거의 방치했다. 다만 당의 지배력 약화를 틈타 694년에 송악성(개성), 우잠성(금천)과 713년에 개성(개풍)을 축조함으로써 임진강 너머로의 소극적인 진출을 모색할 따름이었다. 당으로부터 대동강 이남의 영유를 인정받은 이후 경덕왕대(742~764)와 헌덕왕대(809~825)에는 예

---

45 『資治通鑑』卷213, 玄宗 開元 20年.

46 『舊唐書』卷199 下, 渤海靺鞨.

47 『文苑英華』卷471, 勅新羅王金興光書; 張九齡, 『曲江集』卷5, 勅新羅都護金興光書. "近又得思蘭表 稱知卿欲於浿江置戌 既當渤海衝要 又與祿山相望 仍有遠圖 固是長策 (中略) 警寇安邊 有何不可 處置訖 因使以聞."

성강 이북과 대동강 이남 사이에 14개 군현을 두었고, 782년에는 발해에 대한 방어책의 일환으로 패강진(평산)을 설치하기에 이르렀다.[48] 이러한 일련의 사실은 사료 F1)에서 신라가 675년에 이미 고구려의 남경을 주군으로 삼았다는 사료 자체와 그것에 따른 해석이 오류임을 다시 한번 일깨워준다.

이와 같은 사료 비판의 문제는 영역적 측면에서 전쟁 결과와 그 의미를 어떻게 해석할 것인가로 귀착된다. 신라가 735년에 대동강 이남의 영유를 당으로부터 승인받은 이후의 사실까지를 포함해서 신라의 삼국통일로 이해할 것인가, 아니면 신라가 676년 당시 임진강 이남만을 확보한 사실에 대해 신라의 백제통합으로 파악할 것인가의 문제이다.[49] 이때 후대의 의식과 의지 실현에 근거하여 신라의 삼국통일로 해석하는 것은 당시의 실제 상황과 사실로부터 그만큼 괴리될 수밖에 없다는 점을 고려하지 않으면 안 된다.

4) 향후의 과제

신라의 '통일' 영역에 관한 검토는, 무열왕이 660년에 백제를 멸망시키고 죽었는데도 그의 공업으로 부회된 '일통삼한'과 신라가 675년에 당과의 전쟁을 끝내고 도달한 "고구려남경"을 어떻게 해석할 것인가에

---

48 이기동, 「신라 하대의 패강진」 『한국학보』4, 1976.
49 실제 신라가 백제 이외에 고구려를 통합할 의지가 없었던 사실은 642년에 백제를 치기 위해 고구려에 청병했을 뿐만 아니라 제·여 멸망 이후 백제 유민의 경우와는 달리 고구려 유민의 부흥운동을 지원하고 670년에 안승을 고구려왕에 책봉한 데서 알 수 있다. 더구나 나·당 전쟁 이후 안동도호부가 요동으로 옮겨감으로써 평양과 그 이남 지역에 대한 당의 지배력이 약화된 조건 속에서도 임진강 이북에 대한 신라의 진출이 소극적이었던 데서도 확인된다.

대해 답하는 일에 다름 아니었다. 신라의 지배층이 일통삼한을 의식하는 과정은, 마치 인간사에서 의미 있는 행위가 미완으로 끝났을 때 행위보다 늦게 발아한 의식이 오히려 그 행위를 더욱 과장되게 보완하려는 현상과 같았다. 그러한 허위의식으로부터 사실인 듯이 추상해낸 신라의 삼국통일론에는 식민사학의 왜곡과 그 민족적 변용이라는 이중의 문제가 내재되어 있었던 것이다.

신채호는 사실에 대한 구체적 실증을 결여한 한계는 있었지만, 식민사학의 신라통일론을 비판하고 신라와 발해가 병존한 양국시대론을 개진함으로써[50] 사실 이해의 새로운 지평을 열었다. 전통사학의 한계와 식민사학의 본질을 파악한 위에서 전개한 논지이니만큼 여전히 유효하다. 이케우치 히로시는 합리적 실증을 구사하면서 신라의 통일 과정을 밝혔지만, 대동강과 원산만을 신라와 발해의 경계로 삼으려는 만선사관의 선험적 경역 인식에서 자유롭지 못했다.[51] 그는 거짓말을 쓸 수밖에 없기 때문에 교과서를 집필하지 않았다지만,[52] 만선사관에서 구축한 신라통일론의 골자가 우리 고등학교 국사 교과서의 통설로 이어지는 역설을 제공했다.

지금까지 검토한 『고등학교 한국사』는, 신라가 나·당 전쟁의 결과 676년에 당의 안동도호부를 몰아내고 대동강과 원산만 이남의 고구려 영역을 확보함으로써 삼국통일을 이룩한 것으로 서술하고 있다. 이와 관련하여 신라의 삼국통일론은 고구려가 475년에서 551년까지 한강

---

50 김영하, 앞의 책, 2007.

51 이케우치 히로시가 만선사관의 선험적 경역 인식에 입각한 사료 비판에서 강박성을 드러낸 또다른 사례로는, 윤관이 고려 예종 때 동북계에 9성을 축조하면서 〈진흥대왕순수비〉 가운데 황초령비를 철령에서 황초령으로 옮긴 것으로 파악하는 이치설을 제기한 데서도 확인할 수 있다(김영하, 앞의 책, 2012).

52 窪德忠,「池內宏」『東洋學の系譜』2, 大修館書店, 1994.

유역을 지배한 연고의식과, 당이 735년에 패강 이남의 신라 영유를 허락한 뒤에 비로소 실현된 신라의 영역화 의지로 신라의 삼국통일을 설명했다. 한편 신라의 백제통합론은 676년 당시에 신라는 임진강 이남의 백제 영역만을 차지했을 뿐이고, 698년에 건국한 발해가 고구려 영역의 상당 부분을 차지함으로써 발생한 당과의 갈등을 신라에게 대동강 이남을 하사한 배경으로 이해했다.

  어느 것이 역사적 사실에 가까운 해석인지에 대한 판단은 차치하더라도, 이상의 논의에서 신라는 적어도 735년 이전에 대동강 이남까지 진출하지 않은 사실만큼은 확인할 수 있었다. 여기에 바로 신라가 676년에 대동강과 원산만 이남의 삼국을 통일했다는 고등학교용 국사 교과서의 서술 내용을 시정해야 할 이유가 있다. 이제 전통사학의 인식 자체와 그것을 다시 한 번 굴절시킨 식민사학의 비판을 통해 바람직한 7세기 후반의 역사상을 모색할 때, 조선 말기의 지리학자 김정호가 한강과 임진강을 둘러싼 삼국 간의 경계 변천에 관해 언급한 다음과 같은 내용은 매우 시사적이다.

  아신왕 때에 임진강 이북은 고구려로 편입되었다. 문주왕이 남쪽으로 천도한 뒤 고구려가 한수漢水의 남북을 모두 차지하였다. 신라가 진흥왕 12년에 그곳을 공취하고 삼각산의 덕수천德水川으로써 신라와 고구려의 강역을 나누었다[고봉, 행주, 교하, 서원, 파평은 고구려 땅이다]. 문무왕 8년에 고구려와 백제가 멸망하자, 그 땅은 당에 속하게 되었다[한수의 남북은 신라의 차지이고, 임진강 이북은 당에 속하였다]. 개원 을해에 당이 칙명으로 패강[지금의 대동강] 이남의 땅을 신라에게 하사하였다[당의 땅이 된 지 무릇 76년]. (『대동지지』권2, 경기도)

김정호는 위에서 보는 바와 같이 제·여의 멸망 이후 신라의 영토를 한수의 남북 유역에 해당하는 임진강 이남으로 옳게 인식하고 있었다. 이러한 인식은 전통적인 일통삼한의식에 구애받지 않고 한국사의 인식 체계를 삼한 제국-삼국(신라, 가야, 백제)-삼국(신라, 백제, 고구려)-남북 국-고려[53]와 같이 삼국 중에서 백제를 아우른 신라와 고구려 고지에서 건국한 발해의 남북국으로 설정했기 때문에 가능한 것이었다. 이와 같은 선구적 안목이 식민사학의 담론에 의해 소외되지 않고 발전적으로 계승되었다면, 신라의 삼국통일 여부와 그 영역에 관한 오늘날의 논의는 크게 달라졌을지도 모른다.

역사 연구에서 논문의 결론이 통사의 한 줄이라도 고치거나 보탤 주제의 선택을 권면하기도 한다.[54] 7세기 후반의 한국사는, 신라가 676년에 당군을 몰아냄으로써 대동강과 원산만을 경계로 삼국통일을 이룩했다는 교과서의 한 줄을 고치는 데서 끝날 문제가 아니다. 그것은 민족사의 차원에서 '남북국', 아니면 '통일신라와 발해'로 표제가 갈릴 만큼 중요한 주제이다. 제도권의 한국사 교육이 일단 시민과 사회보다 민족과 국가에 치중할 수밖에 없다면, 어떤 인식체계가 더 민족적인가를 고려하지 않으면 안 된다. 더구나 지금은 일제의 만선사관에 대체한 중국의 동북공정이 행하는 역사 왜곡에 대처해야 하는 현실이다.

「신라의 '통일'영역 문제-교과서 내용의 시정을 위한 제언-」
『韓國史學報』56, 2014)

---

53 『大東地志』卷31, 渤海國. "按三韓諸國統爲三國 卽新羅加耶百濟 而後加耶亡 高句麗南遷 又爲三國 及麗濟滅後五十年 渤海又襲句麗舊疆 與新羅爲南北國二百餘年 高麗太祖統一之."

54 천관우, 『한국사의 재발견』, 일조각, 1975.

3. 신라의 '백제통합'과 '일통삼한' 재론

1) 재론의 소재

역사는 언제나 진행형이다. 기록하는 자가 한 단락을 들어내어 과거화했고, 해석하는 자가 그것을 읽어내고 현재화했다. 기록과 해석하는 행위에는 역사로서의 현재, 즉 당시의 조건이 투사되기 마련이다. 사실은 기록하는 과정에서 이미 실상을 떠났기 때문에 해석의 문제가 남았던 것이다. 한국사에서 주목받는 7세기의 사실들에 대해 진실 추구의 명분으로 다른 해석이 나올 수밖에 없는 이유이다. 역사의 신 클리오만이 진실을 알고 있을지라도, 그 실제를 향한 부단한 해석은 역사학인의 실존적 과제였던 셈이다.

642년 백제 의자왕의 대야성 공함부터 698년 고구려 고지에서 발해의 건국까지 50여 년간 동아시아의 제국이 휘말렸던 전쟁에 대해 최근 두 해석이 대립하고 있다. 그 하나는 신라 중심으로 전황을 검토하여 신라의 삼국통일로 파악하는 견해이고,[1] 다른 하나는 제국이 연동한 국제전의 결과들 가운데 하나를 신라의 백제통합으로 이해하는 견해이다.[2] 후자는 물론 백제만을 통합한 신라와 더불어 고구려 고지에서 건국한 발해를 한국사에 제대로 자리매김하려는 남북국론의 입장이다.

이와 같은 차이가 근래에 비롯된 것은 아니다. 조선 전기에『동국통감』은 신라가 여·제를 통합하여 일통을 이룬 것으로 기술했다. 신라정통론의 관점에서 일통의 기준은 왕조였으며, 668년 고구려의 멸망이 일통의 계기로 주목되었던 것이다. 조선 후기에는 신라정통론에 변화가 일어났다.「발해고」의 문제 제기에 이어『해동역사』가 신라기와 더불어 발해기를 세기로 독립시킬 수 있었던 배경이었다.[3]

한편 신라가 676년에 대동강과 원산만 이남을 통일했다는 견해는 일제 식민사학에 의해 제기되었다. 만선사관은 신라정통론의 기준이던 왕조와 달리 시공간이 규정되는 근대적 개념으로서의 신라통일론을 재구축했던 것이다. 만주와 조선 역사의 범주 설정과 경계 변천에 대한 이해는 현실의 식민정책에도 유용했기 때문이다. 해방 이후 신라의 삼국통일론은 식민사학과 함의를 달리하면서 통설로 정착되었다. 이에 대해 신라의 백제통합론은 식민사학의 신라통일론을 관점과 실증의 두 측면에서 해체시킨 다음, 신라가 나·당 전쟁을 통해 통합한 영역을 임진강 이남의 백제 토지로 한정했다.[4]

신라의 백제통합론이 제기된 뒤, 신라통일론의 통설에 균열이 발생했다. 그 하나는 시기에 관한 것이다. 668년의 고구려 멸망부터 698년의 발해 건국까지 30년간의 신라만을 통일 왕조로 파악할 수 있다는 견

1   노태돈,『삼국통일전쟁사』, 서울대출판부, 2009.
2   김영하,『신라중대사회연구』, 일지사, 2007.
3   김영하,「7세기 동아시아의 정세와 전쟁」『신라사학보』38, 2016.
4   김영하,「신라통일론의 궤적과 함의」『한국사연구』153, 2011;「신라의 '통일'영역 문제」『한국사학보』56, 2014.

해이다.[5] 왕조의 존재 여부라는 전근대의 기준을 따른 것이지만, 신라가 670년에 안승을 고구려왕에 책봉함으로써 왕조를 부활시킨 사실과 맞지 않는다. 이에 신라가 안승의 보덕국을 해체시킨 684년에 삼국통일을 달성한 것으로 파악하는 견해도 있다.[6] 역시 왕조의 존부가 통일의 기준인 바, 앞의 견해와 함께 통일의 개념에서 필수 요건인 영역을 언급하지 않은 한계가 있다.

다른 하나는 영역에 관한 것이다. 신라는 당과 전쟁을 치르는 중에 이미 임진강 너머의 우봉군/우잠군(금천), 송악군(개성), 개성군(개풍)으로 진출했다거나,[7] 신라에서 삼국통일론이 671년에 제기된 이래 735년에 대동강 이남을 영유할 때까지 실질적인 삼국통일을 추구했다는 견해이다.[8] 그러나 송악성, 우잠성과 개성은 각각 694년과 713년에 축조되었으며,[9] 698년 발해의 건국으로 남북국이 성립된 이후에 있었던 신라의 대동강 이남에 대한 진출은 삼국통일의 과정이 아니라 서북경 개척의 결과일 뿐이었다.

이와 같이 신라의 백제통합론에 대응한 신라통일론의 변상들과는 달리 신라의 삼국통일을 인정하지 않는 견해도 나왔다. 그 하나는 통일신라의 개념은 근대사학의 상상에 불과하므로 당시의 역사를 남북국으로 파악해야 한다거나,[10] 다른 하나는 신라가 백제를 병합한 데 지나지 않은 것으로 이해하기도 한다. 이 중에서 후자는 사실 파악에서는 '통일'

---

5   주보돈, 「신라사의 시기구분과 흐름」, 『신라 천년의 역사와 문화』1, 경북문화재연구원, 2016.

6   임기환, 「나당연합군의 고구려 정복」, 『신라 천년의 역사와 문화』4, 경북문화재연구원, 2016.

7   박남수, 「신라 문무대왕의 삼국통일과 종묘제 정비」, 『신라사학보』38, 2016.

8   김수태, 「신라의 천하관과 삼국통일론」, 『신라사학보』32, 2014.

9   『三國史記』卷8, 孝昭王 3年, 聖德王 12年; 『三國史記』卷35, 松岳郡.

10 윤선태, 「통일에 대한 역사적 평가」, 『신라 천년의 역사와 문화』4, 경북문화재연구원, 2016.

의 제한적 사용과 신라의 '백제병합'[11] 같은 표현을 통해 신라의 백제통합론에 일단 동의했다. 그러나 의식으로서 일통삼한은 중대의 신문왕대(681~692)가 아니라 하대의 경문왕대(861~875)에 확립된 것으로 파악하는 차이를 드러냈다(이하 하대설로 칭함).

기실 일통삼한의식의 성립 시기에 관해서는 680년대설[12]과 692년설[13]이 있어왔다(이하 중대설로 칭함). 양자의 시비 여부는 차치하더라도, 하대설은 우선 686년에 세워진 것으로 이해해온 〈청주운천동사적비〉의 건립 시기를 나말·여초로 파악했다.[14] 그런 다음 일련의 논문을 통해 일통삼한의식의 성립 과정은 물론 백제를 통합한 신라의 영역 문제로 주제를 확장시켰다. 여기에서는 하대설이 입론 과정에서 이용하지 않았거나 간과한 사료를 중심으로 신라의 백제통합과 일통삼한의 문제를 재론하고자 한다.

2) 국제전의 배경과 결과

가. 당 태종과의 협상 내용

7세기 국제전의 시점 설정은 기록된 사실들 중에서 어느 단락에 주

---

11 윤경진, 「신라 경문왕의 통합 정책과 황룡사구층목탑의 개건」,『한국사학보』61, 2015a; 「671년 「답설인귀서」의 '平壤已南 百濟土地'에 대한 재해석」,『역사문화연구』60, 2016a.
12 노태돈, 「삼한에 대한 인식의 변천」,『한국사연구』38, 1982; 「삼한일통의식의 형성 시기에 대한 고찰」,『목간과 문자』16, 2016.
13 김영하, 「일통삼한의 실상과 의식」,『한국고대사연구』59, 2010.
14 윤경진, 「〈청주운천동사적비〉의 건립 시기에 대한 재검토」,『사림』45, 2013a.

목할 것인가의 문제이다. 읽는 사람마다 다를 수는 있겠지만, 의자왕이 642년에 신라 서변의 요충인 대야성을 공함한 사실은 경시할 수 없다. 김춘추가 백제를 아우를 의지를 굳히고 고구려와 당을 상대로 청병 외교를 펼친 계기였기 때문이다. 김춘추가 당 태종과 맺은 나·당 연합으로 인해 신라와 백제, 당과 고구려의 개별 국가 간에 벌어지던 전쟁은 이후 여러 나라가 연동하는 국제전으로 비화했다. 다음은 백제를 통합하려는 신라와 고구려를 점령하려는 당의 전략적 이해가 일치한 가운데 맺은 협약의 골자이다.

> 문무왕 11년(671), 대왕이 보서報書하기를, 선왕先王이 정관 22년에 입조하여 태종문황제太宗文皇帝를 만나 받든 은칙恩勅에서 "짐이 이제 고려를 치려는 것은 다른 까닭이 아니라 너희 나라가 두 나라에 끼어서 매번 침입을 받아 편안할 때가 없음을 가엾게 여김이니, 산천과 토지는 내가 탐하는 바가 아니며 옥백玉帛과 자녀는 나도 가지고 있는 것이다. 내가 두 나라를 평정하면 평양 이남의 백제 토지[平壤已南 百濟土地]는 모두 너희 신라에게 주어 길이 편안하게 하려 한다"하고 계책을 내리고 군기軍期를 주었다. (『삼국사기』권7)

당의 검교안동도호 설인귀가 안승을 고구려왕에 책봉하고 백제를 통합하려는 신라에 대해 문책하는 글을 보내자, 문무왕이 해명하는 답서에 나오는 내용이다. 648년에 김춘추를 만난 당 태종은 전후에 "평양이남 백제토지"를 신라에 귀속시키기로 약속했다. 이미 세 차례의 고구려 원정에 실패한 당 태종이 고구려 원정도 신라를 위한 것이며, 신라에 대한 공세로 일관한 백제까지 평정한 뒤에 위의 토지를 신라에게 할양하겠다는 발언에는 전략적 의도가 깔려 있었다.

이때 당 태종은 김춘추에게 새로 편찬한 『진서』도 주었다. 『진서』는 방현령 등이 칙명을 받아 여러 사관들과 함께 644년에 다시 편찬한 것이었다. 당 태종은 선제와 무제의 제기帝紀 및 육기와 왕희지의 열전에 스스로 논論을 지을 만큼 편찬에 적극적이었다. 그가 삼국의 존재를 인정하지 않는 『진서』를 김춘추에게 준 뜻을 여·제를 멸망시키려는 당의 의도로 해석하기도 한다.[15] 『진서』는 본기에서 고구려와 백제를 언급하기는 했지만,[16] 열전에서는 삼국의 발전에 따른 정립 상태를 인정하지 않았기 때문에 입전될 수 없었다.

A1) 평주平州. 현토군玄菟郡[한漢이 설치하였다. 통할하는 현縣이 3이고, 호가 3,200이다]. 현은 고구려高句麗, 망평望平, 고현高顯이다. (『진서』권14, 지리 상)

2) 한韓에는 세 종족이 있다. 첫째는 마한馬韓, 둘째는 진한辰韓, 셋째는 변한弁韓이다. 진한('한'의 오기: 인용자)은 대방帶方의 남쪽에 있고, 동서는 바다로써 한계로 삼는다. 마한은 산과 바다 사이에 있으며 성곽은 없다. 무릇 56개의 소국이 있으니, 큰 것은 1만호이고 작은 것은 수천가인 데 각각 우두머리가 있다. (『진서』권97, 마한)

3) 진한辰韓은 마한의 동쪽에 있다. (중략) 이로 말미암아 진한을 일러 진한秦韓이라고도 한다. 처음에는 6국이 있었으나 나중에 12국으로 나뉘어졌다.

---

15 이성규, 「중국 고문헌에 나타난 동북관」 『동북아시아 선사 및 고대사 연구의 방향』, 학연문화사, 2004.

16 고구려에 관해서는 『진서』권6, 원제 대흥 2년조; 『진서』권7, 성제 함강 2년조, 강제 건원 원년조; 『진서』권10, 안제 의희 9년조. 또한 백제에 관해서는 『진서』권9, 간문제 함안 2년조, 효문제 태원 11년조 등의 연대기에 언급되어 있다.

또 변진弁辰이 있으니 역시 12국이다. 호는 합하여 4~5만호인 데 각각 우두머리가 있다. (『진서』권97, 진한)

『삼국지』위서 동이전에 입전되었던 고구려는 사료 A1)에서 보듯이 평주 현토군의 속현이고, A2), 3)에서 백제와 신라는 『삼국지』위서 동이전의 기술 내용과 같이 마한과 진한 소국들 가운데 하나일 뿐이었다. 이와 같은 정보가 당 태종과의 교섭에 임했던 김춘추에게 준 영향을 짐작하기는 어렵지 않다. 고구려는 한 이래 현토군의 속현이므로, 나·당 연합군이 고구려를 멸망시킨 뒤 당으로의 귀속은 당연하다는 역사적 근거의 제시인 동시에 외교적 암시일 수 있었다. 이와 같은 관점에서 "평양이남 백제토지"에 대한 이해가 필요하다.

전후 신라의 통합 영역과 관련한 해석으로는 기존의 백제 토지와 대동강 이남의 합으로 보는 '평양 이남과 백제 토지'[17]와, 대동강 이남에서 백제 토지만을 가리키는 '평양 이남의 백제 토지'[18]로 보는 견해가 있었다. 특히 후자는 당이 신라의 후원을 얻기 위해 고구려 원정도 신라를 위한 것이라는 명분으로 제시한 유인 수단으로 파악했다. 김춘추가 당

---

17 노태돈, 앞의 책.

18 김영하, 앞의 논문, 2010.
  필자가 기왕에 이와 같은 의미로 서술한 데 대해, 최근 윤진석은 "평양이남 백제토지"의 해석에서 "종래의 시각과 같이 '대동강 이남'으로 명기했고(김영하, 『신라중대사회연구』, 일지사, 2007, 260쪽), (중략) 논의가 심화된 이후에는 '신라의 백제통합'이라는 자설에 부합하게 '대동강'을 '임진강'으로 수정하여 확정했다(김영하, 앞의 책, 2007, 143~144쪽)"고 거듭 비판했다(「648년 당 태종의 '평양이남 백제토지' 발언의 해석과 효력 재검토-'신라의 백제통합론'과 '일통삼한의식 9세기 성립설'에 대한 비판을 중심으로-」, 『한국고대사탐구』34, 2020; 한국고대사탐구학회 편, 『고대 군사사와 동아시아』, 경인문화사, 2020). 그러나 '대동강'은 당 태종의 648년 발언 중의 '평양'을 '대동강'으로 바꿔 표현한 것이고, '임진강'은 나·당 전쟁에서 주전선이었던 고구려의 '남경'을 밝힌 것이었다. 서로 다른 사료에 대한 필자의 '표현'과 '실증'의 결과를, 윤진석이 같은 맥락의 사료에 대한 '명기'와 '수정'으로 파악한 것은 명백한 오독이다. 이러한 오류가 기본으로 전제된 비판 내용이 설득력을 갖기는 어렵다.

을 찾았을 때는, 당이 단독으로 추진한 요동공략책이 이미 한계를 드러 냄으로써 전략 전환의 필요성이 대두된 시점이었다. 당 태종이 649년 에 있을 고구려 재원정을 준비하던 시기에 김춘추가 아들 문왕과 함께 찾아갔던 것이다.[19]

이러한 배경에서 나·당연합군이 여·제를 공멸한 뒤, 당이 안동도호부 를 설치할 평양의 이남 지역을 신라에게 할양한다는 제안은 실현 불가 능한 것이었다. 당 태종은 640년에 서역의 고창을 멸망시킨 다음 위징 의 반대를 무릅쓰고 교하성에 안서도호부를 설치했으며,[20] 648년에는 다시 구자龜玆를 정복하고 우전于闐을 복속시킨 바가 있었다.[21] 그의 전 략 구상에는 이미 서방의 고창 원정과 대칭을 이룰 동방의 고구려 원정 과 안동도호부의 평양 설치가 포함되어 있었을 것이다. 당 태종이 641 년에 직방낭중 진대덕을 고구려에 파견하여 고창의 멸망 사실을 알리고 정세를 정탐한 사실로 입증된다.[22] 더구나 안서도호부가 구자와 우전을 관할한 것처럼, 안동도호부도 백제와 신라에 대한 통제를 기대할 수 있기 때문에 더욱 그러했다. 안동도호부가 설치될 평양 이남에서 백제 토지는 신라에게 할양한다는 의미였지만, 당은 약속과 달리 백제 토지 를 신라에게 넘겨주지 않았기 때문에 나·당 전쟁의 도화선이 되었던 것이다.

한편 하대설은 '평양 이남의 백제 토지'로 읽으면서도, 그 해석에서는 함의를 달리했다. 근초고왕이 371년에 평양성을 공격했을 때 대동강까 지도 백제 토지라는 영토의식이 형성되었고, 신라는 백제의 영토의식을

---

19 『資治通鑑』卷199, 太宗 貞觀 22年.
20 『資治通鑑』卷195, 太宗 貞觀 14年.
21 『資治通鑑』卷199, 太宗 貞觀 22年.
22 『資治通鑑』卷196, 太宗 貞觀 15年.

활용하여 고구려 지배 하의 대동강까지를 향후 영유할 지역으로 설정한 것으로 이해했다.[23] 그러나 근초고왕은 평양성에서 고국원왕을 전사시킨 뒤 곧바로 철군하여 한산(남한산)으로 도읍을 옮겼으므로,[24] 아직 대동강까지를 백제의 영토로 의식할 계제는 아니었다. 당시 백제의 북경과 그에 따른 영토의식은 다음에서 분명하다.

근구수왕 즉위년(375), 태자가 진격하여 고구려군을 크게 깨뜨리고 도망치는 뒤를 쫓아 수곡성水谷城 서북에 이르렀다. (중략) 태자가 그 말을 옳게 여겨 추격을 멈추고 돌을 쌓아 표식으로 삼았다[積石爲表]. 태자가 그 위에 올라가 좌우를 둘러보며 말하기를, "오늘 이후 누가 다시 이곳에 이를 수 있을까?"라고 하였다. (『삼국사기』권24)

고구려의 고국원왕이 낙랑군과 대방군의 퇴출로[25] 인해 국경을 접하게 된 백제를 침공하자, 근초고왕은 위 사료에서 보는 바와 같이 369년에 태자를 시켜 반격한 일이 있었다. 이때 태자 근구수는 수곡성(신계) 서북에 "적석위표積石爲表"하고, 그곳에 올라서서 자신의 전공을 과시했다. 이와 같은 자부심은 영토의식의 발로에 다름 아니었다. 근구수의 언행은 만족한 줄 알면 욕되지 않고 그칠 줄 알면 위태롭지 않다는 『도덕경』의 구절을 인용하며 만류한 장군 막고해의 간언에 따른 것이었다. 돌을 쌓아 표시한 곳이 곧 백제의 북방 경계라는 사실의 명시

---

23 윤경진, 앞의 논문, 2016a.

24 『三國史記』卷24, 近肖古王 26年.
이때 근초고왕이 공격한 평양성을 심지어 황해남도 신원군 소재의 남평양성으로 보기도 한다 (조희승, 『백제사연구』, 과학백과사전출판사, 2002).

25 『三國史記』卷17, 美川王 14年, 15年.

160 7세기의 한국사, 어떻게 볼 것인가

였던 셈이다.

삼국이 각자 영토를 확장하여 정립하는 단계에 이르렀을 때, 대왕 중심의 영토의식이 출현했다. 고구려의 장수왕은 왕도의 중앙에 세운 〈광개토대왕비〉(414)의 네 면에 사방으로 확장한 당시의 영토를 명기했다. 진흥왕은 신라가 점령한 네 곳의 변경에 〈진흥대왕순수비〉(561~568)를 세워 최대의 판도를 대내외에 천명했다. 이러한 맥락에서 백제의 "적석위표"는 영토의식의 선구적 표출이었으며, 근초고왕대의 백제는 예성강 상류의 수곡성까지를 북방 경계로 의식하고 있었던 것이다. 따라서 후대의 신라가 백제의 영토의식을 활용하여 대동강까지를 영유할 지역으로 설정했다는 추론은, 양자의 간격을 메워줄 사료가 존재하지 않는 한 성립하기 어렵다. 신라가 7세기에 해서 지방으로 진출하지 않을 수 없었던 이유는 따로 있었다.

진흥왕이 553년에 백제로부터 한강의 하류 유역마저 공취함으로써 북방 영토는 동북의 안변에서 서북의 서울까지를 포함하게 되었다. 신라의 동북경이 일시나마 황초령과 마운령에 이르렀던 사실은 순수비를 통해서 알 수 있다. 그러나 진흥왕은 관할 영역을 순수한 뒤 서북의 북한산주(서울)를 568년에 남천주(이천)로 물렸으며,[26] 동북의 비열홀주(안변)는 568년에 달홀주(고성)로 물렸다가 668년에 다시 비열홀주로 옮겼다.[27] 남천주와 달홀주가 관할한 신라의 북방 영토는 7세기 국제전의 발발 이전까지 크게 바뀌지 않았다.

이러한 상황에서 신라의 해서 지방 진출은 다음 두 가지 이유로 불가피했다. 그 하나는 경제적인 이유이다. 해서 지방은 연백평야와 재령평

---

26 『三國史記』卷4, 眞興王 29年.
27 『三國史記』卷4, 眞興王 29年; 『三國史記』卷6, 文武王 8年.

야를 품고 있는 오래된 농경지대였다. 황해북도 봉산군 지탑리 유적은 신석기, 청동기, 고대의 문화층이 층위별로 확인된 대표적 유적이다. 신석기문화층에서는 탄화된 낟알이 출토되었다.[28] 그것은 신석기시대부터 농경의 시작을 알려주는 적극적인 증거로 해석되고 있다. 또한 청동기문화층에서는 농기구인 반달돌칼이 출토되었다. 해서 지방은 한반도에서 반달돌칼이 집중적으로 출토되는 지역 중의 하나이다.[29] 이러한 두 문화층 위에서 고구려 계통의 유물이 출토되었던 것이다.

다른 하나는 경제적인 이유와 불가분의 군사적인 이유이다. 고대사회에서 인간노동력을 구사해서 농업생산력을 높일 수 있는 지역은 군사적으로도 주목될 수밖에 없었다. 농경 가능의 평야지대가 보병과 기병이 주축인 고대 전투에서 주요 전장이기도 했기 때문이다. 경초 연간 (237~239)의 낙랑군과 대방군 설치[30]와 고구려의 그 축출, 근초고왕의 평양성 공격과 수곡성 관리, 광개토왕의 한성 공함과 평양 경영,[31] 백제·왜 연합의 대방계 침입[32] 등은 해서 지방이 지니는 두 가지 특성에서 말미암은 것이었다. 한강 유역을 차지한 신라의 향후 전략상 진로도 예외일 수 없었다.

한편 하대설에서 대동강을 경계로 여기는 근초고왕대 백제의 영토의식은 다음 절에서 검토할 "고구려남경"의 해석에서 주요 전제로 작용하고 있었다. 이것은 고구려의 남경에 관한 하대설의 논증이 오류임이 확인되면, 대동강을 경계로 여기는 근초고왕대 백제의 영토의식과 신라의

---

28 김원룡, 『제3판 한국고고학개설』, 일지사, 1986.
29 한국고고학연구회 편, 『한국고고학지도』, 한국고고학연구회, 1984.
30 『三國志』卷30, 魏書30, 韓, "景初中 明帝密遣帶方太守劉昕樂浪太守鮮于嗣 越海定二郡."
31 〈廣開土大王碑〉, 永樂 6年, 9年.
32 〈廣開土大王碑〉, 永樂 14年.

그 활용이라는 주제의 취지는 더욱 퇴색될 수밖에 없다는 의미이기도
하다.

나. 신라의 백제통합 결과

전쟁의 결과는 종전의 시기와 전과에 의해 평가된다. 여러 나라가 연
동한 국제전일 경우 나라마다 결과는 다를 수 있다. 신라에게 있어서 국
제전은 668년의 고구려 멸망이 아니라, 676년에 당과의 전쟁 종결로
끝났다. 신라가 삼국을 통일하기 위한 전쟁이었다기보다 신라도 참여한
국제전의 일환으로 파악해야 할 또 다른 이유이기도 하다. 전후의 영토
변화는 전과 평가의 주요 기준이다. 전략적으로 유의미한 서북경의 변
화를 주목할 필요가 있다. 신라통일론의 성립 여부를 검증할 수 있는 지
표이기 때문이다. 이른바 신라통일론의 통설은 다음과 같은『삼국사기』
의 서술 내용에 입각한 것이었다.

> 문무왕 15년(675), 2월에 유인궤가 우리 병사를 칠중성에서 깨뜨렸다. 인
> 궤가 당병을 이끌고 돌아가니 조서로써 이근행을 안동진무대사로 삼아 신라
> 를 경략하였다. 왕은 이에 사신을 보내 조공하고 또 사죄하니, 당 고종이 용서
> 하고 왕의 관작을 복구하였다. 김인문은 중도에서 돌아왔으므로 다시 임해군
> 공으로 책봉하였다. 그러나 백제 땅을 많이 차지하고, 마침내 고구려의 남경
> 에 이르기까지를 주군으로 삼았다[然多取百濟地 遂抵高句麗南境爲州郡]. 당
> 병이 거란·말갈병과 함께 내침한다는 소문을 듣고 9군을 내어 기다렸다. (『삼
> 국사기』권7)

당 고종이 675년에 문무왕의 관작을 복구한 것은 나·당 전쟁에서 일

대 전기였다. 이때 신라는 백제 땅을 많이 차지하고 "고구려남경"에 이르는 지역을 주군으로 삼았다고 한다. 여기에서 남경이 선으로서의 경계인가, 아니면 면으로서의 경역인가의 문제가 제기될 수 있다. 일제의 만선사관滿鮮史觀은 고구려의 '남쪽 경역'을 주군으로 삼은 것으로 파악하고, 신라가 대동강 이남의 고구려 일부를 차지한 반도 통일로 해석했다. 대동강과 원산만 이남은 신라의 한국사로, 그 이북은 발해의 만주사로 범주화하려는 만선사관의 핵심 논리였다. 신라가 676년에 대동강과 원산만 이남을 통일했다는 이른바 삼국통일론의 통설도 식민사학의 해석을 따른 것이었다. 다만 신라의 삼국통일이 갖는 한계를 보완하기 위해 민족 형성과 민족문화의 토대 마련과 같은 의미를 부여한 점이 달랐다.[33] 이에 신라의 백제통합론은, 『삼국사기』가 편찬에 이용한 사료의 원전을 검토했다.

B1) 상원 2년(675), 2월에 계림도행군대총관 유인궤가 신라의 무리를 칠중성에서 크게 깨뜨리고 돌아왔다. 2) 신라가 이에 사신을 보내 입조하여 복죄하고 아울러 방물 헌상이 전후로 이어졌으므로, 고종이 김법민의 관작을 복구하였다. 3) 이미 백제의 땅을 모두 차지하고 고구려의 남경에 이르렀으니[旣盡有百濟之地 及高句麗南境], 동서가 약 900리이고 남북이 약 1,800리이다. 4) 이에 경내에 상주, 양주, 강주, 웅주, 전주, 무주, 한주, 삭주, 명주 등을 설치하였다[於界內置上('尙'의 오기: 인용자)良康熊金('全'의 오기: 인용자)武漢朔溟等州]. 보내온 산물은 여러 나라 중에서 으뜸이었다. (『당회요』권95, 신라)

C1) 고종 상원 2년(675), 2월에 인궤가 신라의 무리를 칠중성에서 깨뜨리

33 김영하, 앞의 논문, 2011.

고 말갈병으로 바다를 통해 남경을 공략하여 죽이고 사로잡은 것이 매우 많았다. 조서로써 이근행을 안동진무대사로 삼고 매소성에 주둔하여 신라와 세 번 싸웠는데, 신라가 모두 패하였다. 2) 법민法敏이 사신을 보내 입조하여 사죄하고 공물이 잇따랐으므로, 인문仁問은 이에 돌아와서 신라왕을 그만두었고 조서로써 법민의 관작을 복구하였다. 3) 그러나 백제 땅을 많이 차지하고, 마침내 고려의 남경까지 이르게 되었다[然多取百濟地 遂抵高麗南境矣]. 4) 상주, 양주, 강주, 웅주, 전주, 무주, 한주, 삭주, 명주의 9주를 두었다. 주에는 도독이 있어 10군 혹은 20군을 다스렸으며, 군에는 태수가 있고 현에는 소수가 있었다. (『신당서』권220, 신라)

사료 B는 961년에 편찬된 『당회요』, C는 1060년에 편찬된 『신당서』에서의 기술 내용이다. 『삼국사기』의 "고구려남경"에 관한 기사는 『신당서』의 "고려남경"에 관한 기사가 그 전거이다. 하대설은 사료 C3)과 C4)를 같은 시기의 사실로 파악했지만,[34] 기실 C3)은 어조사 '의矣'를 사용하여 문장을 끝맺었다. 그러한 다음 C4)에서는 별도의 사실로서 신라의 9주 설치와 통치조직에 관한 내용을 약술했다. 결국 『삼국사기』는 『신당서』에서 C3)과 C4)로 구분되는 별개의 내용을 하나의 사실로 축약하는 오류를 범했던 것이다.

『신당서』 기사의 원전은 그보다 100년 앞서 편찬된 『당회요』이다. 『당회요』는 송 태조 때에 왕부가 당에서 편찬된 소면의 『회요』와 최현의 『속회요』를 이어서 보완한 것이다.[35] 『회요』는 당 고조부터 덕종(780~804)까지의 사실을 편찬했으므로, 사료 B는 기실 덕종 이전의 기록이었던

---

34 윤경진, 「매초성 전투와 나당전쟁의 종결」 『사림』60, 2017.
35 『宋史』卷249, 王溥.

셈이다. 이럴 경우 곧 설명할 B4)는 『회요』의 편찬 시기와 시간적 거리가 멀지 않은 당대의 사실일 가능성이 크다. 내용 검토를 위해 어조사의 사용으로 문단 구분이 분명해진 사료 C의 독법에 따라 B도 네 단락으로 나누었다.

사료 B2), 3)에서 보듯이 당 고종이 675년에 문무왕의 관작을 복구했을 때, 신라는 이미 백제의 땅을 모두 점유한 결과 고구려의 남경에 미쳤다고 한다. 이때 신라의 영토는 동서로 900리, 남북으로 1,800리에 걸쳐 있었다.[36] 한편 사료 C2), 3)에서도 역시 문무왕의 관작이 복구된 사실을 언급했으며, 신라는 백제 땅을 많이 차지하여 마침내 고려의 남경에 이르렀다고 한다. 여기에서 남경은 고구려의 '남쪽 경역'이기보다 '남쪽 경계'로서 임진강을 가리킨다.[37]

한편 9주 관련의 사료 B4)와 C4)는 B1), 2), 3) 및 C1), 2), 3)과는 별개의 내용이며, 물론 해당 사실의 시기도 달랐다. 신문왕이 5년(685)에 9주를 갖춘 이후, 경덕왕은 16년(757)에 사료에서 보는 바와 같은 명칭으로 한화漢化했다. 따라서 사료 B2), 3)과 C2), 3)이 675년의 사실이라면, B4)와 C4)는 적어도 757년 이후부터 당 덕종 연간 이전에 있었던 사실의 반영인 것이다. 신문왕이 9주를 완비할 당시 한산주는 한강 이남의 관할에 치중했다. 한강 이북의 군현 설치는 성덕왕 34년(735)에 당으로부터 대동강 이남의 영유를 승인받은 이후에 가능했다. 경덕

---

36 여기에 언급된 동서와 남북의 거리는 시종始終의 기준점을 알 수 없다. 다만 10리를 약 3.93km의 근대 이수로 환산한 동서 900리의 353.7km와 남북 1,800리의 707.4km에 근사한 시종 거리들의 대략을 참고로 적어보면 다음과 같다. 동서로는 ① 구룡포–고령–진안–변산반도가 350km, ② 삼척–충주–평택–태안반도가 357km 정도인데, 전자가 방위상의 동서에 더 가깝다. 남북으로는 ① 부산–경주–파주/454km–평양이 694km, ② 해남–서울–철원/503km–영흥이 703km 정도이고, 후자가 방위상의 남북과 거의 일치한다.

37 김영하, 앞의 논문, 2010.

왕(742~764)과 헌덕왕(809~825)은 예성강 연안에서 대동강 남안에 이르는 지역에 14개 군현을 두었고, 선덕왕 3년(782)에는 패강진(평산)을 설치함으로써[38] 서북경의 개척에 수반한 통치조직을 갖출 수 있었던 것이다.

7세기 동아시아 국제전의 일환이었던 나·당 전쟁은 676년의 당군 철수로 끝났다. 신라가 전쟁을 통해 확보한 영토는 "고구려남경" 이남의 백제 땅에 불과했다. 신라가 대야성의 함락 이후 염원하던 바였으며, 신라의 백제통합론이 주목한 전쟁 결과의 골자이기도 했다. 하대설은 사실 이해에서는 신라의 백제통합론에 동의하면서도, "고구려남경"의 해석에서는 차이를 보였다. 그러한 문제점은『신당서』와『삼국사기』의 기사만을 이용했을 뿐, 그 전거인『당회요』를 검토하지 않은 데서 연유했다.

그 하나는 사료 C2)에서 문무왕의 관작 복구와 C3)에서 신라의 백제 땅 점령을 별개의 사실로 파악한 점이다. 675년 문무왕의 관작 복구는 사실상 나·당 전쟁의 종식을 의미하지만, 신라의 백제 땅 점령은 이제까지 수행한 전쟁의 결과에 관한 사후의 총괄로 이해했던 것이다. 이러한 관점에서 신라가 백제 땅을 많이 차지하고도 남아 있던 백제 땅이 "고구려남경"에 해당하며, 신라가 마침내 고구려의 '남쪽 경역'에서 북단인 대동강까지 이르렀던 것으로 해석했다.[39]

이러한 해석은『신당서』기사의 전거인『당회요』의 내용과 맞지 않았다. 사료 B2), 3)은 문무왕의 관작이 복구된 675년 당시에 신라가 이미 백제의 땅을 '모두 차지한[旣盡有]' 것으로 기술함으로써 별개의 사실이

38 이기동, 「신라 하대의 패강진」『한국학보』4, 1976.
39 윤경진, 앞의 논문, 2017.

아니라는 점을 명시하고 있었다. 더구나 신라가 675년에 이미 백제의 땅을 모두 점유한 결과, 백제의 땅에서는 남아 있는 부분이 없이 고구려의 '남쪽 경계'에 이르렀음을 알려주고 있다. 당시 고구려의 남경은 임진강이었으며, 신라는 백제만을 통합했을 뿐이었다.

다른 하나는 사료 C3)과 같은 전과가 총괄될 수 있었던 시기를 당으로부터 대동강 이남의 영유를 승인받은 735년으로 파악한 점이다. 신라의 "고구려남경" 진출이 대동강까지를 백제의 영토로 여기는 근초고왕대의 의식을 활용하여 현실에서 추구한 결과라는 의미이다. 즉, 나·당 전쟁과 직접 관련된 사실이 아니라, 백제의 선험적 영토의식에 따라 신라가 전후에 실현시킨 사실로 이해했던 것이다. 이에 하대설은 나·당 전쟁이 종전을 맞을 때까지 거둔 신라의 전과를 따로 검토하지 않을 수 없었다. 효소왕이 694년에 축조한 우잠성과 송악성을 당과의 전쟁 중에 확보했던 지역을 영토로 확정하기 위한 경계선으로 파악했던 것이다.[40]

그러나 이와 같은 해석은 당시 지방, 군사, 제사 제도의 운영 실제와 맞지 않았다. 신문왕대의 9주제 하에서 한산주(하남)는 앞에서도 보았듯이 한강 이남의 관할에 치중했다. 10정제 하에서 한산주의 전략적 중요성을 감안하여 두 곳에 설치된 남천정(이천)과 골내근정(여주)도 역시 한강 이남의 방어에 주력했다. 이러한 맥락에서 성덕왕이 17년(718)에 한산주도독의 관내에 쌓았다는 성들도 주로 임진강 이남에 위치했을 것으로 추측된다.

또한 신문왕 5년(685) 이후부터 성덕왕 34년(735) 이전까지 정비된 명산대천 제사의 대, 중, 소사에서 서북단은 소사의 겸악(파주)이고, 동북단은 중사의 웅곡악(안변)이었다. 모든 제사의 소재지는 임진강과 북

---

40 윤경진, 앞의 논문, 2017.

한강의 이남 지역에 배정되었던 것이다.[41] 이처럼 신라 중대의 각종 제도는 임진강 이남을 대상으로 운영되었고, 위의 두 성은 그 이북으로의 진출을 도모하는 과정에서 축조된 교두보일 수 있었다. 이럴 경우 효소왕대(692~701)에 동북경인 비열홀(안변)에서의 축성[42]과 더불어 서북경에서의 축성은 신라의 백제통합을 알려주는 또 다른 근거일 따름이다.

이상에서 "고구려남경"을 둘러싼 하대설과 중대설의 차이를 확인했다. 양자의 차이는 『당회요』를 사료로 이용했는가의 여부에 따라 갈렸다. 하대설은 『신당서』 기사의 전거인 『당회요』를 논증 과정에서 이용하지 않음으로써 사실 해석에서 착오가 있었다. 신라는 675년 당시에 이미 백제의 땅을 모두 차지함으로써 백제통합을 이루고 고구려의 '남쪽 경계'에 해당하는 임진강을 서북방의 경계로 삼았다. 그런 연후에 우잠성과 송악성 같은 교두보의 축조를 통해 임진강 이북으로의 진출을 모색했던 것이다.

3) 일통삼한의식의 전개

가. 중대의 형성과 확산

신라에서 7세기 동아시아의 국제전은 백제통합으로 귀결되었다. 비록 삼국통일은 아닐지라도, 중대 왕실은 넓어진 영역과 늘어난 인민의 지배에 관심을 쏟지 않을 수 없었다. 그것은 전후의 수습이라는 현실적

---

41 채미하, 『신라 국가제사와 왕권』, 혜안, 2008.
42 『三國史記』卷35, 朔庭郡.

요구와 여·제의 멸망에 따른 통합정책의 필요에서 연유했다. 9주는 천하 자체를 의미하는 중국적 관념이었지만, 그것을 신라적인 것으로 윤색할 이념적 장치가 일통삼한이었다. 9주를 과거의 삼국에 균분하는 작위적 중앙집권화에 수반한 일통삼한의식의 형성에는 일정한 절차가 남았던 것이다. 이에 앞서 개인적 차원에서의 일통삼한의식을 살펴보기로 한다.

함형 4년(673), 6월에 대왕이 친히 찾아가 위문하였다. (중략) 유신이 대답하기를, "신이 우매하고 불초하니 어찌 국가에 유익했다고 할 수 있겠습니까? 다행스럽게도 밝으신 성상聖上께서 써서 의심하지 않으시고 맡겨서도 의심하지 않았기[用之不疑 任之勿貳] 때문에 대왕의 현명함에 의지하여 조그만 공을 이루었던 것입니다. 삼한이 한집안이 되고 백성이 두 마음을 갖지 아니하니[三韓爲一家 百姓無二心] 비록 태평에는 이르지 못하였더라도 또한 소강이라고는 말할 수 있습니다(후략)"라고 하니, 왕이 울면서 받아들였다. 가을 7월 1일에 유신이 사제私第의 정침에서 죽으니 향년 79세였다. (『삼국사기』권43, 김유신 하)

김유신이 문병 차 방문한 문무왕에게 자신이 공을 이룰 수 있었던 배경과 향후 치국의 요체를 건의한 내용이다. 이에 대해 하대설은 두 가지 의문점을 들어 후대에 조작된 사실로 보았다. 그 하나는 "용지불의用之不疑 임지물이任之勿貳"는 『서경』 대우모편에서 "임현물이任賢勿貳 거사물의去邪勿疑"의 직접 반영이므로, 평생 무장으로 활동한 김유신이 거론할 수 없는 내용이라고 단정했다.[43] 여기에서 『서경』의 인용 여부에 대

---

43 윤경진, 「신라 중대 태종(무열왕) 시호의 추상과 재해석」『한국사학보』53, 2013b.

한 판단은 유보하기로 한다. 다만 군신간의 기본 덕목에 관한 일반적인 내용이므로, 김유신이 언급을 못할 정도는 아니었다. 신라에서 널리 읽힌 『논어』에서는 인군과 신하는 서로 예와 충을 매개한 쌍무적 관계로 규정하고 있었기 때문이다.[44] 더구나 〈임신서기석〉(612)에는 두 명의 화랑이 611년에 『서경』을 비롯한 유가 경전을 3년에 걸쳐 학습하기를 하늘에 맹서한 내용이 나온다.[45] 595년에 출생한 귀족 가문 출신의 화랑 김유신도 『서경』을 습득했을 가능성이 매우 크다.

다른 하나는 김유신이 "삼한위일가三韓爲一家 백성무이심百姓無二心"을 자신의 공으로 평가했는데, 신하인 김유신이 군주인 문무왕에게 말할 수 있는 내용이 아니라는 지적이다.[46] 그러나 김유신은 김춘추를 도와 중대 왕실을 개창한 원훈인데다. 문무왕과의 관계에서는 현실의 군신보다 생질과 외숙이라는 혈연이 우선하고 있었다. 이러한 이중의 관계 위에서 죽음을 앞둔 노신이 젊은 군주에게 못할 말은 아니라고 생각된다. 문무왕이 울면서 건의를 가납한 이유이다. 더구나 고구려의 왕통을 계승한 안승의 보덕국과 고구려 고지를 지배하는 안동도호부의 존재를 감안하면, "삼한위일가 백성무이심"은 백제만을 통합한 당시 신라의 현실을 반영한 것이었다.

김장청이 가문의 위상 회복을 위해 김유신의 『행록行錄』을 과장하여 편찬했던 시기는 김유신에 대한 신원이 이루어진 혜공왕대 이후일 것인데,[47] 이때는 이미 삼한이 곧 삼국을 가리키는 이른바 '일통삼한'의 의식이 형성된 신문왕대로부터 한참 뒤였다. 그럼에도 불구하고 더 큰 공적

---

44 김영하, 앞의 책, 2007.

45 〈壬申誓記石〉. "又別先辛未年七月卄日大誓詩尙書禮傳得誓三年."

46 윤경진, 앞의 논문, 2013b.

47 김영하, 앞의 논문, 2010.

인 '일통삼한'으로 현창하지 않고 굳이 '삼한일가'로 기술한 것은, 김유신 자신이 아직 삼한을 삼국으로 인식하지 않았던 사실을 직서한 것일 수도 있다.[48]

삼한은 『삼국지』 위서 동이전에서 한반도 남부의 세 종족을 가리키며, 수와 당이 삼국을 지칭할 때의 용어이기도 했다.[49] 그러나 신라가 삼한을 인식하게 된 유의미한 계기의 하나로는 역시 『진서』의 전래를 주목하지 않을 수 없다. 고구려를 열전에 포함시키지 않은 『진서』의 삼한 인식이 신라 조야에 상당한 영향을 미쳤을 것이기 때문이다. 그러한 까닭에 무열왕과 함께 백제 원정에 참전했던 김유신은 자신의 공을 "삼한위일가 백성무이심"으로 자부했고,[50] 김유신의 입장에서 고구려를 아직 통합하지 못한 신라의 상황은 태평이기보다 소강일 수밖에 없었다.

신라는 여·제의 멸망을 평정으로 기술할 뿐 일통으로 인식하지는 않았다. 일통삼한을 의식하고 여·제를 평정했더라면 전후에 거행된 일련의 왕실 의식儀式에서도 당연히 표출되었을 것이다.[51] 그러나 그렇지 않았기 때문에 중대 왕실은 현실의 통합정책을 위해 일통삼한을 국가적 의제로 새삼 설정하지 않을 수 없었다. 개인의 차원을 넘어 귀족들도 일통삼한의식을 공유하기 위해서는 공식적인 절차가 필요했다. 그런 기회는 뜻밖에 외부로부터 제공되었다.

---

48 이와 관련하여 노태돈은 당시 김유신이 삼국을 삼한으로 인식할 수 있었더라도, 김장청이 부풀린 『행록』을 다시 산삭하여 편찬한 김유신 열전의 내용이기 때문에 그 사료적 가치에 대해서는 회의적이었다(앞의 논문, 1982).

49 노태돈, 앞의 논문, 1982.

50 『삼국사기』 권7, 문무왕 11년조의 「답설인귀서」에서 보다시피 문무왕도 '일가一家'로 삼을 대상으로 백제를 지목한 바 있었고, 『삼국사기』 권43, 김유신 열전에 의하면 문무왕은 나라를 지키는 '수국守國'을 명분으로 김유신을 고구려 원정에 참전시키지 않았다고 한다. 이러한 의미에서 김유신은 실제로 백제통합만을 자신의 공으로 언급할 수밖에 없는 처지이기도 했다.

51 김영하, 앞의 논문, 2010.

신문왕 12년(692), 봄에 대나무가 말랐다. 당 중종이 사신을 보내 구칙口勅하기를, "우리나라 태종문황제太宗文皇帝는 신성한 공덕이 천고에 뛰어났으므로 붕어하던 날[上僊之日]에 태종을 묘호廟號로 삼았다. 너희 나라 선왕 김춘추가 태종과 같은 묘호를 사용한 것은 매우 참람한 일이니 급히 고치라"고 하였다. 왕과 군신이 함께 의논하여 대답하기를, "소국의 선왕 춘추의 시호諡號가 우연히 성조聖祖의 묘호를 범하게 되어 칙명으로 그것을 고치라 하니, 신이 감히 따르지 않을 수 있겠는가? 그러나 생각하건대 선왕 춘추는 자못 현덕賢德이 있었으며 하물며 생전에 양신良臣 김유신金庾信을 얻어 한마음으로 정치하여 삼한을 일통하였으니[同心爲政 一統三韓], 그 공업이 적다고 할 수 없다. 이에 별세하던 때[捐館之際]에 온 나라의 신민이 애달픔을 이기지 못하여 추존한 시호가 성조의 묘호를 범함을 깨닫지 못하였다. 지금 일깨우는 칙명을 들으니 두려움을 이기지 못하겠다. 사신은 궐정에서 복명할 때 이대로 아뢰기를 바란다"라고 하였다. (『삼국사기』권8)

당은 678년에 장문관의 건의로 신라에 대한 재원정마저 포기한[52] 이후 신라를 견제하기 위해 부심했다. 태종 시호의 시비도 신라 조정의 분열을 획책하고 속박하기 위한 수단에 다름 아니었을 것이다. 이러한 외교적 난제에 봉착한 신문왕은 김유신계와의 내적 결속을 강화하고 문무왕대에 멸망한 고구려까지 '일통삼한'에 포함시켜 무열왕의 공업으로 소급함으로써[53] 공식화의 효과를 한층 높일 수 있었다. 효소왕 2년(693)에 기존의 장창당을 비금서당으로 개편한[54] 9서당의 완비는 일통삼한의식

---

52 『資治通鑑』卷202, 高宗 儀鳳 3年.
53 김영하, 앞의 논문, 2010.
54 『三國史記』卷40, 職官 下. "九誓幢 (中略) 四曰緋衿誓幢 文武王十二年始置長槍幢 孝昭王二年 改爲緋衿誓幢."

의 정비에 따른 제도적 조치의 완료에 다름 아니었다. 이러한 관점에서 〈청주운천동사적비〉의 건립 시기로 이해했던 수공 2년(686)은 기실 사찰의 창건 시기를 가리키며, 사적비의 건립은 역시 일통삼한의식이 확립된 692년 이후일 가능성이 크다. 한편 하대설은 일단 위 사료의 내용을 이해함에 있어서, 원성왕의 즉위로 무열왕계가 단절됨으로써 가문의 위기를 느낀 김장청이 5대조 김유신의 공을 부풀려서 편찬한 『행록』에 근거한 것으로 전제했다.[55] 그런 연후에 제기한 다음의 세 가지 문제에 관해 검토하기로 한다.

첫째, 위의 내용은 그 사실이 실재하지 않는 허구라는 주장이다. 하대설은 일통삼한의식의 중대 형성을 부정하기 위해 위의 내용을 『행록』에 따른 조작으로 보았다.[56] 효소왕이 즉위했을 때 측천무후의 책봉 사신이 왔음을 고려하면, 신문왕 말년에 있었던 시호 시비의 사신은 사실로 인정될 수 없다고 한다. 한 해에 두 차례의 사신 파견은 사실상 불가능하다는 것이 주요 이유였다.[57] 그러나 효소왕 책봉사는 예상 불가한 신문왕의 죽음에 따른 것이므로, 시호 시비사와의 시차를 따지는 것은 무의미하다. 실제로 정기적인 책봉사 이외에도 현안에 따른 부정기적인 사신 파견이 없지 않았기 때문이다.[58] 다만 당시는 684년에 당의 중

---

55 윤경진, 앞의 논문, 2013b.

56 윤경진, 앞의 논문, 2013b; 「신라 태종(무열왕) 시호 논변에 대한 자료적 검토」 『역사와 실학』 51, 2013c.

57 윤경진, 앞의 논문, 2013c.

58 『삼국사기』 권6, 문무왕 5년조에 따르면, 이찬 문왕이 죽자 당 고종은 665년에 조문사를 보낸 것으로 나온다. 이들은 『삼국사기』 권43, 김유신 열전에서 그와 같은 해에 김유신을 '봉상정경 평양군개국공 식읍이천호'에 책봉하는 임무도 띠었던 양동벽과 임지고일 것으로 추측된다. 또한 『삼국유사』 권2, 문호왕법민조에 의하면 문무왕이 당으로부터 입은 일통삼국의 은혜를 갚기 위해 천왕사를 짓고 황제의 장수를 축원하는 법석을 열었다는 소문을 듣고, 당 고종이 이를 확인하기 위해 예부시랑 낙붕구를 보내기도 했다.

종을 폐위시키고 주周를 세운 측천무후의 치세였으므로, 구칙의 주체와 관련한 합리적 해석이 필요하다. 이에 대해서는 사료의 내용과 같이 중종대의 사실로 보거나[59] 고종대의 사실로 고쳐보는[60] 시기 조정에 관한 견해와, 중종을 측천무후로 바꾸거나[61] 측천무후를 중종으로 바꾸었다는[62] 인물 조정에 관한 견해가 있었다.

김부식은 한의 여치呂雉와 당의 무조武曌의 사례를 거론한 다음, 양기는 강건하고 음기는 유약하다는 남존여비의 논리로 선덕여왕을 폄하한 바 있었다.[63] 그는 여왕의 존재를 근본적으로 인정하고 싶지 않았던 것 같다. 선덕여왕은 물론이고, 측천무후도 마찬가지였다. 이러한 인식에서 춘추필법의 명분으로 측천무후를 중종으로 바꾸는 것은 불가능하지 않았을 것으로 추측된다.[64] 그러한 까닭에 효소왕에 대한 책봉사 파견과 같은 연대기에서도 주周가 아닌 당唐의 측천무후, 즉 '당 측천'[65]으로

---

59 金子修一, 「중국의 입장에서 본 삼국통일」, 『한국고대사연구』23, 2001.

60 『三國遺事』卷1, 太宗春秋公.

61 『東國通鑑』卷9, 神文王 12年;『東史綱目』第4 下, 神文王 12年.

62 김영하, 앞의 논문, 2010.

63 『三國史記』卷5, 善德王 16年, 論.

64 『자치통감』은 684년에 주周가 성립된 이후에도 측천무후를 '상上'이 아니라 '태후太后'로 표현하고 있었다. 이러한 『자치통감』의 필법에서 주의 측천무후는 단지 폐위된 당의 황제 중종의 모후일 수밖에 없는데, 그와 같은 인식은 중종이 705년에 당의 황제로 복위했기 때문에 더욱 그러했을 수 있다. 만약 『자치통감』의 측천무후에 대한 인식이 김부식의 『삼국사기』 편찬에 영향을 미쳤다면, 구칙의 주체를 측천무후에서 복위한 중종을 준거로 삼아 소급시켜 바꾸는 일이 어렵지는 않았을 것이다. 실제 김부식은 『삼국사기』를 편찬하면서 『자치통감』으로부터 주요 기사들을 자주 인용할 정도로 중시하고 있었기 때문이다. 한편 고려 유학자들의 여왕에 대한 부정적 인식은 이제현의 경우에 보다 분명하다. 그는 『사기』와 『한서』에 여태후 본기와 고후기를 넣은 것과, 『신당서』 본기에 측천순성무황후를 실은 것을 비판했다. 이 중에서 당을 없애고 주를 칭한 다음 종사를 세우고 연호를 정한 측천무후가 더 흉악하다고 보고, 『춘추』가 노의 소공昭公이 계씨에게 쫓겨나 진의 건후乾侯에 있을 때에도 소공의 연호를 그대로 사용한 사실을 들어 중종의 폐위 이후도 그와 다를 바 없다고 피력하기도 했다(『益齋亂藁』卷3, 詩, 則天陵).

65 『三國史記』卷8, 孝昭王 卽位年.

표현했던 것이다.

둘째, 태종 시호는 문무왕대의 추존이 아니라 신문왕대의 추상이라는 지적이다. 하대설은 신문왕 7년(687)에 5묘제의 정비에 맞추어 왕통의 명분을 보완하기 위해 일통삼한의 공업과는 무관하게 태종 시호를 추상한 것으로 파악했다.[66] 그러나 당은 당 태종의 묘호와 같기 때문에 참월함을 지적했고, 신라는 무열왕의 시호 추존이 당 태종의 묘호에 저촉됨을 깨닫지 못한 것으로 응대했다. 당은 예제로서 묘호를 물은 데 대해, 신라는 공업에 따른 시호로 답함으로써 시비의 초점이 달라졌다. 신라가 예제에 대해 무지한 것이 아니라면 외교적인 임기응변이었는지, 실제로 묘호가 아닌 시호로 사용했는지에 대한 판단은 쉽지 않다. 신라가 아직 종묘를 갖추지 못했던 당시의 사정을 감안하면, 무열왕계의 시조로서 추존한 시호일 가능성도 없지 않다.[67] 당이 더 이상 거론하지 않은 배경일지도 모른다.

추존 시기는 '연관지제捐館之際'에서 보다시피 무열왕이 죽고 문무왕이 즉위한 때였다. 〈무열왕릉비〉의 '태종무열대왕지비太宗武烈大王之碑'와 〈문무왕릉비〉(682)의 '□□국신라문무왕릉지비□□國新羅文武王陵之碑'는 각각 비액과 제기로서 형식이 다르고, 그 내용에서도 '대왕'과 '왕' 및 결자 부분에 해당할 '대당大唐'의 유무와 같은 표현의 차이가 있다.

---

66 윤경진, 앞의 논문, 2013b.

67 『삼국사기』권8, 신문왕 6년조에 의하면 신라는 이해에 당으로부터 『길흉요례』를 들여온 것으로 나오고, 그 다음해인 7년조에는 조묘祖廟에서 태조, 진지, 문흥, 태종, 문무대왕의 5묘에 대한 제사를 봉행하고 있었다. 여기의 태조대왕이 〈진흥대왕순수비〉에 나오는 김씨 왕계의 시조인 '태조太祖'와 같은 인물이라면, 진지대왕은 중고기의 관행에 따른 생시의 왕명이고 문흥대왕은 김용춘에 대한 추봉 시호이다. 이러한 관점에서 태종은 태조의 의미와 대등한 무열왕계의 시조라는 뜻에서 김춘추에 한정된 시호일 가능성이 크다.

'대당'의 표현이 없고 법흥왕 이래의 '대왕'[68]이 사용된 〈무열왕릉비〉 자체가 이미 당에 대한 자주적 입장을 암시하고 있었다. 그러한 시기는 아무래도 나·당 전쟁 이전일 수밖에 없다. 태종 시호가 문무왕의 즉위 초에 추존되었을 것이므로, 무열왕에게 아직 고구려를 포함하는 일통삼한의 공업을 부회할 수는 없었을 것이다. 태종 시호의 시비 과정에서 표방한 신라의 일통삼한에 내포될 고구려는 문무왕 8년(668)에 멸망했기 때문이다.

또한 하대설은 687년 태종 시호의 추상에 따라 〈무열왕릉비〉의 개비改碑와 함께 〈문무왕릉비〉도 세워졌을 가능성을 제기했다.[69] 경덕왕이 〈성덕왕비〉를 즉위 초가 아니라 그 13년(754)에 세운 사실을 근거로 들었다. 그러나 〈문무왕릉비〉는 비문에서 건립일로 나오는 25일의 일진인 병진[景辰]에 의거하여 대체로 신문왕 2년(682) 7월 25일 병진에 세워진 것으로 보고 있다.[70] 만일 〈무열왕릉비〉가 신문왕대에 개비되었다면 비액은 〈문무왕릉비〉의 제기와 같이 예제의 제약을 받았을 것이며, 〈성덕왕비〉의 경우보다 중대사였을 신문왕대의 〈무열왕릉비〉 개비와 즉위 초의 관행에서 벗어난 〈문무왕릉비〉 건립은 더욱 기록으로 남았을 가능성이 크다.

셋째, 일통삼한의식은 신라 중대에 형성되지 않았다는 주장이다. 하대설은 입증할 금석문 자료의 부재를 근거로 일통삼한의식의 중대 성립을 부정했다.[71] 그러나 전승은 금석문으로만 이루어지는 것이 아니다. 구비口碑도 사실 전승의 주요 수단의 하나이다. 오히려 문자 해독이 어

68 김영하, 「삼국시대의 왕과 권력구조」 『한국사학보』12, 2002.

69 윤경진, 「신라 통일기 금석문에 나타난 천하관과 역사의식」 『사림』49, 2014.

70 김창호, 「영천 청제비 貞元十四年銘의 검토」 『한국사연구』43, 1983.

71 윤경진, 앞의 논문, 2014.

려운 민간에서의 전승이기 때문에 일통삼한의식의 저변 확대를 살피는 데 있어서 더욱 중요하다.

경성의 동북 25리 부근 암곡촌 북쪽에 무장사鍪藏寺가 있다. 제38대 원성 대왕의 부친인 대아간大阿干 효양孝讓, 곧 추봉追封 명덕대왕明德大王이 숙부 파진찬을 추숭하여 세웠다. (중략) 언전諺傳에 태종이 통삼統三한 이후 병기와 투구를 골짜기에 갈무리하였으므로, 그로 인해 (무장사로) 이름을 지었다고 한 다. (『삼국유사』권3, 무장사미타전)

위의 내용은 무장사의 창건 사실과 사명의 유래를 전하고 있다. 대아 찬 효양이 원성왕의 즉위로 인한 추봉 이전에 절을 세웠을 것이므로, 그 시기는 중대 말로 추측된다. 절 이름은 태종무열왕이 '통삼統三'하고 무 장을 갈무리한 데서 연유했다고 한다. 잘 알다시피 신라가 고구려까지 멸망시킨 것은 문무왕 때의 일이고, 일통삼한을 무열왕의 공업으로 여 기는 공사 간의 의식은 신문왕대에 정리되었다. 이러한 의식이 왕실과 귀족은 물론 민간까지 확산되어 무장사 사명의 유래로서 '항간에 전하 는 말[諺傳]'로 전해지고 있었던 것이다.

이러한 배경에서 혜공왕은 5묘제를 처음으로 정할 수 있었다.[72] 5묘 제는 사실상 신문왕대 이래 관행되고 있었다. 여기에서 처음으로 정했 다는 것은 혜공왕 12년(776)에 있었던 개정에 다름 아니다.[73] 개정의 목 적은 미추왕을 시조로 삼고 태종대왕과 문무대왕을 불천위로 제도화하

---

[72] 『三國史記』卷32, 祭祀. "至第三十六代惠恭王 始定五廟 以味鄒王爲金姓始祖 以太宗大王 文武大王平百濟高句麗有大功德 並爲世世不毀之宗 兼親廟爲五廟."

[73] 채미하, 앞의 책.

는 데 있었다. 불천위의 명분이 여·제 평정이었던 바, 그와 같은 공업을 무열왕으로 소급시킨 것은 신문왕대에 일통삼한의식의 공식화 이외에 달리 찾기 어렵다. 즉위 초에 대공과 대렴의 반란을 겪은[74] 혜공왕은 5묘제의 개정을 통해 무열왕의 공업을 다시 한 번 환기시킴으로써 중대 왕권의 안정화를 도모했던 것이다.

　신라 하대의 원성왕계도 태종대왕과 문무대왕 2묘의 불천위 제사를 묵수했다. 무열왕계의 반발에 대한 정치적 고려 이외에도 중대 이래의 일통삼한의식에 공감했기 때문일 것이다. 애장왕이 비로소 원성왕 직계의 5묘제를 실시하면서 태종대왕과 문무대왕의 2묘는 따로 세워 옮겼다.[75] 원성왕계의 안정과 예제에 대한 이해의 심화로 5묘제 내의 불천위일 수는 없었지만, 별묘別廟로 옮겨두지 않을 수 없었던 조치는 일통삼한의식의 영향으로부터 자유롭지 못한 결과였을 것이다. 이러한 사실은 모두 하대설이 일통삼한의식의 형성과 확립 시기로 주목한 신무·문성왕대와 경문왕대 이전에 있었다.

나. 하대의 균열과 굴절

　하대설은, 일통삼한의식이 흥덕왕대의 배경,[76] 신무·문성왕대의 형성,[77] 경문왕대의 확립[78] 과정을 거친 것으로 보았다. 이러한 논지는 고

74　『三國史記』卷9, 惠恭王 4年.

75　『三國史記』卷10, 哀莊王 2年. "春二月 謁始祖廟 別立太宗大王 文武大王二廟 以始祖大王 及王高祖明德大王 曾祖元聖大王 皇祖惠忠大王 皇考昭聖大王爲五廟."

76　윤경진, 「신라 흥덕왕대 체제 정비와 김유신 추봉」 『사림』52, 2015b.

77　윤경진, 「신라 신무·문성왕대의 정치 변동과 삼한일통의식의 출현」 『신라문화』46, 2015c.

78　윤경진, 앞의 논문, 2015a.

려 태조의 후삼국통일을 일통삼한으로 해석하기[79] 위한 전제이기도 했다. 사료 해석과 논증 과정에 전적으로 동의하는 것은 아니지만, 중대설은 하대의 형성과 확립에 관한 논지를 나말의 분열 상황에서 과거에 대한 기억의 소환으로 이해하는 입장이다. 여기에서 오히려 주목하고 싶은 사실은, 귀족 세력의 분열과 지방 세력의 분립으로 인해 기존의 일통삼한의식을 환기하지 않을 수 없을 정도로 중앙집권체제를 뒷받침하던 일통삼한의 이념 자체가 균열을 보인 점이다.

역사에서 현실과 의식의 관계는 상호 규정적이다. 의식은 현실의 일정한 반영이고, 현실이 의식에 의해 역으로 규정되기도 한다. 일통삼한의식은 신문왕대에 있었던 정치와 외교 과정의 산물로서 역사적 사실과는 괴리를 보인 허위의식이었지만, 그럴 필요가 있을 만큼 신문왕대 이후의 현실에서 통합정책을 추진하기 위한 이념으로서의 성격도 없지 않았다.[80] 그러나 일통삼한의식으로 규정되던 현실에 균열이 발생하면, 그때 의식은 굴절을 겪을 수밖에 없다. 신라 말의 혼란한 현실이 전대의 역사를 재인식할 기회를 제공했기 때문이다.

먼저 일통삼한의식의 환기에 관한 것이다. 박거물은 〈황룡사구층목탑사리함기〉(872)에서, 황룡사에 9층탑을 세운 결과 삼한을 합하여 한 집안으로 만드니 군신이 안락하여 지금까지도 탑에 의지하고 있다는 사실을 피력했다.[81] 또한 김영은 〈월광사원랑선사탑비〉(890)에서, 옛적에 태종대왕이 백성들이 도탄에 빠진 것을 비통하게 여겨 삼한에서 전쟁을 그치게 하고 일통을 이룸으로써 나라를 평안하게 다스렸을 때의 일

---

79 윤경진, 「고려의 삼한일통의식과 '開國' 인식」 『한국문화』74, 2016b.

80 김영하, 앞의 논문, 2010.

81 〈皇龍寺九層木塔舍利函記〉. "果合三韓 以爲 □□ 君臣安樂 至今賴之."

을 환기시키고 있었다.[82] 한편 같은 나말의 현실에서 의식의 균열 조짐도 나타났다. 다음은 일통삼한의식의 균열에 관한 것이다.

D1) 옛날에 우리나라가 솥발과 같이 세 나라로 대치하고 있을 때 백제에는 소도蘇塗의 의식儀式이 있었으니, 이것은 한에서 감천궁甘泉宮의 금인金人에 대한 제사와 같았다. 그 뒤 서진의 담시가 처음 맥貊의 땅으로 간[西晉曇始始之貊] 것은, 마치 섭마등攝摩騰이 동쪽의 후한後漢으로 들어온 것과 같았다. 구려의 아도阿度가 우리 신라로 건너온[句驪阿度度于我] 것은, 강승회康僧會가 남쪽의 오吳로 간 것과 같았다. (중략) 과연 크게 싸워서 재앙을 없애고 무기를 거두어 경사를 칭송하니, 옛날의 작았던 세 나라가 이제는 장하게도 한 집안이 되었다[昔之蕞爾三國 今也壯哉一家]. (중략) 불교가 일어남에 있어서 비바사론이 먼저 이르자 사군四郡이 사제四諦의 법륜을 굴렸고, 마하연교가 뒤에 오자 일국一國이 일승一乘의 거울로 빛났다[毗婆娑先至 則四郡驅四諦之輪 摩訶衍後來 則一國耀一乘之鏡]. (《봉암사지증대사탑비》)

2) 그 무렵 시절은 액운을 만났고 세상은 몽매했으므로 재앙을 나타낼 별은 삼한三韓을 길게 비추고 독기를 머금은 이슬이 항상 사군四郡에 깔려 있었는데[災星長照於三韓 毒露常鋪於四郡], 하물며 바위 골짜기에 계책도 없이 숨어만 있었겠는가. (《태자사낭공대사백월서운탑비》)

위의 사료 D1)은 최치원이 893년에 고구려와 신라의 불법 전래와 그 공덕에 관해 찬술한 내용이다. 백제의 소도 의식과 한의 감천궁 금인 제

---

82 〈月光寺圓郎禪師塔碑〉. "我太宗大王 痛黔黎之塗□ □□海之□□ 止戈三韓之年 垂衣一統之日 被□□□之□ 永除□□之災 別封此山 表元勳也."

사, 서진 담시의 맥[83]과 섭마등의 후한에 대한 전법, 고구려 아도의 신
라와 강승회의 오에 대한 전법, 사군에 전해진 비바사론/고집멸도苦集
滅道 사제의 법륜과 일국에 전해진 마하연교/화엄 일승의 거울 등이 대
구를 이루고 있다. 이러한 불법의 공덕으로 기존에 정족같이 대치하던
삼국이 한집안이 된 사실을 장하게 여겼던 것이다.

다시 말하면 세 나라가 신라에 의해 '삼국일가'의 한 왕가로 되었지
만, 소도 의식이 거행된 삼한 지역의 백제에 대해 불법을 처음으로 받아
들인 고구려를 사군으로 환기시키고 있었다. 여기에는 고구려로부터 불
법이 전해지기 이전의 신라도 역시 삼한 지역에서 소도 의식을 거행한
사실을 전제하고 있었다. 한 무제가 설치한 이래 중국사의 범주로 취급
되던 사군에 대한 의식의 촉발이었던 것이다. 신라가 고구려 포함의 일
통삼한을 이루고 그 공업의 주체로서 태종무열왕을 추숭하던 의식과는
사뭇 다른 경향이었다.

최치원 자신이 태어난 신라의 '아我'와 '일국一國'에 대해, 아도가 떠나
온 고구려는 '맥貊'과 '사군四郡'으로 인식되었다. 일통삼한의식의 제약
과는 달리 고구려를 사군으로 지칭한 최치원은 자신도 사군의 한미한
집안 출신이라고 밝히거나,[84] 당 소종에게 올리기 위해 대신 작성한 표
문에서는 효공왕마저 사군에 기거하는 것으로 표현하기도 했다.[85] 한편
사료 D2)는 최인연이 916~917년 이후에 찬술한 것으로 추정되는데,
나말의 혼란상에서 삼한과 더불어 사군도 예외가 아닌 것으로 병칭하고

---

83 『梁高僧傳』卷10, 宋僞魏長安釋曇始.
　　이에 따르면 담시가 진의 효무제 태원 말년(395)에 경률 수십 부를 가지고 요동으로 가서 교화
　　한 것이 고구려에 불법을 전한 시초라고 한다.
84 최치원, 이상현 옮김, 「양양 이 상공에게 관급을 사양하겠다고 올린 계문」 『고운집』, 한국고전
　　번역원, 2009.
85 최치원, 이상현 옮김, 「사은표」, 앞의 책.

있었다. 삼한과 동일 공간을 지칭할 경우 상충할 수밖에 없는 사군에 대한 의식이 대두했던 것이다.

최치원과 최인연(언위)은 견훤을 위해 태조 왕건에게 보내는 격서를 지은[86] 최승우와 함께 당에서 급제하고 돌아와 당대를 풍미한 이른바 '삼최三崔'였다.[87] 이들은 당에서 신라의 역사에 대한 새로운 사실들을 인지했을 개연성이 다분했다. 최치원은 태종문무성황제의 『실록』에서 정관 원년(627)에 있었던 파진악破陣樂 관련의 기사를 읽었다고 했으므로,[88] 김춘추가 당 태종으로부터 받은 『진서』는 물론 각종 제도를 편집한 『회요』도 읽었을 것이다. 이를 통해 일통삼한의식의 허위성을 간파한 결과, 당이 여·제 공멸을 주도하고 신라는 조력한 데 지나지 않는 것으로 인식할 수 있었다.[89] 최치원과 유사한 경력의 최언위의 인식 경향도 다를 바 없었을 것이다.

또한 이들은 6두품 출신의 수재로서 당에서 문명을 떨치고 관료로 복무했다. 10대 때부터 당에서 장기간 체류함으로써 신라인으로서의 정체성도 희박했다. 당에서 국제인과 경계인으로서 경험한 개방성은 골품

---

86 『三國史記』卷46, 薛聰.

87 〈太子寺郞空大師白月栖雲塔碑〉後記. "其仁渷者 辰韓茂族人也 人所謂一代三崔 金榜題廻 曰崔致遠 曰崔仁渷 曰崔承祐 於中人也."

88 최치원, 이상현 옮김, 「숙위하는 학생과 수령 등을 차견하여 입조하게 한 장문」, 앞의 책.
한편 『자치통감』권192, 태종 정관 원년조에서 보다시피 당 태종이 실제로 군신들에게 연회를 베풀고 자신의 전공과 관련한 진왕파진악秦王破陣樂을 연주했던 날은 정월 3일 정해일이었다.

89 최치원, 이상현 옮김, 「태사 시중에게 올린 장문」, 앞의 책.
여기에서 삼한, 즉 삼국에서 마한을 고구려에 비정한 것은 신문왕대 이후의 일통삼한의식을 따랐더라도, 여·제 평정의 주체는 당으로 파악하고 있었다. 한편 890년 이후에 찬술되었을 〈성주사낭혜화상탑비〉에서는 낭혜화상의 8대조인 태종무열왕이 여·제를 평정한 것으로 기술하고 있었다. 여·제 평정의 주체에 대한 최치원의 이중적 인식은 경계인으로서의 정체성이 드러난 사례이겠지만, 후자는 당을 도와 여·제를 평정한 신라의 역할에 주목한 결과일 수도 있다.

이 세습되는 신라의 폐쇄성과는 이질적인 것이었다. 최치원은 진성왕의 양위讓位와 효공왕의 사위嗣位 사정을 대작한 표문에서 서술한 것과 같은 나말의 내우외환에서[90] 망조를 예감했을 것이며, 신라가 망하자 최언위는 고려에 귀부하여 문한을 관장하기에 이르렀다.[91] 이들의 사군에 대한 의식은 현실에서도 나타났다.

> 태조 원년(918), 조서를 내려 말하기를, "전주前主가 사군四郡이 흙 무너지는 것과 같은 때를 맞아 도적떼를 제거하고 점차 영토를 넓혔으나, 아직 해내海內를 아우르는 데는 미치지 못하였다[前主當四郡土崩之時 剗除寇賊 漸拓封疆 未及兼幷海內](후략)"라고 하였다. (『고려사』 권1)

왕건이 태봉의 궁예를 축출한 뒤 내린 조서의 일부이다. 고구려 고지에서 건국한 궁예는 901년에 그 부흥을 표방하고 고려를 국호로 삼았다.[92] 그는 혼란에 빠진 사군 지역을 점차 확보했으나, 해내는 아직 아우르지 못했다고 한다. 이러한 내용은 905년에 대동강 유역에 패서 13진을 분정하고 신라를 아우르고자 할[93] 때의 상황을 반영한 것으로 추측된다. 하대설에서 해내는 사해四海에 의해 형성되는 천하로서 고려에서 형성된 관념이며, 고구려의 계승자로서 고려 태조는 역사적 당위로서의 일통삼한의식에 따라 후삼국을 아우르고 통일 왕조를 수립

---

90 최치원, 이상현 옮김, 「양위표」, 앞의 책; 최치원, 이상현 옮김, 「사사위표」, 앞의 책.

91 『高麗史』卷92, 崔彦撝. "及太祖開國 挈家而來 命太子師傅 委以文翰之任."

92 『三國遺事』, 王曆1.

93 『三國史記』卷50, 弓裔. "天祐二年乙丑 (中略) 改武泰爲聖冊元年 分定浿西十三鎭 平壤城主將軍黔用降 甑城赤衣黃衣賊明貴等歸服 善宗以强盛自矜 意欲幷吞 令國人呼新羅爲滅都 凡自新羅來者 盡誅殺之."

한 것으로 이해했다.[94] 태조 왕건도 물론 천하로서 9주를 윤색한 신라의 일통삼한의식을 알고 있었다.[95] 그러나 자신이 지향하는 바의 일통삼한은 신라의 그것과 같을 수가 없었다. 나말에 대두한 사군의식을 매개로 신라의 일통삼한의식이 균열을 보임으로써 그 함의가 달라졌기 때문이다.

궁예는 철원에서 건국하여 송악을 오가며 세력을 확장했다. 여기의 사군은 아직 아우르지 못한 해내라는 공간에 포함되지 않는 지역이었다. 이러한 의미에서 해내는 고구려 고지의 사군을 제외한 한반도 중남부의 삼한을 가리킬 수밖에 없다. 삼한은 중국 군현의 남쪽에서 삼면이 바다로 둘러싸인 해내에 다름 아니었던 것이다.[96] 해내의 본래 뜻이 천하를 의미하더라도, 위 사료에서 해내는 구체적으로 삼한 지역을 가리키는 것일 수 있었다. 고구려를 포함하는 일통삼한의식 내부에서의 즉자적 삼한이 아니라 사군이라는 타자로부터 대상화된 삼한이었던 것이다. 고려의 일통삼한을 검토하기에 앞서 나말·여초의 사군과 삼한인식을 살핀 것은, 고려의 고구려 계승에 수반한 당위로서의 일통삼한만으로는 설명되지 않는 사군의식의 문제가 개재되어 있었기 때문이다.

태조 왕건이 고려로 국호를 복구한 것은 고구려 계승의 재천명이었다. 고구려의 고지였던 송악 출신의 그는 고려의 역사적 정체성을 삼한보다 사군에서 찾을 수밖에 없었다. 고구려가 현실의 통합 대상인 신라의 일통삼한에 내포된다는 의식은 고구려를 정통으로 계승하려는 태조

---

94 윤경진, 앞의 논문, 2016b.

95 『삼국사기』권50, 견훤 열전에 의하면, 태조 왕건은 928년에 견훤에게 보낸 답서에서 근래에 삼한이 액운을 만나 구토가 흉황하게 되었다는 뜻의 "頃以三韓厄會 九土兇荒"을 언급했다. 신라 말기의 혼란상을 묘사하면서 거론된 삼한은 천하로서 신라의 9주를 윤색한 일통삼한의식에서의 그것이었다.

96 『三國志』卷30, 魏書30, 韓. "韓在帶方之南 東西以海爲限 南與倭接 方可四千里."

왕건의 의식과 양립하기 어려웠다. 후삼국을 통일하기 이전의 고려/사군의 입장에서 삼한/신라·후백제는 평정 대상일 뿐이었다.[97] 정치적 의미가 탈색된 삼한 본래의 지리적 의미로 사용되었던 것이다.

E1) 태조 15년(932), 군신에게 유시하기를, "근래 서경의 보수를 완료하고 백성을 옮겨 채운 것은, 그곳의 땅 기운을 빌려 삼한을 평정하고[乎定三韓] 장차 도읍하기를 바라기 때문이다 (후략)"라고 하였다. (『고려사』권1)

2) 태조 26년(943), 대광大匡 박술희朴述希를 불러 친히 「훈요」를 전수하면서 말하기를, "(전략) 그 다섯째에서 짐은 삼한 산천의 숨은 도움에 힘입어 대업을 이루었다. 서경은 수덕水德이 순조로워 우리나라 지맥의 뿌리가 되고 대업을 만대에 전할 땅이다. 마땅히 네 계절의 중월仲月에 왕은 순행하여 100일 이상 머물음으로써 안녕에 이르도록 하라"고 하였다. (『고려사』권2)

태조 왕건은 즉위 직후에 고구려의 고도 평양을 대도호로 삼고 그곳에 축성하는[98] 등의 중시정책을 펼친 바 있었다. 후삼국통일 이전의 사실인 사료 E1)에서 서경의 기운을 빌린 삼한 평정은 고려의 정체성이 사군에 있으며, 삼한 평정 이후의 서경 도읍은 고려의 정통성이 고구려 계승에서 연유한다는 입장을 다시 한 번 밝힌 것이었다. 서경의 수리와 사민에 내포된 두 가지 함의의 궁극적 지향은 삼한 평정이었다. 이렇게 보면 고려 태조가 황룡사에 9층탑의 축조로 일통의 공업을 이룬 신라의

---

97 『고려사』권92, 최지몽 열전에서 보듯이 태조 왕건이 924년에 최지몽에게 꿈의 해몽을 부탁하자, 그가 삼한을 통어하게 될 것이라는 취지의 "必將統御三韓"으로 답했을 때의 삼한도 사군의 입장에서 평정 대상인 삼한이었을 것이다.

98 『高麗史』卷1, 太祖 元年, 2年.

사례를 빌어 개경에 7층탑과, 서경에 더 높은 9층탑을 세워 불법의 공덕으로 삼한을 일가로 삼겠다는 발원의[99] 삼한도 평정 대상일 때의 삼한이었을 것이다.

신라의 경순왕이 935년에 신료와 사서土庶들을 이끌고 고려로 귀순했으며,[100] 태조가 936년에 후백제를 멸망시키고 돌아와 위봉루에서 문무백관과 백성들로부터 조하를 받음으로써[101] 삼한 평정은 완료되었다. 최언위도 940년에 천자가 사냥하듯 삼한을 평정했고 일거에 일통을 가지런히 이룬 것으로 상찬했다.[102] 신라가 여·제 공멸을 평정으로 인식한 뒤에 일통을 의식한 현상과 같은 맥락이었다.

결국 고려의 일통삼한론은 신라 중대 이래 일통삼한의식의 단순한 부활이 아니며, 하대설과 같이 나말에 비로소 형성되었다는 일통삼한의식의 당위적 귀결도 아니었다. 나말에 전대의 역사를 재인식하는 과정에서 대두한 사군의식과, 그것을 매개로 후삼국을 통일함으로써 재정립될 성질의 것이었다. 이러한 과정에서 삼한/신라로부터 사군/고려로의 시각 전환은 불가피했다. 그러나 의식은 현실의 변화에 따라 달라질 수 있었다. 그와 같은 조짐은 태조 왕건이 후백제를 정벌한 기념으로 개태사를 창건하고 지은 글에서 사군과 삼한 지역을 신속하게 평정한 사실을 언급한[103] 데서 이미 나타나고 있었다.

---

99 『高麗史』卷92, 崔凝. "太祖謂凝曰 昔新羅造九層塔 遂成一統之業 今欲開京建七層塔 西京建九層塔 冀借玄功除群醜 合三韓爲一家 卿爲我作發願疏 凝遂製進."

100 『高麗史』卷1, 太祖 18年.

101 『高麗史』卷1, 太祖 19年.

102 〈地藏禪院朗圓大師悟眞塔碑〉. "今上 聖文世出 神武天資 三駈而克定三韓 一擧而齊成一統 今則高懸金鏡 普照靑丘."

103 『東人之文四六』卷8, 神聖王親製開泰寺華嚴法會疏 "及於葦蒲寇竊 溪洞微凶 改過自新 尋懷歸順 爭輸臣節 競納臣忠 四郡封陲 三韓疆境 未經旬日 咸罄未誠 悉使席卷風驅 砥平矢速."

따라서 후삼국통일 이후의 사실인 사료 E2)의 「훈요」에서 태조 왕건은 자신은 삼한 산천의 숨은 도움을 얻어 일통의 대업을 이루었고, 서경은 그 대업을 만대에 전할 땅이므로 후대의 왕들은 그곳으로 순행하여 100일 이상 머물도록 명시할 수 있었다. 이것은 통일 이전에 서경의 기운과 천도를 언급할 때와는 사뭇 달라진 내용으로서 후삼국통일 이후의 시각 조정을 암시한다. 고려의 입장에서 삼한과 더불어 사군마저 타자화했던 것이다. 고려가 사군을 평정하고 삼한을 바로잡았다고 하거나,[104] 태조가 삼한과 화합하고 사군을 모두 차지하게 되었다는[105] 서술 내용의 변화로 방증할 수 있다. 이후 왕들의 언표에서 또다시 삼한만이 고려의 왕권을 표상하는 정치적 공간으로 바뀌게 되는데,[106] 이에 관한 검토는 본고의 주제를 넘는 일이다.

4) 정리와 제언

7세기 동아시아의 국제전이 신라에 초래한 결과와 일통삼한의식의 성립 시기에 관해 하대설은 근초고왕대에 형성된 백제의 영토의식을 활용하여 대동강 이남까지를 차지한 신라의 성취를 설명하고, 신문왕대에 있었던 일통삼한의식의 성립을 부정하는 대신 신무·문성왕대의 형성과

---

104 〈太子寺郞空大師白月栖雲塔碑〉後記. "至後高麗國 几平四郡 鼎正三韓."
105 〈玉龍寺洞眞大師寶雲塔碑〉. "頃及平淸泰三年丙申秋 我太祖神聖大王 躬擐周衣 手提漢劒 龔行天討 丕冒海隅 協和三韓 奄有四郡 可復輯寧君子國 瞻仰梵王家."
106 그와 같은 사실은 『고려사』권2, 경종 즉위년조의 제서, 경종 6년조의 유조; 『고려사』권3, 성종 6년조의 교서; 『고려사』권5, 덕종 2년조의 교서; 『고려사』권13, 예종 4년조의 선지; 『고려사』권14, 예종 11년조의 제서, 예종 17년조의 유조; 『고려사』권15, 인종 5년조의 조서; 『고려사』권17, 인종 24년조의 제서; 『고려사』권24, 고종 41년조의 고유 등에서 일관되게 확인된다.

경문왕대의 확립에 관한 견해를 제기했다. 이에 대해 중대설은 여러 쟁점들을 검토하면서 국제전의 결과로 신라의 백제통합이 이루어졌으며, 신문왕대에 이르러 일통삼한의식이 성립된 사실을 다시 한 번 확인했다. 이러한 관점의 차이는 주요 사료에 대한 상이한 비판과 해석으로 나타나게 되었다.

우선 하대설은 당 태종이 김춘추에게 제의한 "평양이남 백제토지"의 할양을 '평양 이남의 백제 토지'로 읽었다. 이러한 해석은 근초고왕이 평양성을 공격한 뒤 대동강까지를 영토로 여겼던 백제의 의식을 후대에 신라가 전수하여 활용한 것이라는 논지와 연관되어 있었다. 한편 『신당서』에서 신라가 이르렀다는 "고구려남경"은, 신라가 차지하고 남은 백제 땅에서 대동강까지를 포괄하는 고구려의 '남쪽 경역'으로 해석했다. 이에 따라 신라는 나·당 전쟁이 끝난 675년에 백제 땅에서 임진강 이북의 일부를 확보했고, 735년에 이르러서는 마침내 남아 있던 대동강 이남 지역의 영역화를 실현한 것으로 파악했다.

한편 『삼국사기』에서 신문왕 12년(692)의 태종 시호와 일통삼한에 관한 기사는 김장청이 원성왕 초기에 편찬한 김유신의 『행록』에 근거한 바, 사실 자체가 실재하지 않는 허구로 판단했다. 이와 같은 사료 비판 위에서 태종 시호는 문무왕대가 아니라 신문왕대에 추상되었고, 일통삼한의식은 신문왕대에 성립될 수 없는 것으로 단정했다. 이러한 논의는 일통삼한의식이 신라 말에 흥덕왕대의 배경, 신무·문성왕대의 형성, 경문왕대의 확립 과정을 거친 것으로 파악하기 위한 전제였다.

다음으로 중대설은 당 태종의 제의 내용에 대해 당이 안동도호부를 설치할 '평양 이남의 백제 토지'로 이해했다. 그것은 여·제를 평정한 뒤 평양 이남에서 백제 토지를 신라에게 넘겨준다는 의미였지만, 당은 약속과 달리 백제 토지를 신라에게 귀속시키지 않았기 때문에 나·당 전쟁으로 비화했다. 이에 신라는 『당회요』에서 보다시피 나·당 전쟁의 결과로 675년에 이미 백제의 땅을 남김없이 모두 점유함으로써 "고구려 남경", 즉 당시 고구려의 '남쪽 경계'였던 임진강 이남의 백제를 통합할 수 있었다. 이러한 사실은 지방, 군사, 제사 제도의 운영 실제로도 확인되었다.

또한 신문왕은 692년에 당과 벌였던 태종 시호의 시비를 계기로 고구려 포함의 일통삼한의식을 공식화했다. 이러한 의식의 형성 결과 '통삼'은 태종무열왕의 업적으로 민간에도 전승되었으며, 혜공왕이 태종대왕과 문무대왕의 2묘를 불천위로 제정할 수 있었던 현실적 조건이었다. 중대에 형성된 일통삼한의식은 나말의 혼란 상황에서 긴요한 과거의 기억으로 환기되기도 했지만, 6두품 출신의 도당 지식인들에 의해 사군의식이 제기됨으로써 균열을 일으켰다. 고려의 후삼국통일 이전까지 삼한/신라·후백제는 고려/사군의 입장에서 평정 대상으로서의 타자일 따름이었다. 그러나 후삼국통일 이후 고려 왕조가 중앙집권체제로 재편성됨에 따라 사군보다 역사성을 띠는 일통삼한을 사회 통합의 이념으로서 다시 소환하지 않을 수 없었다.

결국 신라의 일통삼한의식은 신라 말에 사군의식의 대두로 균열을 보인 이후, 고려 초에 삼한은 사군/고려의 평정 대상에서 다시 사군과 함께 고려의 평정 대상으로 변화하는 굴절을 겪었다. 사군의식에서 출발한 태조 왕건은 신라의 일통삼한의식을 극복하고 고려의 일통삼한론으로 전환할 수 있는 토대를 마련했던 것이다. 현실의 변화로 과거의 사실이 새롭게 해석된 결과였다. 기실 중대의 일통삼한의식과 신라 말의 사군의식의 관계를 비롯하여 고려의 일통삼한론과 고려 말의 발해인식,[107] 조선 전기의 신라일통론과 조선 후기의 발해인식, 식민사학의 신라통일론과 민족주의사학의 남북국론 등은 서로 다른 입장에서 과거의 역사를 재해석해왔다. 중앙집권력의 부침과 인식 능력의 확장에 따라 그 실제를 향한 지양 과정이 지속되었던 것이다.

이러한 맥락에서 작금의 현실은 7세기 후반의 역사를 다시 해석할 수 있는 또 다른 조건이기도 하다. 통일에 관한 논의에서 분단의 원인 주목, 또는 통일의 당위 강조와 같은 비중의 차이에 따라 사실 이해의 시각이 달라질 수도 있기 때문이다. 다만 이에 앞서 1963년의 국사교육 통일심의위원회의에서 신라가 삼국을 통일한 연대를 676년으로 결정한[108] 심의 내용은 바로잡을 일이다. 신라가 676년에 대동강과 원산만 이남의 삼국을 통일했다는 이른바 통설은 균열과 변상으로 말미암아 더 이상 설득력을 유지할 수 없게 되었다고 여겨지기 때문이다.

더구나 7세기 동아시아 국제전의 결과 신라는 675년에 백제 고지를 통합한 뒤 상당 기간 임진강 이남의 관할에 치중했고, 668년에 멸망한 고구려의 왕통을 이은 보덕국이 684년까지 존속하고 있었다. 신라의 대동강 유역 진출은, 당이 698년에 건국한 발해 견제에 신라를 이용하기 위해 패강 이남의 관할권을 할양한 735년 이후의 일이었다. 이러한 당시의 사실들은 신라의 백제통합과 고구려 고지에서 발해의 건국, 곧

---

107 일연은 『삼국유사』권1, 기이편에 '말갈·발해'조를 넣음으로써 우리 역사로 인식하려는 의식의 일단을 드러냈다. 또한 정몽주는 「발해회고」라는 시에서 당 황실이 평정했던 고구려의 뒤를 이어 대조영이 왕조를 일으킨 사실을 "唐室勞師定海東 大郞隨起作王宮"으로 밝혔고, 「발해고성」이라는 시에서는 당도 인정했던 발해가 거란에게 망한 사실을 "唐家許相襲 遼氏肆併吞"이라고 읊었다(『포은선생집』권1, 시). 발해 자체를 시제로 삼아 지난날의 역사를 회고하는 중에 고구려를 이은 발해가 이족異族의 나라인 요에게 병탄된 것으로 파악한 데서 『삼국사기』의 인식과는 달리 발해를 우리의 역사로 인식하려는 정몽주의 심사를 읽을 수 있다.

108 조성운, 「제2차 교육과정의 제정과 국사교과서의 편찬」, 『한국사학보』66, 2017.

남북국의 역사를 우리에게 전하고 있다.

(「신라의 '백제통합'과 '일통삼한' 재론-최근의 사료 비판과 해석을 중심으로-」
『韓國古代史硏究』89, 2018)

4. 신라의 '백제통합'과 '일통삼한' 재론 2:
핵심 사료의 쟁점과 해석

1) 논쟁의 여지

최근 한국고대사학계에서는 7세기 동아시아 국제전의 이해에 관한 논의가 심심찮다.[1] 신라가 삼국을 통일했다는 기존 통설의 균열을 알리는 징표이기도 하다. 일찍이 신라의 삼국통일에 대한 신채호의 부정적 인식을 검토하고[2] 인식 변천과 사실 이해의 두 측면에서 새로운 해석의 가능성을 제시한[3] 이래, 남북국론의 민족사적 당위성의 검증[4]과 신라의 백제통합론으로[5] 논쟁을 촉발시키고 감당해온 당사자로서 새삼스러운

---

1   그러한 실례로, 『역사비평』126·127·128(2019)는 3회 연속으로 '삼국통일과 통일신라의 재조명'이라는 특집을 마련하여 7세기 동아시아 국제전에 관한 전쟁 자체의 이해와 전후의 사회 성격에 관한 논문들을 게재했다.

2   김영하, 「단재 신채호의 신라삼국통일론」 『민족문화연구』17, 1983.

3   김영하, 「신라의 삼국통일을 보는 시각」, 이기백 외, 『한국고대사론』, 한길사, 1988.

4   김영하, 「후기신라와 발해의 성립」, 안병우·도진순 편, 『북한의 한국사인식』1, 한길사, 1990; 「한말·일제시기의 신라·발해인식」 『태동고전연구』10, 1993; 「신라통일론의 궤적과 함의」 『한국사연구』153 2011.

5   김영하, 「신라의 백제통합전쟁과 체제변화」 『한국고대연구』16, 1999; 「고구려 내분의 국제

바가 없지 않다.

필자의 견해는, 신라가 676년에 대동강과 원산만 이남의 삼국을 통일했다는 통설의 부정은 물론 7세기 동아시아 국제전의 결과 임진강 이남의 백제를 통합한 데 불과하다는 사실 이해로 귀결된다.[6] 종래 신라의 삼국통일전쟁이라는 인식 틀을 7세기 동아시아의 국제전이라는 인식 틀로 전환시키고, 그 결과로서 신라의 백제통합과 고구려 고지에서 발해의 건국이라는 사실 인식은 논쟁을 야기할 수밖에 없었다. 그것은 신라의 삼국통일 부정을 통한 당위적 남북국론에서 신라의 백제통합으로 인한 당연한 남북국론으로 인식 방법의 전환이기도 했다. 신라의 백제통합론은 기존의 통설을 유지하려는 삼국통일론[7]과의 관계 속에서 더

적 배경」『한국사연구』110, 2000; 「7세기 후반 한국사의 인식문제」『한국사연구』146, 2009; 「일통삼한의 실상과 의식」『한국고대사연구』59, 2010; 「신라의 '통일'영역 문제」『한국사학보』56, 2014; 「7세기 동아시아의 정세와 전쟁」『신라사학보』38, 2016.

6　최근 신라의 백제통합론에 대해 이재환은 다음과 같은 의문을 제기했다(「7세기 중·후반 동북아시아의 전쟁을 어떻게 부를 것인가?」『역사비평』126, 2019). 첫째, 국제전에서 신라의 백제통합전쟁만을 분리할 수 있는가? 여러 나라가 연동하는 국제전의 와중에서 각국마다 추구하는 전략적 목표는 다를 수 있는데, 신라는 642년의 대야성 함락부터 675년에 백제 고지를 차지할 때까지 일관되게 백제통합의 전략을 추진한 사실을 밝혀둔 바가 있다(김영하, 앞의 논문, 2010). 둘째, 신라의 백제통합전쟁에서 '통합'이라는 용어가 타당한가? 이에 대해 둘 이상으로 나뉜 것을 하나로 일치시키는 통일과 달리 통합은 본래 둘 이상이던 것을 하나로 아울러서 동화시키는 것이고, 통합과 사전적 의미가 같은 병합은 아우른 뒤의 동화 과정에서 상대의 독자성을 일정하게 인정하는 경우도 있다는 차이점에 유의한 바 있다(김영하, 앞의 논문, 2016). 이러한 의미에서 신라가 백제를 아우른 뒤에 일통과 같은 뜻의 '일가一家'를 표방하며 9주 내로 일괄 편제한 것은 병합보다 통합에 가까울 것이다. 셋째, 신라의 통합 영역에 고구려는 일부라도 포함되지 않는가? 이러한 의문은, 신라가 675년에 고구려의 남쪽 경계에 이르기까지를 주군으로 삼았다는 『삼국사기』의 기사에 기초한 논지를 따른 것이다(전덕재, 「신라의 북진과 서북 경계의 변화」『한국사연구』173, 2016). 그러나 『삼국사기』의 해당 기사는 사료 비판이 필요한 찬자의 오류이고, 신라는 대동강 이남을 영유하는 735년 이전까지 백제 고지와 신라 본토에 해당하는 임진강과 추가령구조곡 이남을 중심으로 지방, 군사, 제사 제도를 운영하고 있었기 때문에 고구려 고지가 포함될 여지는 많지 않았다(김영하, 「신라의 '백제통합'과 '일통삼한' 재론-최근의 사료 비판과 해석을 중심으로-」『한국고대사연구』89, 2018).

7　변태섭, 「삼국통일의 민족사적 의미」『신라문화』2, 1985; 신형식, 「삼국통일의 역사적 성격」『한국사연구』61·62, 1988; 이호영, 『신라삼국통합과 여·제패망원인연구』, 서경문화사, 1997;

욱 보완될 수 있었다.

한편 최근에는 새로운 논쟁 주제들이 파생됨으로써 논쟁은 심화되기 시작했다. 신라가 통합한 백제 고지의 북방 경계에 관한 임진강설과 대동강설, 일통삼한의식의 중대 성립과 하대 성립에 관한 견해가 그것이다. 필자는 675년의 임진강 진출과 중대 성립의 입장에서 735년 이후의 대동강 진출과 하대 성립의 견해를 비판한 바 있었다.[8] 이에 대해 기왕의 논지를 총괄 정리한 위에서 전반적인 반론이 제기되었다(이하 반론으로 칭함).[9] 필자의 지적이 온당하지 않았기에 반론을 제기했겠지만, 반론도 필자를 계몽시킬 만큼 정곡을 얻지 못했으므로 소견을 다시 피력하지 않을 수 없게 되었다. 다만 논쟁의 구도가 형성됨에 따라 시비분별이 필요한 쟁점이 자연히 부각되었다. 반론은 두 가지로 쟁점을 정리했다.

하나는 사료의 정확한 해석이 이루어지지 못했다는 것이다. 671년 「답설인귀서」에 나오는 '평양이남平壤已南 백제토지百濟土地'를 "평양 이남의 고구려 토지와 백제 토지", 또는 "평양 이남 중에서 백제 토지"로 해석한 것은 모두 오역이다. 이것은 "평양 이남이 곧 백제 토지"라는 의미로 해석해야 한다. 또한 675년 문무왕 관작 복구 기사에 보이는 '고구려남경高句麗南境'은 전쟁의 결과로 신라가 최종적으로 확보한 북방 경계로서 대동강을 가리킨다. 이러한 내용에 따르면 전쟁 후 신라의 영토는 기존 영토와 백제의 영토만으로 구성된

노태돈, 『삼국통일전쟁사』, 서울대출판부, 2009; 「7세기 전쟁의 성격을 둘러싼 논의」 『한국사연구』154, 2011; 김수태, 「신라의 천하관과 삼국통일론」 『신라사학보』32, 2014; 박남수, 「신라 문무왕대의 삼국통일과 종묘제 정비」 『신라사학보』38, 2016.

8   김영하, 앞의 논문, 2018.

9   윤경진, 「신라의 영토의식과 삼한일통의식」 『역사비평』126, 2019a; 「삼한일통의식은 7세기의 이념인가―백제병합론의 반론에 대한 재론―」 『한국고대사연구』93, 2019b.

다. 대동강까지가 백제의 고유 영토라는 것은 온조왕의 강역 획정 기사와 평양 진출을 천명한 견훤의 국서에 의해 뒷받침된다. 영토상 신라의 '삼국통일'은 성립할 수 없는 것이다.

다른 하나는 후대 인식에 의해 생성된 내용의 검증이다. 김유신이 임종 때 문무왕에게 올린 헌의는 위징의 유표를 차용한 것으로서 『서경』을 인용하고 뚜렷한 유교 정치이념을 표방하고 있다. 이는 후대에 윤색된 것임을 보여주는 바, 그 안에 담긴 '삼한위일가三韓爲一家'를 근거로 7세기의 인식을 설명할 수 없다. 또한 무열왕의 태종 시호가 '일통삼한'의 공업에 따라 올린 것이라는 기사는 김유신의 공업을 부각시키기 위해 가공된 전승을 변형시킨 것으로서 그 사실성을 인정할 수 없다. 삼한일통 의식은 7세기 전쟁의 배경 또는 산물이 아니라 9세기 체제 위기에 대응하는 이념으로 출현한 것으로서 7세기 전쟁에 소급 적용되었다.[10]

역시 문제는 핵심 사료인 "평양이남 백제토지", "고구려남경"과 "삼한위일가"의 해석에 관한 것이었다. 이와 같은 득의의 쟁점 정리에는 필자도 동의하는 바, 논쟁에서 억지와 궤변을 허락하지 않는 명료함과 하나로써 열을 알 수 있는 간명함의 필요성을 제기했기 때문이다. 반론의 사료 해석은 다음 두 가지로 집약된다. 첫째, 삼국의 영토는 전쟁 당시의 점유 지역을 준거로 하지 않고 그 역사적 귀속을 통해 설정했다는 전제 위에서, 백제 고유의 영토의식이 반영된 "평양이남 백제토지"의 북방 경계는 대동강이다.[11] 둘째, 태종무열왕과 김유신의 관계를 당태종과 위징에게 견주기 위해 위징의 유표를 차용하여 김유신의 유언을

10 윤경진, 앞의 논문, 2019b.

11 윤경진, 앞의 논문, 2019a.

후대에 윤색했다는 전제 위에서, 유언의 "삼한위일가"에 근거한 일통삼한의식은 신라 중대에 성립될 수 없다.[12] 전제가 옳으면, 논지도 타당하다는 논리였다.

이에 따라 반론은 필자의 사료 해석이 역사적 상황 논리에 치중함으로써 문법적인 오류를 범하거나 타당하지 않은 오역이라고 비판했다. 사료 해석에서 문법은 실제의 포착을 위한 수단 그 이상이 아님에도 불구하고, 자신의 번역과 해석을 기준으로 정오를 일방적으로 판단한 데 논쟁의 여지가 있었다. 이제 새로운 사료의 제시를 통해 반론의 논지를 비판하거나, 같은 사료의 다른 해석을 통해 반론의 타당성 여부를 검증하고자 한다. 과연 반론의 사료 해석이 자신의 논지를 정당화할 수 있는가에 초점을 맞출 것이다.

사료의 비판과 해석에서 기본의 하나는 사실에 보다 근접한 시기의 원사료를 이용하는 것이고, 다른 하나는 문법적 요소 이외에 역사적 사실과도 맞는 정합성을 확보하는 일이다. 두 조건만으로 해석이 어려울 경우 용례를 검토할 수 있는데, 찬자마다 고유한 문투가 있기 때문에 가급적이면 동일 사서 내의 용례를 이용하는 것이 보다 효과적이다. 반론과 같이 시공간을 달리하는 다른 사서와의 빈번한 용례 비교는 이미 통상적인 해석의 순리에서 벗어났다는 점을 미리 지적해둔다.

반론에 대한 비판은 핵심 사료에 대한 반론과 필자의 해석 비교로 이루어질 것이다. 이를 통해 입론의 선결 과제인 사료의 내용이 제대로 파악될 수 있길 기대한다. 논쟁적인 글에서 정확성은 미덕이 아니라 의무이기 때문에 장황한 사료 인용과 반론의 직접 인용이 불가피해졌다. 사료와 반론의 내용을 그대로 전하는 것이 오해의 가능성을 줄이는 첩경

---

12 윤경진, 앞의 논문, 2019b.

일 것으로 여겨지기 때문이다.

2) '백제토지百濟土地'의 북방 경계

백제 의자왕의 642년 대야성 공함이 신라에 미친 영향은 컸다. 김춘추는 사위인 성주 김품석 내외의 죽음이라는 가문의 비극과, 신라 서변의 요충지의 상실이라는 국가적 위기를 절감했다. 그는 곧 고구려를 상대로 군사적인 지원을 요청했으나 죽령 서북의 영토 반환에 관한 문제로 실패했다. 신라는 다시 643년에 당을 상대로 구원을 요청했으나 고구려 원정에 치중하는 당의 소극적 대응으로 역시 실패했다.[13] 김춘추는 다시 647년에 왜를 다녀온 뒤 648년에 당을 찾았다. 당 태종이 고구려에 대한 645년 친정과 두 차례의 원정이 실패로 끝나고 다시 649년의 원정을 준비하던 시점이었다.[14] 백제를 통합하려는 김춘추와 고구려를 점령하려는 당 태종의 전략적 이해가 일치한 가운데 협상은 다음과 같이 매듭지어졌다.

A. 문무왕 11년(671), 대왕이 보서報書하기를, 선왕先王이 정관 22년에 입조하여 태종문황제를 만나 받든 은칙恩勅에서 "1) 짐이 이제 고려를 치려는 것은 다른 까닭이 아니라 너희 나라가 두 나라에 끼어서 매번 침입을 받아 편안할 때가 없음을 가엾게 여김이니, 산천과 토지는 내가 탐하는 바가 아니며 옥백玉帛과 자녀는 나도 가지고 있는 것이다. 2) 내가 두 나라를 평정하면, 평

---

13 김영하, 『한국고대사회의 군사와 정치』, 고려대민족문화연구원, 2002.
14 김영하, 앞의 논문, 2016.

양 이남의 백제 토지는 모두 너희 신라에게 주어 길이 편안하게 하려 한다[我平定兩國 平壤已南 百濟土地 並乞你新羅 永爲安逸]"하고 계책을 내리고 군기軍期를 주었다. (『삼국사기』 권7)

당이 백제 고지의 통합을 추진하는 문무왕을 문책하자, 문무왕은 백제통합의 당위성을 피력하면서 위 사료와 같은 당 태종과 김춘추의 협상 내용을 제시했다. 여기에서 당 태종은 신라와 제·여를 멸망시키기 위해 호혜적으로 연합하더라도, 당이 작전을 주도할 의사를 분명히 드러내고 있었다. 사료 A1)은 원정 명분이다. 당 태종은 자신들이 추진하는 고구려 원정조차 신라에 대한 지원으로 포장했다. A2)는 전후 처리이다. 당 태종은 백제와 고구려의 멸망 이후 "평양이남 백제토지"의 신라 영유를 약속했다.

이러한 "평양이남 백제토지"에 대해서는 크게 보아 두 가지 해석이 대립하고 있었다. 신라의 백제통합론이 '평양 이남의 백제 토지'로 해석하고 임진강 이남까지의 백제만을 통합한 것으로 파악한[15] 데 대해, 신라의 삼국통일론은 '평양 이남과 백제 토지'로 해석하고 대동강 이남의 고구려 일부와 백제까지 통일한 것으로 이해했다.[16] 한편 반론은 백제통합론을 따라 고구려를 포함시키지 않지만, 그 북방 경계는 삼국통일론과 같이 대동강으로 보았다. 이에 따라 당 태종이 "내가 양국을 평정하면 '평양이남 백제토지'를 너희 신라에게 주어 길이 편안하게 할 것이다"라고 번역한[17] 다음, "평양 이남이 백제 토지에 해당하기 때문에 이

---

15 김영하, 앞의 논문, 2010.

16 노태돈, 앞의 책, 2009.

17 윤경진, 「671년 「답설인귀서」의 '平壤已南 百濟土地'에 대한 재해석: 백제의 영토의식과 패하의 새로운 이해」 『역사문화연구』60, 2016; 앞의 논문, 2019a.

것을"이라는 부연을[18] 통해 '평양 이남이 백제 토지'라는 자신의 해석을 강조했다.

반론의 요지는 당 태종이 김춘추에게 평양 이남이 백제 토지이기 때문에 신라에게 주기로 약속한 데 따라 문무왕도 이에 대한 신라의 권리를 주장했고,[19] 이들은 모두 근초고왕대에 성립된 대동강을 북방 경계로 여기는 백제 고유의 영토의식을[20] 인지하고 있었던 것으로 전제했다. 과연 당 태종의 발언이 대동강을 북방 경계로 여기는 백제 고유의 영토의식을 인지한 상태에서 나왔으며, 백제의 근초고왕대에 실제로 대동강을 북방 경계로 여기는 영토의식이 확립되었는가라는 의문이 제기된다.

그런데 반론은 당과 신라 사이에서 7세기 당시 백제의 점유 현실과 다른 '어떤 기준'으로 백제의 영토를 설정한 것이므로 현실과 일치하지 않을 수 있으며, 일종의 의도적 수사로서 외교적 관점 혹은 영토 확보를 도모하는 신라의 주장에서 백제의 토지가 현실 상황보다 넓게 설정될 수 있는 것이라고 막연하게 언급할 뿐이었다.[21] 반론의 주장을 뒷받침할 사료는 물론 없으려니와, 당시 상황이 그런 주장을 담보할 수 있는 것도 아니었다.

우선 '어떤 기준'에 해당할 근초고왕 때에 백제의 영토의식 성립에 관한 문제이다. 반론은 근초고왕이 371년에 평양을 공격하여 고국원왕을 전사시키고 남진을 저지하는 과정에서 자연 경계인 대동강이 백제 영토의 북방 지표로 확립되었고, 이것이 다시 박사 고흥의 『서기』에 의해 온

---

18 윤경진, 앞의 논문, 2016.
19 윤경진, 앞의 논문, 2019a.
20 윤경진, 앞의 논문, 2019b.
21 윤경진, 앞의 논문, 2016.

조왕의 강역 획정 기사에 투영됨으로써 백제 고유의 영토를 표상한 것으로 추정했다.[22] 그러나 근초고왕 때의 북방 경계는 태자 근구수가 수곡성 서북까지 고구려군을 추격한 다음 돌을 쌓아 경계로 삼은 "적석위표積石爲表"와 같은 영토의식에서 보듯이 예성강 상류였다.[23] 또한 온조왕대의 강역 획정 기사에 나오는 패하浿河의 비정에 관해서는 대동강설, 예성강설, 임진강설이 있으며, 그 시기에 관해서는 온조왕대설, 고이왕대설, 근초고왕대설로 나누어진 실정이다.[24] 이러한 상황에서 근초고왕 때에 대동강을 북계로 여기는 영토의식의 성립은 검증을 요하는 가설에 불과하다.

다음은 당 태종이 과연 백제 고유의 영토의식을 인지한 상태에서 김춘추를 만났는가의 문제이다. "평양이남 백제토지"의 검토에서 다른 무엇보다 주의하지 않으면 안 되는 사실은, 이 내용이 당시의 영토 상황과 달리 신라의 영토적 권리를 주장한 문무왕의 답변에서 비롯된[25] 것이 아니라 당 태종의 전략적 판단에 따른 발언에서 처음 거론되었다는 점이다. 당 태종은 640년에 고창高昌을 멸망시키고 교하성交河城에 안서도호부를 설치할[26] 때 이미 그와 대칭을 이룰 안동도호부의 평양 설치를 구상하고 있었을 것으로 추측된다. 그가 평양을 기준점으로 제시한 것은, 고구려의 멸망 이후에는 없어질 왕조명보다 여전히 남아 있게 될 왕도명 평양이 당 태종의 의중을 제대로 반영할 수 있을 것이었기 때문이다. 당 태종은 평양의 대동강 이남이 백제 고유의 영토라는 의식을 알

---

22 윤경진, 앞의 논문, 2016; 앞의 논문, 2019b.

23 김영하, 앞의 논문, 2018.

24 최범호, 「백제 온조왕대 강역획정 기사의 제설 검토」『백산학보』87, 2010.

25 윤경진, 앞의 논문, 2016; 앞의 논문, 2019a.

26 『資治通鑑』卷195, 太宗 貞觀 14年. "乙卯 置安西都護府於交河城 留兵鎭之."

수 없었을 뿐만 아니라, 대동강 이남이 백제 영토이기 때문에 이것을 신라에게 주기로 약속할 수 있는 정황도 아니었다.

또한 당시 김춘추의 당면 과제는, 고구려를 상대한 642년과 당을 상대한 643년의 청병 외교가 실패했던 경험을 딛고 백제를 원정하기 위한 당과의 연합을 성사시키는 일이었다. 그가 7세기 전쟁의 와중에서 대동강 이남이 백제 고유의 영토라는 명확한 지식을 가지고,[27] 당 태종에게 전후의 영유까지 요구한다는 것은 당과의 실제 협상에서 또 다시 실패를 자초하는 일에 다름 아니었다. 근초고왕대에 백제 고유의 영토의식 성립에 관한 반론의 논지 자체가 가설인데, 당 태종과 김춘추가 그와 같은 백제의 영토의식을 알고 협상했던 것으로 전제한 논지는 또 다른 가설에 지나지 않았다. 전자가 확증되지 않으면, 후자는 가설조차 성립 불가능한 논리였던 것이다.

이제 "평양이남 백제토지"를 '평양 이남이 백제 토지'로 해석하는 것은, 『고려사』의 지용수 열전에서 "요하이동遼河以東 본국강내本國疆內"가 '요하의 동쪽이 고려의 영토'로 해석되는 것과 같다는[28] 반론의 방증도 아울러 검토해두기로 한다. 원과 명이 1368년에 교체된 뒤 원의 순제가 몽고 지방으로 옮겨가자, 원의 동녕부가 명목상으로나마 관할하던 요동의 지배 주체에 공백이 발생했다. 이때 고려 출신으로 원에서 고관을 지낸 기새인첩목아奇賽因帖木兒가 고려에서 자기 아비 기철奇轍을 죽인 것에 앙심을 품고 세력을 규합하여 1369년에 이어 고려의 변경을 치고자 했다. 이에 고려는 1370년에 안주에 본진을 두고 압록강 이서

---

27 윤경진, 앞의 논문, 2016.
28 윤경진, 앞의 논문, 2019a.

로 나아가 토벌을 실시했다.[29] 다음은 그때의 포고문이다.

B. 또 금주와 복주 등지에 방을 붙여 이르기를, "1) 본국本國과 요효는 같은 때에 세워졌고, 주周의 무왕은 기자를 조선에 봉하고 그곳을 하사하니 서쪽으로 요하遼河에 이르렀으며, 대대로 강역疆域을 지켜왔다. 2) 원이 일통한 뒤 공주를 시집보내 요遼·심瀋의 땅을 탕목읍으로 삼은 것으로 인해 분성分省을 두었다. 원이 말엽에 덕을 잃어 천자가 외방으로 피난했음에도 요·심의 두목관頭目官 등은 들은 것도 없고 찾아가지도 않았다. 또한 그들은 본국에 신례臣禮도 닦지 않고, 곧 본국의 죄인 기새인첩목아의 복심이 되어서 무리를 불러 모아 백성들을 학대하니[嘯聚虐民] 불충한 죄를 면할 수 없다. 3) 이제 의병을 일으켜 죄를 물으니, 기새인첩목아 등은 동녕성東寧城에 웅거하여 강함을 믿고 명령을 거스르고 있다. 대군이 이르면 옳은 사람이나 그른 사람이나 함께 처벌을 받을 것이니[玉石俱焚], 후회해도 소용이 없을 것이다. 무릇 요하 이동에서 본국 강역 안의 백성과 대소 두목들은 속히 스스로 내조來朝해서 모두 작록을 누리도록 하라[凡遼河以東 本國疆內之民 大小頭目等 速自來朝 共享爵祿]. 만약 오지 않는다면 전례가 동경東京에 있다. (『고려사』 114, 지용수)

위 사료를 세 부분으로 나누면, 사료 B1)은 고려가 요동에서 선무할 수 있는 명분이다. 주의 무왕이 기자를 조선에 봉하고 요동을 하사한 이래 그곳에 대한 고려의 역사적 연고의식을 밝히고 있다. B2)는 지배 주체의 공백에서 비롯된 토벌과 선무의 필요성이다. 요동과 심양의 두목관들이 원과 고려를 저버리고 기새인첩목아와 결탁하여 백성들을 학대

---

29 『高麗史』卷114, 池龍壽.

했기 때문이다. B3)은 백성과 대소 두목들에 대한 선무의 내용이다. 속히 고려로 내조해서 작록을 누리라고 초유하고 있다.

해석에서 쟁점이 되는 부분은 사료 B3)의 "요하이동遼河以東 본국강내지민本國疆內之民 대소두목등大小頭目等"이다. 반론은 "요하 동쪽, 본국의 강역 안에 있는 백성과 대소 두목관들은"으로 번역한[30] 다음, "요하의 동쪽이 고려의 영토이므로, 이 지역에 있는 모든 사람들은 고려의 명령을 따라야 한다"라는 취지로 해석했다.[31] 요하 동쪽이 고려 자신의 고유 영토라는 해석은 B1)의 요동에 대한 고려의 연고의식으로부터 도출된 것이었다.[32] 과연 요동 지역이 실제 고려의 영토이고, 요동 거주의 모든 주민이 선무의 대상인가라는 의문이 제기된다. 요동에 대한 명분으로서의 연고의식과 요동에서 선무의 실제 상황이 일치하지 않음을 포고문에서 읽을 수 있기 때문이다.

기실 요하 동쪽이 고려의 영토라는 의식이 실제로 그곳에서 받아들여지고 있었다면, '민과 대소 두목들'의 거주지를 규정하는 '본국강내'의 표현은 사족에 지나지 않는다. 사료 B1)에서 이미 요하 동쪽이 고려의 영토라는 사실을 천명했으므로, B3)에서는 '민과 대소 두목들'을 수식하

---

30 윤경진, 앞의 논문, 2016.

31 윤경진, 앞의 논문, 2019b.

32 윤경진, 앞의 논문, 2016.
실제 과거의 연고의식을 내세운 실제의 선무 활동에서는, 요양과 심양이 고려의 영역이고 백성은 고려의 백성이라는 "遼瀋是吾國界 民是吾民"(『고려사』권114, 지용수)과 같은 표현도 나타났다. 이처럼 당시의 현실과 거리가 있는 명분의 천명은 선무 효과를 높이기 위한 수단으로 강구되었을 것이다. 또한 고려의 도평의사사가 동녕부에 보낸 자문咨文 중에 요양과 심양이 원래 본국의 영역이라는 "又慮遼瀋 元係本國界"와 강계만호부로 하여금 요양과 심양 사람들을 선무하도록 조치한 내용 중에 요양이 본래 고려의 영역이라는 "遼陽元是國界"(『고려사』권42, 공민왕 19년)의 표현도, 옛날의 고구려가 곧 지금의 고려라는 "我國卽高句麗之舊也"(『고려사』권94, 서희)와 같은 연고의식에 따라 선무의 명분으로 제시된 것이었다. 이 중에서 고려의 통치 영역 안인 강계만호부에 내린 명령에서는 '본국本國'이라는 표현을 사용하지 않은 점에 유의할 필요가 있다.

는 '본국강내'의 표현은 더 이상 필요하지 않을 것이기 때문이다. 이처럼 의식과 실제가 맞지 않았기 때문에 '본국강내'의 의미를 다시 살펴볼 필요가 있다. 일단 사료 B3)의 "요하이동 본국강내"는 주어인 "민 대소 두목등"을 수식하고, "속자내조速自來朝 공향작록共享爵祿"은 술어인 단문이나.

먼저 '민과 대소 두목들'을 수식하는 '요하 이동의 본국 강내'에서 '본국本國'은, 사료 B2)의 '본국에 신례', '본국의 죄인'에서 보듯이 고려가 자신의 통치 영역 이외의 지역에서 자신을 가리킬 때 사용하는 용어였다. 한편 '강강疆'은 사료 B1)의 '강역'과 같은 의미인데, 이것은 다시 내부와 외부로 구분되고 있었다. 이때 고려의 통치 영역을 안팎으로 구분하는 경계선은, 고려의 토벌군이 안주의 본진으로부터 출발하여 압록강을 건넌 데서 알 수 있듯이 압록강이었다.[33] 이러한 경우 '민과 대소 두목들'을 수식하는 '본국의 강역 안'은 압록강의 이동을 의미하며, 곧 그들의 출자出自를 가리킬 가능성이 크다.

한편 반론은 요동 지역의 모든 사람들을 선무의 대상으로 보았지만, 당시 요동 지역의 주민 구성이 어떠한지는 잘 알 수 없다. 다만 한인漢人 이외에도 원의 관할이었으므로 몽고인, 금金의 주민이었던 토착 여진인, 고려로부터 이주한 고려인 등이 거주했을 것으로 짐작된다.[34] 이와 같은 사람들이 모두 고려의 선무 대상일 수는 없었을 것이다. 사료

---

33 이러한 사실은 고려의 서북은 당 이래로 압록강을 경계로 삼았다라고 하거나(『고려사』권56, 지리1, 총서), 예종 때에는 다시 압록강을 경계로 삼았다라고 한 데서도 확인된다(『고려사』권58, 지리3, 의주).

34 현재 요동 지역을 포함하는 요녕성 거주의 소수 민족으로는 주로 몽고족, 여진족인 만족, 조선족, 선비족의 후예인 석백족錫伯族 등 네 민족을 들고 있다(地圖出版社 編, 『中華人民共和國地圖集』, 地圖出版社, 1984). 거주 동기와 인구 증감 등에서 차이가 있겠지만, 당시 요동에 거주했던 주민의 구성을 유추할 참고 자료일 수는 있다.

B2), 3)에서 선무 범위는 기새인첩목아의 복심이었던 대소 두목들과 그들의 영향 아래에 있던 백성들로 한정했기 때문이다. 이러한 사실은 고려의 도평의사사가 동녕부에 보낸 자문咨文에서 지난번의 정벌도 오직 기새인첩목아에 대한 것일 뿐, 몽고인과 한인은 관련이 없다고 한 데서도 알 수 있다.[35] 결국 "요하이동 본국강내지민 대소두목등"은 요하 이동에서 '본국의 강역 안', 즉 고려 본토 출신의 백성과 대소 두목들을 가리키는 것으로 이해된다.

당시 요동 거주의 고려인은 고려 출신의 유이민인 동시에 원에 대한 예속민이라는 이중의 귀속성을 지니고 있었다. 적절한 비유일지는 알 수 없지만, 이들은 마치 연변조선족자치주에 거주하고 있는 중화인민공화국의 공민인 동시에 조선 출자의 조선족과 같은 존재였다. 고려의 선무 목적은 '본국의 강역 밖'인 요동에서 기새인첩목아와 결탁한 대소 두목들과 백성들을 다시 '본국의 강역 안'인 고려로 빨리 내조시키는 초유에 있었던 것이다.

결국 두 사료의 해석에서 반론은 과거의 의식에, 필자는 당시의 현실에 중점을 두었다. 필자의 해석에 따르면, 나·당 간의 협상에서 백제 고유의 영토의식과 요동에 대한 선무 실제에서 고려의 연고의식이 개입할 여지는 거의 없었다. 당 태종의 약속과 김춘추의 요구가 대동강 이남이 백제 고유의 영토라는 사실을 의식하고 이루어졌다면, 당 현종이 735년에 대동강 이남의 신라 영유를 허락할 때처럼 경계선으로서 '패강이남'을[36] 제시하는 것이 더욱 적합했을 것이다.

---

35 『高麗史』卷42, 恭愍王 19年. "十二月 丁巳 都評議使司移咨東寧府曰 (中略) 前日之事 唯爲賽因帖木兒一人而已 蒙古漢人並無干涉 本人如或透漏在彼 卽便捕送."

36 『三國史記』卷8, 聖德王 34年.

그러나 사료 A2)에서 당 태종이 제시한 기준점으로서 '평양이남'은 고구려의 멸망 이후에 평양에 치소를 둘 안동도호부의 관할 영역 이남이라는 의미였고, 그 이남에서의 '백제토지'는 신라 본토와의 관계에서 범위를 특정하는 의미를 담고 있었다. 반론은 자신의 사료 해석과 문법적 이해의 부당함에 관한 논증을 요구한 바가 있었는데,[37] 이상은 그에 대한 필자의 답이기도 하다.

3) 신라의 '고구려남경高句麗南境' 진출

신라와 당의 연합은 백제와 고구려를 멸망시킴으로써 각자의 숙원을 이룰 수 있었다. 신라는 백제 고지를 영유하고, 고구려 고지는 당의 관할로 편제되는 것이 당초의 약속이었다. 그러나 당은 웅진도독부를 매개로 백제 고지에 기미羈縻 지배를 실시함으로써 약속을 어겼던 것이다. 신라는 671년에 소부리주의 설치로 백제 고지를 사실상 통합하고, 그 완수를 위해 673년에 고구려 유민의 부흥운동을 진압한 당과의 전쟁에 돌입했다. 당은 신라가 백제 고지를 차지한 이유를 들어 674년에 삭탈했던 문무왕의 관작을 675년에 복구함으로써 나·당 전쟁도 사실상 끝났다. 이때 신라가 통합한 백제 고지의 북방 경계는 다음 사료의 해석에 따라 대동강 또는 임진강으로 달라졌다.

C1) 상원 2년(675), 2월에 계림도행군대총관 유인궤가 신라의 무리를 칠중성에서 크게 깨뜨리고 돌아왔다. 2) 신라가 이에 사신을 보내 입조하여 복죄

---

37 윤경진, 앞의 논문, 2019b.

하고 아울러 방물 헌상이 전후로 이어졌으므로, 고종이 김법민의 관작을 복구하였다[帝復金法敏官爵]. 3) 이미 백제의 땅을 모두 차지하고 고구려의 남경에 이르렀으니[旣盡有百濟之地 及高句麗南境], 동서가 약 900리이고 남북이 약 1,800리이다. 4) 이에 경내에 상주, 양주, 강주, 웅주, 전주, 무주, 한주, 삭주, 명주 등을 설치하였다[於界內置上('尙'의 오기: 인용자)良康熊金('全'의 오기: 인용자)武漢朔溟等州]. 보내온 산물은 여러 나라 중에서 으뜸이었다. (『당회요』권95, 신라)

D1) 고종 상원 2년(675), 2월에 인궤가 신라의 무리를 칠중성에서 깨뜨리고 말갈병으로 바다를 통해 남쪽 지역을 공략하여 죽이고 사로잡은 것이 매우 많았다. 조서로써 이근행을 안동진무대사로 삼고 매소성에 주둔하여 신라와 세 번 싸웠는데, 신라가 모두 패하였다. 2) 법민法敏이 사신을 보내 입조하여 사죄하고 공물이 잇따랐으므로, 인문仁問은 이에 돌아와 신라왕을 그만두었고 조서로써 법민의 관작을 복구하였다[詔復法敏官爵]. 3) 그러나 백제 땅을 많이 차지하고, 마침내 고려의 남경까지 이르게 되었다[然多取百濟地 遂抵高麗南境矣]. 4) 상주, 양주, 강주, 웅주, 전주, 무주, 한주, 삭주, 명주의 9주를 두었다. 주에는 도독이 있어 10군 혹은 20군을 다스렸으며, 군에는 태수가 있고 현에는 소수가 있었다. (『신당서』권220, 신라)

『당회요』는 송의 왕부王溥가 961년에 당의 『회요』와 『속회요』를 보완하여 편찬한 것이다. 신라에서 사료 C4)와 같은 9주 명칭의 한화는 757년에 있었으므로,[38] 사료 C는 당 고조(618~626)에서 덕종(780~804)까지의 사실을 편찬한 소면蘇冕의 『회요』에 실려 있었던 사실일 가능성

---

38 『三國史記』卷9, 景德王 16年.

이 크다.[39] 한편 『신당서』는 송의 구양수歐陽脩와 송기宋祁 등이 『구당서』를 개수하여 1060년에 완성했다. 『구당서』 신라전에는 사료 D와 같은 내용이 없는 것을 볼 때, 『신당서』는 『당회요』의 내용을 전거로 보완했을 것이다.

사료 C와 D는 사실을 전하는 밀도에서 약간의 차이가 있지만, 골자는 거의 같다. 검토의 편의를 위해 나눈 네 문단의 요지는 다음과 같다. 1) 계림도행군대총관 유인궤가 675년에 칠중성에서 신라를 깨뜨리고 돌아왔다. 2) 신라가 사신을 보내 사죄하고 방물 헌상이 잇달았으므로, 당 고종은 김법민의 관작을 복구했다. 3) 그러나 신라는 이미 백제 땅을 많이 차지하고 마침내 고구려 남경에 이르게 되었다. 4) 신라는 상주, 양주, 강주, 웅주, 전주, 무주, 한주, 삭주, 명주 등의 9주를 두고 지방 통치에 임했다.

이러한 내용에 대해 필자는 사료 C2), 3)과 D2), 3)은 675년의 사실이고, C4)와 D4)는 757년 이후의 사실을 반영한 것으로 파악한 바 있었다.[40] 한편 반론은 첫째, 사료 C3), 4)와 D3), 4)는 모두 735년 패강 이남의 신라 영유 이후에 있었던 사실로 이해하고,[41] 둘째, 위의 사실을

---

39 김영하, 앞의 논문, 2018.

40 김영하, 앞의 논문, 2018.

41 이와 관련하여 윤경진은 "고구려남경" 기사를 735년에 대동강 이남의 땅을 공인받은 이후의 상황으로 파악했다(앞의 논문, 2019a). 그러한 한편 같은 문맥의 기사에 대해 신라의 백제 토지 점유와 고구려 남경 도달은 시간적으로 선후 관계에 있는 것으로 해석하기도 한다(「매초성 전투와 나당전쟁의 종결-『삼국사기』 신라본기 675년 2월 기사의 분석-」『사림』60, 2017; 앞의 논문, 2019b). 여기에서 신라의 백제 토지 점유와 고구려 남경 도달이 모두 735년 이후에 시차적으로 이루어졌는지, 아니면 신라의 백제 토지 점유와 고구려 남경 도달이 각각 735년을 전후하는 시차로 이루어졌는지를 밝히지 않았다. 이 문제는 735년에 신라가 당으로부터 대동강 이남의 영유를 인정받은 이후, 경덕왕대(742~764)에 예성강 유역 및 재령강 유역에 10군현과 헌덕왕대(809~825)에 대동강 이남에 4군현을 설치한 사실에 비추어 해명이 필요한 부분이다. 또한 이와 관련하여 신라가 660년의 백제 공멸을 통해 임진강 이남의 백제 영토를 모두 차지한 다음 다시 그 이북에 남아 있던 백제 토지를 '많이 차지[多取]'하고, 그곳으로부터 더

C3)의 '기既'와 D3)의 '수遂'가 갖는 문법적 기능의 설명을 통해 입증하고자 했다. 그러나 여기에서 전자의 논점은 후자에 대한 비판을 통해 자연히 해소될 것이다.

반론에 의하면, 사료 C3)의 '기既'는 문장과 문장을 연결할 때 해당 구문이 뒤에 이어지는 내용에 시간적으로 '선행'한다는 의미를 가지기 때문에 '(이미) ~한 뒤에, ~하고 나서'로 해석하는 것이 본래의 뜻에 가깝다고 한다. 다시 말해 "기진유백제지지既盡有百濟之地"가 "급고구려남경及高句麗南境"에 선행한다는 것이지, 그 앞에 있는 "제복김법민관작帝復金法敏官爵"에 선행한다는 의미가 아니라는 것이다. 이러한 사실은 D3)의 "다취백제지多取百濟地 수저고려남경의遂抵高麗南境矣"에서 '수遂'는 통상 '마침내'로 해석되는데, 해당 구문이 앞 구문보다 시간적으로 뒤라는 것을 나타내는 데서 분명하다고 한다. 따라서 사료 C3)과 D3)은 공히 백제 토지의 점유와 고구려 남경의 도달이라는 시간적 선후 관계를 말하는 것으로 파악했다.[42] 과연 그러한가? 반론의 설명과 같이 "기진유백제지지"가 "급고구려남경"에 선행했더라도, 이해의 중점은 "제복김법민관작"에 후발한 데 두어야만 했다.

우선 '기既'는 '이미' 또는 '이윽고'의 뜻인데, 사전적 의미는 다 끝나거나 지난 일을 이를 때 사용하는 부사로서 앞에서 완료된 일과 같은 시점에 있었던 사실을 뒤에서 부연하는 역할을 한다. 따라서 해당 기사는

나아가 백제 영토의 북방 경계인 대동강에 도달했다는, 이를테면 세 단계에 걸친 서북 진출과 관련되는 '많이 자치[多取]'한 시점과 지역도 밝히지 않았다. 이러한 논지는 『당회요』와 『신당서』의 해당 기사도 대동강까지를 백제의 땅으로 인식하고 서술되었다는 전제에서 도출된 것이지만, 당 태종이 평양 이남을 백제 토지로 인지하고 있었다는 반론의 주장에 대한 필자의 비판 논리로 볼 때 역시 그럴지는 의문이다. 여기에서는 일단 "고구려남경" 기사를 735년 이후의 일로 파악한 데 따라 논의를 진행하기로 한다.

42 윤경진, 앞의 논문, 2017; 앞의 논문, 2019b.

"당 고종이 675년에 문무왕의 관작을 복구하였다. 이미(또는 이윽고) 신라는 백제의 땅을 모두 차지함으로써 고구려의 남경에 이를 수 있었다"라고 해석된다. 이러한 해석의 타당성은, 반론이 사료 D3)을 "그러나 백제 땅을 많이 차지하고 마침내 고려 남경에 이르렀다[多取百濟地 遂抵高麗南境矣]"로 번역하면서도, 막상 원문 인용은 물론 용법 검토에서도 누락시킨 '연然'[43]의 문법적 역할을 밝힘으로써 확인될 것이다.

다음으로 '연然'은 '그러나' 또는 '그렇지만'의 뜻인데, 사전적 의미는 앞의 내용과 뒤의 내용이 상반될 때 사용하는 접속 부사이다. 이처럼 '연然'이 앞뒤의 사실을 역접으로 이어줄 때, '마침내' 또는 '드디어'라는 뜻의 '수遂'는 그 결과를 함축하는 의미를 지닌다. 따라서 해당 기사는 "당 고종이 675년에 문무왕의 관작을 복구하였다. 그러나(또는 그렇지만) 신라는 백제 땅을 많이 차지함으로써 마침내(또는 드디어) 고구려의 남경에 이를 수 있었다"라고 해석된다. 『신당서』가 역접으로 문장을 수정한 것은, 당의 결정에 의한 675년의 사실상 종전과 그때까지 이룬 신라의 성취를 대비하려는 찬자의 취지에 다름 아니었다. 이처럼 '기旣'와 '연然'은 앞의 사실과 뒤의 사실을 이어주는 부사로서의 문법적 기능을 다하고 있었던 것이다. 여기에서 반론의 사료 오독이 드러나는 한편, 사료 C2), 3)과 D2), 3)은 동시 관계에 있는 675년의 사실이라는 점이 자명해진다.

필자가 『당회요』의 사료 C를 이용하여 임진강설을 보완한[44] 이후에도, 반론은 이 사료를 비판하거나 이용하지 않은 채 대동강설을 거듭 주

---

43 윤경진, 앞의 논문, 2017; 앞의 논문, 2019b.

44 김영하, 앞의 논문, 2016.

장했다.[45] 더구나 필자가 이 사료를 이용하지 않은 반론의 한계를 지적한[46] 데 대해서는, 『당회요』가 『신당서』보다 먼저 편찬되었다고 해서 실제를 반영하는 것은 아니라면서 사료 C3)에서 상주上州와 금주金州의 착오를 들어 불완전성을 부각시키고 있었다.[47] 역사 연구에서 원사료의 탐색은 부단한 책무이며, 사료로서의 가치가 저급할 경우 비판을 거쳐 이용하는 것은 기본이다. 그러나 『당회요』 기사의 사료적 가치가 『신당서』에 대한 반론의 작위적인 오독으로 인해 반증되는 것은 역설이다.

위에서 살펴본 바와 같이 사료 C3), D3)이 675년의 사실임에도 불구하고, 반론은 사료 C4), D4)와 함께 735년 이후의 사실로 파악하고 있었다. 이러한 오류는 『당회요』 및 『신당서』 기사와 다음에 검토할 『삼국사기』 기사에서 신라의 영토 확보에 관한 내용이 같고, 세 사료에 공통으로 나오는 "고구려남경"은 신라 영토의 도달점으로서 대동강을 가리키는 것이 명백하다[48]라는 전제에 구애됨으로써 나타날 수밖에 없는 것이었다.

E1) 문무왕 15년(675), 2월에 유인궤가 우리 병사를 칠중성에서 깨뜨렸다. 인궤가 당병을 이끌고 돌아가니 조서로써 이근행을 안동진무대사로 삼아 신라를 경략하였다. 2) 왕은 이에 사신을 보내 조공하고 또 사죄하니, 당 고종이

---

45 윤경진, 앞의 논문, 2017.

46 김영하, 앞의 논문 2018.

47 윤경진, 앞의 논문, 2019b.
　『당회요』의 기사에서 지명 착오는 상주尚州가 상주上州로 불린 사실과, 금주金州는 전주全州의 간오에서 기인한 것일 수 있다. 그러나 윤경진은 『신당서』가 『당회요』 기사의 지명 오류를 바로 잡았을 뿐만 아니라, "고구려남경"에 대한 명확한 이해를 위해 '기旣'와 '급及' 대신에 후속 구문에 '수遂'를 넣고 '저抵'로 바꾸어 수정한 것으로 보았다. 이러한 사료 비판의 오류는 '기旣'를 대신한 역접의 부사 '연然'에 대한 검토를 배제한 사료의 오독에서 연유하는 것이었다.

48 윤경진, 앞의 논문, 2019b.

용서하고 왕의 관작을 복구하였다. 김인문은 중도에서 돌아왔으므로 다시 임해군공으로 책봉하였다. 3) 그러나 백제 땅을 많이 차지하고, 마침내 고구려의 남경에 이르기까지를 주군으로 삼았다[然多取百濟地 遂抵高句麗南境爲州郡]. (『삼국사기』권7)

앞에서 검토했듯이 사료 C3), D3)과 C4), D4)는 시간상 별개의 사실임에도 불구하고, 『삼국사기』는 사료 E3)에서 보다시피 "연다취백제지然多取百濟地 수저고구려남경위주군遂抵高句麗南境爲州郡"과 같이 하나의 사실로 정리하는 차이를 보였다. 원사료는 후대의 전사 과정에서 기록자의 의도 또는 시대적 상황으로 인해 사실 인식에서 굴절이 생길 수 있다. 『당회요』와 『신당서』는 내용의 강조 방법에서 차이가 있었던 반면, 『신당서』를 전거로 편찬된 『삼국사기』는 아예 해당 사실을 다르게 곡해하고 있었던 것이다.

그럼에도 불구하고 반론은 사료 E3)의 사료적 가치를 입증하기 위해 첫째, 그 전거였던 D3)의 "연다취백제지然多取百濟地 수저고려남경의遂抵高麗南境矣"에서 '의矣'의 문법적 기능을 검토하고, 둘째, 영토 확장과 그에 따른 행정적 조치로서 9주 편성은 불가분의 관계라는 점을 강조했다.[49] 반론에 따르면 일반적으로 '의矣'는 내용의 종결을 나타내는 경우가 많지만, 앞 내용의 '확인'을 통해 후속 내용과 논리적 연결을 강조하는 효과도 있다고 한다.[50] 그러나 사료 D3)의 '의矣'가 문장을 끝맺는 어조사로서의 기능은 C4)에서 문장을 시작하는 어조사인 '어於'의 기능에 의해 방증될 것이다.

---

49 윤경진, 앞의 논문, 2019b.
50 윤경진, 앞의 논문, 2019b.

먼저 '의矣'의 문법적 기능에 관한 문제이다. 단정을 나타내는 어조사로서 '의矣'는, 사료 D3)에서 보다시피 "마침내 고려의 남경까지 이르게 되었다[遂抵高麗南境矣]"라는 문장의 종결에 사용되고 있었다. 이에 비해 사료 C4)에서 어조사 '어於'는 "이에 경내에 상주, 양주, 강주, 웅주, 전주, 무주, 한주, 삭주, 명주 등을 설치하였다[於界內置上('尙'의 오기: 인용자)良康熊金('全'의 오기: 인용자)武漢朔溟等州]"라는 문장의 시작에 쓰이고 있었다. 『당회요』는 '어於'를 사용하여 후발 문장을 선행 문장과 구분하고, 『신당서』는 '의矣'를 사용하여 선행 문장을 후발 문장과 구분했던 것이다. 기실 반론이 사료 E3)에서 "마침내 고구려남경에 이르러 주군을 삼았다[遂抵高句麗南境 爲州郡]"[51]와 같이 붙여 번역하면서도, 원문은 띄어 읽은 독법 자체가 이미 '의矣'의 문법적 기능에 유의했다는 반증에 다름 아니다.

다음은 영역 확보에 따른 편제의 문제이다. 필자는 백제 고지의 확보에 관한 사료 C3)과 D3)은 675년의 사실이고, 한화된 명칭의 9주 및 지방의 통치조직을 약술한 C4)와 D4)는 757년 이후의 사실을 반영한 것으로 해석했다. 이에 대해 반론은 사료 E3)까지 아울러 모두 735년 이후의 사실로 보고, 고구려 남경의 도달이라는 영토 확장과 대동강 이남에 대한 9주 편성이라는 양자 간의 단절될 수 없는 불가분의 관계를 강조했다.[52]

그러나 신라의 서북경 개척과 편제 과정은 675년 백제 고지의 확보, 685년 임진강 이남에 9주 편제, 694년의 송악성 및 우잠성 축성과 713년의 개성 축성, 735년 당의 대동강 이남 하사, 경덕왕대(742~764)

---

51 윤경진, 앞의 논문, 2017; 앞의 논문, 2019b.

52 윤경진, 앞의 논문, 2019b.

예성강 유역 및 재령강 유역에 10군현 설치, 757년 9주 명칭의 한화, 782년 패강진의 설치, 헌덕왕대(809~825) 대동강 이남에 4군현 설치 등과 같이 상황 변화에 따른 단절과 지속으로 점철되었기 때문에 반론의 언급과 같이 단순한 것이 아니었다는 사실만을 지적해두기로 한다.

결국 사료 C4)와 D3)은 각각 어조사 '어於'와 '의矣'를 사용하여 C3)과 D4)를 별개의 사실로 구분했음에도, 반론은 사료 E3)을 『당회요』와 『신당서』의 해당 구절처럼 띄어 읽으면서도 『삼국사기』와 같이 붙여서 번역한 데 오류가 내재하고 있었던 것이다. 이러한 의미에서 필자는 『당회요』와 『신당서』에서 시기를 달리한 것으로 기술한 두 사실을 같은 시기에 있었던 하나의 사실로 정리한 『삼국사기』의 오류를 비판했다.[53] 반론은 자신을 비판한 것으로 오해하기도 했지만,[54] 『삼국사기』의 오류를 답습한 어떤 논지도 비판으로부터 자유로울 수는 없을 것이다.

4) 김유신의 유언과 '삼한일가三韓一家'

김유신은 증조부 김구해가 532년에 신라로 귀부한 금관가야계의 진골 귀족 출신이었다. 그들은 경주 토착의 기성 귀족으로부터 경원시되는 존재였는데, 부친 김서현과 숙흘종의 딸 만명의 결혼이 어렵게 성사된 데서 알 수 있다. 이에 김유신은 진지왕의 폐위로 인해 진골 신분으로 탈락한 김춘추와의 결탁을 통해 신진 귀족으로서의 정치적 지향을

---

53 김영하, 앞의 논문, 2016.
54 윤경진, 앞의 논문, 2019b.

띠게 되었다.[55] 김춘추가 외교를 통한 백제통합을 모색할 때, 김유신은 군사 활동을 통해 그를 지원했던 것이다. 그는 김춘추를 도와 중대 왕실을 개창한 원훈일 뿐만 아니라 태종무열왕과 함께 660년에 백제를 멸망시킨 업적을 남겼다. 다음은 그가 죽기 전에 문무왕에게 남긴 유언이다.

F. 함형 4년(673), 여름 6월 (중략) 대왕이 친히 찾아가 위문하였다. 유신이 말하기를, "신이 고굉의 힘을 다하여 원수를 받들기를 바랐는데, 견마의 병이 이에 이르니 오늘 이후에는 다시 용안을 뵐 수 없을 것 같습니다"라고 하니, 대왕이 울며 말하기를, "과인에게 경이 있음은 고기에 물이 있음과 같았는데, 만일 피치 못할 일이 생기면 인민과 사직은 어찌해야 하겠는가?"라고 하였다. 유신이 대답하기를, "1) 신이 우매하고 불초하니 어찌 국가에 유익했다고 할 수 있겠습니까? 다행스럽게도 밝으신 성상께서 써서 의심하지 않으시고 맡겨서도 의심하지 않았으므로[明上用之不疑 任之勿貳] 대왕의 현명함에 의지하여 조그만 공을 이루었던 것입니다. 삼한이 한집안이 되고 백성이 두 마음을 갖지 아니하니[三韓爲一家 百姓無二心] 비록 태평太平에는 이르지 못하였더라도 또한 소강小康이라고는 말할 수 있습니다. 2) 신이 보건대 예로부터 대통을 이은 군주[繼體之君]로서 처음이 있지 않은 이도 없지만, 끝이 있는 이는 드물었습니다[靡不有初 鮮克有終]. 그리하여 여러 대에 걸친 공적이 하루 아침에 허물어져 없어졌으니, 매우 통탄할 일입니다. 엎드려 바라건대 전하께서는 성공成功이 쉽지 않음을 아시고 수성守成의 어려움을 생각하시어 소인을 멀리하고 군자를 가까이하여 위에서는 조정이 화목하고 아래에서는 민물民物이 편안해서 화란禍亂이 일어나지 않고 기업基業이 무궁

---

55 김영하, 앞의 책, 2002.

하게 된다면 신은 죽더라도 유감이 없겠습니다"라고 하니, 왕이 울면서 받아들였다. 가을 7월 1일에 유신이 사제私第의 정침에서 죽으니 향년 79세였다. (『삼국사기』권43, 김유신 하)

문무왕이 김유신 사후의 인민과 사직에 관한 대책을 물은 데 대한 유언은 위 사료에서 보다시피 두 부분으로 구성되었다. 사료 F1)은 태종무열왕의 절대적인 신임 속에서 이룬 자신의 공적을 돌아보고 평가한 내용이다. F2)는 중대 왕실에서 태종무열왕의 대통을 이은 군주로서 문무왕에게 수성을 당부한 내용이다. 김유신이 자신의 공적을 자평하는 유언의 내용은 신하가 군주에게 말할 수 없는 성질의 것이기 때문에 그의 실제 발언일 수 없다는[56] 반론의 부당 전제는, 김유신을 당 태종 때의 명신이었던 위징에 일부러 견주기 위해 그의 유표에서 『서경』 구절을 차용하여 후대에 가공한 것이라는[57] 데로 비약하는 단서였다.

그러한 논의의 요점 하나는 『서경』의 구문을 통해 표현할 수 있는 '주체'의 성격과 '시기'의 문제로서, 신라 중대에 무장 출신의 김유신이 말할 수 있는 내용이 아니라는 점에서 후대의 조작 내지 윤색일 수 있다는 것이다.[58] 반론의 논지에 따르면 김유신에 관하여 부풀린 내용이 많은 김장청의 『행록行錄』에 대한 김부식의 산삭刪削[59] 이외에도 열전의 내용에 조작이 가해졌다는 주장인데, 정작 중요한 조작의 주체에 관한 설명은 결하고 있었다. 더구나 그 시기에 관해서는 신라 말의 조작 가능성

---

56 윤경진, 「신라 중대 태종(무열왕) 시호의 추상과 재해석」 『한국사학보』53, 2013.
57 윤경진, 앞의 논문, 2019b.
58 윤경진, 앞의 논문, 2013; 앞의 논문, 2019b.
59 『三國史記』卷43, 金庾信 下.

을 언급하거나,[60] 다음의 설명처럼『구당서』가 편찬된 945년 이후의 조작 가능성을 다시 제시하는 혼란을 보였다.

또 다른 하나는 김유신의 유언과 위징의 유표는 모두 임종을 맞아 문무왕과 당 태종에게 올린 것으로서 시기가 같고,『서경』을 인용한 유표의 "거사물의去邪勿疑 임현물이任賢勿貳"를 유언에서는 "용지불의用之不疑 임지물이任之勿貳"로 차용했기 때문에 내용의 초점이 같다고 한다.[61] 과연 그러한가? 먼저 643년에 죽은 위징의 유표가 편찬 유포된 시기를 밝혀둘 필요가 있다. 반론은 위징에 대한 인식이 구체화될 수 있는 계기의 하나인 그의 유표가 945년에 편찬된『구당서』의 위징 열전에 처음 실렸으므로, 유표를 차용하여 조작한 김유신의 유언 내용은 그 이전에 나올 수 없는 것으로 단정한 다음 이에 대한 필자의 언급을 요구했기 때문이다.[62]

그러나 위징의 유표는『구당서』에 처음 실린 것이 아니라, 세상 사람들의 이야기를 채록하고 나라의 전고典故를 참고하여 편찬한 사실을[63] 서문에서 밝힌 왕침王綝(미상~702)의『위정공간록魏鄭公諫錄』에 이미 수록되어 있었다. 당 태종과 위징(580~643)의 관계는 지우知遇와 직간直諫으로 상징되는 군신관계의 이상형으로서, 당대는 물론 후세에도 자주 회자되었다. 그와 같은 관계를 잘 보여주는 것이『위정공간록』에서 유표의 작성, 발견, 활용과 관련된 다음의 내용이다.

---

60 윤경진, 앞의 논문, 2019a.

61 윤경진, 앞의 논문, 2019a.

62 윤경진, 앞의 논문, 2019b.

63 王方慶,『魏鄭公諫錄』原序, 中華書局, 1985. "於是採聽人謠 參詳國典 撰成諫錄 凡爲五卷."

G1) 태종이 일찍이 조정에 나아가 시신들에게 말하기를, "무릇 구리로 거울을 만드니 의관을 바로잡을 수 있고, 옛일을 거울로 삼으니 흥체興替를 알 수 있으며, 사람을 거울로 여기니 득실得失에 밝을 수 있다. 짐은 늘 이 세 거울을 가지고 나의 잘못을 예방할 수 있었다. 이제 위징이 죽었으니, 마침내 거울 하나가 없어진 셈이다. 2) 위징이 죽고, 짐이 그의 집으로 사람을 보내 그의 글을 구하였는데 유표遺表 한 장을 얻을 수 있었다[就求其書 得遺表一紙]. 당초에 초고로 마련한 것인데, 글자는 거의 알아보기 어렵고 오직 몇 줄만을 조금 분변할 수 있었다. 3) 거기에서 말하기를, 〈천하의 일에는 선악이 있습니다. 선인에게 맡기면 나라가 편안하고 악인을 쓰면 나라가 어지러워집니다. 공경에 대한 정에는 애증이 있을 수 있습니다[公卿之情有愛憎]. 증자憎者는 오직 그 악함만을 보게 되고, 애자愛者는 오직 그 선함만을 보게 될 것입니다. 애증이 있더라도 의당 자세히 살펴서 만약 사랑스럽더라도 그 악함을 알고 미워하더라도 그 선함을 알며, 사악한 자의 제거에는 의심하지 말고 어진 이에게 맡김에는 두 마음을 품지 않으면[去邪勿疑 任賢勿貳] 왕화王化를 일으킬 수 있습니다〉라고 하였다. 4) 그 유표가 이와 같았는데, 어찌 많은 것이 필요하겠는가? 짐이 그것을 생각하니 면할 수 없을 것 같다[其遺表如此 何必多在 朕思之恐不免]. 이 일을 홀에 적어두고 그런 일을 알게 되면 곧 간언하도록 하라"라고 하였다. (『위정공간록』권5, 태종임조조군신)

사료 G는 1)에서 당 태종과 위징의 관계, 2)에서 유표의 발견과 상태, 3)에서 유표의 실제 내용, 4)에서 유표 활용에 대한 당부의 네 부분으로 구성되어 있다. 이 중의 사료 G2)에서 보다시피 당 태종은 위징의 사후에 그의 집에 사람을 보내 유표를 습득했다. 습득 당시에는 이미 문자의 분간이 어려울 정도였던 것으로 보아 오래전에 작성된 초고로 추정된다. 또한 G4)에서 보듯이 당 태종은 인재의 임면에 관한 유표의 내용을 실천하기 어려울 것 같기 때문에 홀에 적어두고 간언할 때 이용하라는 조서를 내림으로써 시신들에게도 알려졌다.

왕침도 그것을 채록하여 『위정공간록』에 실었을 수 있다. 왕침이 죽은 연도를 감안하면, 위징의 유표는 늦어도 702년 이전에는 이미 세상에 알려졌을 것이다. 이에 『구당서』의 위징 열전도 『위정공간록』을 원전으로 삼아 편찬했을지도 모른다.[64] 신라에서 『위정공간록』의 수입 여부는 알 수 없지만,[65] 일단 『구당서』에 실린 위징의 유표를 차용한 김유신 유언의 조작이 적어도 945년 이후인 것으로 보았던 반론의 단정은 사실이 아니었다. 그러나 더욱 중요한 문제는 반론의 주장과 같이 위징의 유표를 차용하여 김유신 유언을 실제로 조작했는가에 있다. 유언과 유표는 기본적으로 다른 내용이지만, 시기와 내용의 비교만으로도 차용이 아니라는 사실을 쉽게 간취할 수 있을 것이다.

첫째, 시기의 비교이다. 반론은 유언이나 유표는 모두 임종 시에 발언하거나 작성한 것으로 간주했다. 그러나 유언은 임종 시에 문무왕을 대면한 상태에서 이루어진 데 반해, 유표는 생전에 작성해두었던 초고로서 습득할 당시에는 이미 글자마저 분간하기 어려운 상태였다. 죽은 뒤에 발견되었기 때문에 유표로 불리기는 하지만, 위징이 임종을 맞아 당 태종에게 당부의 말을 올리기 위해 작성한 것은 아니었다. 임종 시의 발언인 김유신의 유언과 달리 위징의 유표는 평상 시에 작성해둔 것으

---

64 『위정공간록』과 『구당서』의 내용 비교에서 "就求其書 得遺表一紙"와 "就其書函得表一紙", "公卿之情有愛憎"과 "公卿之內 情有愛憎", "其遺表如此 何必多在 朕思之恐不免"과 "其遺表如此 然在朕思之 恐不免斯事" 정도의 차이를 제외하면, 나머지 문의는 거의 같다.

65 신라 중대에 당으로부터 유불도에 관한 서적들이 수입되고 있었음을 감안하면(김영하, 『신라중대사회연구』, 일지사, 2007), 당시 신라가 유교적 윤리에 입각한 군신관계를 지향한 사실과 관련하여 『위정공간록』의 수입 가능성도 배제할 수는 없다. 한편 후진에서 편찬된 『구당서』는 고려에서 1042년에 처음으로 간행되었는데(『고려사』권6, 정종 8년), 윤경진은 조작 시기의 추론에 주요 근거인 『구당서』가 후진판인지 아니면 고려판인지를 밝히지 않았다.

로서 그 시기가 달랐던 것이다. 결국 반론의 편의적 곡해는 위징의 유표를 제대로 검토하지 않은 데서 기인했는데, 내용 비교에서도 다시 확인된다.

둘째, 내용의 비교이다. 『서경』 대우모편의 "임현물이 거사물의"는 '거현임능擧賢任能'의 인재 선발과 임용에서 도덕적 기준인 현과 실무적 기준인 능 중에서 신하의 '임면任免'에 적용되는 도덕적 기준과 군주의 덕목에 관한 내용이다. 유표는 "거사물의 임현물이"로 해당 구절을 도치시켰는데, 초고의 단순한 실수인지 아니면 찬자의 의도인지는 알 수 없다.[66] 한편 유언의 "용지불의 임지물이"는 김유신의 '임용任用'에서 나타난 무열왕의 덕목만을 언급할 뿐, 김유신에 관한 도덕적 기준은 거론하지 않았다. 신하의 '임용'에서 군주의 덕목만을 언급한 유언의 내용이 신하의 '임면'에서 도덕적 기준과 군주의 덕목을 함께 언급한 유표의 차용일 수는 없다. 『서경』의 "임현물이 거사물의"를 인용하여 김유신을 평가한 김부식이[67] 그의 열전을 편찬하면서도 "용지불의 임지물이"를 그대로 둔 것은 양자의 차이를 잘 알았기 때문일 것이다.[68]

신라에서는 『시경』, 『서경』, 『예기』, 『좌전』 등의 경전을 3년에 걸쳐 학습하기로 서약한 〈임신서기석〉(612) 이래 640년에는 당의 국학에 학생들을 보내 유학을 학습시켰으며, 또한 651년에 유학 교육을 담당할 대

---

66 『신당서』권97, 위징 열전에서는 "거사물의去邪勿疑 임현물이任賢勿貳"를 다시 "거사물의去邪勿疑 임현물시任賢勿猜"로 바꾸어 표현하고 있었다. 『신당서』 찬자들이 『서경』의 "임현물이任賢勿貳 거사물의去邪勿疑"를 모르고 그와 같이 표현했다고 보기 어려우므로, 『구당서』권71, 위징 열전의 경우도 『서경』 구절의 단순 도치이기보다 찬자의 의도에 따른 표현일 것으로 짐작된다. 이러한 관점에서 유언의 "용지불의用之不疑 임지물이任之勿貳"는 『서경』 구절의 차용과 더욱 무관한 것이 될 수밖에 없다.

67 『三國史記』卷43, 金庾信 下, 論.

68 한국고전종합데이터베이스의 검색에 따르면, 실제 '용지불의'와 '임지물이'는 관리 임용의 일반적인 덕목으로서 『서경』 구절과 무관하게 자주 거론되고 있었다.

사大舍 2인을 설치한 이후 682년에는 국학을 설치할 만큼 유가 경전에 대한 상당한 이해가 축적되어 있었다. 이러한 배경에서 유학을 학습한 새로운 유형의 관료로 강수와 같은 인물이 출현했고,[69] 자신의 유학에 대한 이해는 물론 유학에 밝은 막료를 거느렸을 김유신의 유언에서 유표에도 언급되지 않은 『시경』 대아편의 "미불유초靡不有初 선극유종鮮克有終"이 인용될 수 있었던 것이다.

이처럼 반론이 김유신 유언의 후대 조작을 강조한 목적의 하나는, 유언과 같은 뚜렷한 유교 정치 이념의 표방이 신라 중대에서 불가능하다는 데 있었다.[70] 그러나 유언의 신하 '임용'에서 드러난 군주의 신임에 관한 덕목을 뚜렷한 유교 정치 이념의 표방으로 인식할 정도라면, 반론의 논지대로 그것을 매개로 유언을 조작한 고려 유학의 수준도 역시 저급하다는 반증에 지나지 않는다. 유교의 정치 이념에 관한 구체적 검토도 없이, 한·당 유학의 범주 내에서 경전의 숙독 및 배송과 그 정치적 응용을 중시한 신라와 고려 유학의 우열 비교는 무의미하기 때문이다.

기실 반론이 김유신 유언의 후대 조작을 강조한 주요 목적은, 신라 중대에는 "삼한위일가"로 표출되는 일통삼한의식이 존재할 수 없다는 사실을 입증하기 위한 것이었다.[71] 그러나 앞에서 밝힌 바와 같이 김유신의 유언은 『구당서』의 위징 열전에서 그의 유표를 차용한 것이 아니었다. 그렇기 때문에 김장청이 중대 말에 김유신의 『행록』을 구상하고 편찬하면서 언급한 "삼한위일가 백성무이심"의 함의를 다시 한 번 살펴볼 필요가 있다. 신라가 백제만을 포함하는 삼한의 범주를 설정할 이유와

---

69 김영하, 앞의 책, 2007.
70 윤경진, 앞의 논문, 2019a; 앞의 논문, 2019b.
71 윤경진, 앞의 논문, 2019b.

용례가 없다는 반론의 지적이 있었기 때문이다.[72]

수와 당이 한반도의 삼국을 삼한으로 지칭했더라도, 신라에서는 삼국이 곧 삼한이라고 인식한 것만은 아니었다. 김춘추가 648년에 당 태종으로부터 받은 『진서』에서 한반도 남부의 삼한은 현토군 소속의 고구려와 다른 계통으로 기술되었고, 당이 660년에 백제를 멸망시키고 세운 〈대당평백제국비명〉에 언급된 삼한에는 고구려가 포함되지 않았다.[73] 특히 백제와 신라를 마한과 진한으로 입전시킨 『진서』의 삼한인식을[74] 통해 진한의 신라는 자신들이 흡수한 변한의 가야와 더불어 마한의 백제를 삼한으로 규정할 수도 있었을 것이다. 이러한 사실을 염두에 두고 김유신 유언의 "삼한위일가"가 의미하는 바를 알아보기로 한다.

신라는 일찍이 '일가—家'로 삼을 대상으로 백제를 지목한 바가 있고, 신라 자신이 고구려의 왕통을 계승시킨 보덕국이 아직 존재하고 있었다.[75] 이러한 조건 하에서 마한과 진한의 후신인 신라와 백제 이외에 고구려는 "삼한위일가"에 포함될 수 없었고, 신라의 입장에서 "백성무이심"은 왕통의 단절로 의지할 바가 없어진 백제 지역의 민심을 반영한 것이기도 했다. 김유신의 현손 김장청이 『행록』을 편찬했을 때에는 이미 고구려를 포함하는 '일통삼한'의 의식이 성립된 이후임에도 불구하고 굳이 '삼한일가'로 표현한 이유일 것이다.

한편 반론은 김유신 유언의 후대 조작이라는 전제 위에서 맥락을 달

---

72 윤경진, 앞의 논문, 2019b.

73 김영하, 앞의 논문, 2010.

74 『晉書』卷97, 馬韓, 辰韓.
　　한편 『진서』는 삼한으로 마한, 진한, 변한을 거론하면서도, 변한의 후신인 가야가 644년 『진서』의 편찬 이전에 이미 신라에 흡수된 까닭에 변한을 따로 입전하지 않았던 것으로 추측된다.

75 김영하, 앞의 논문, 2010.

리하는 사료 F1)의 태평, 소강과 F2)의 성공, 수성을 이해하고 있었다. 그 요지는 첫째, 유언은 당시 상황을 '태평太平'으로 보면서 자만하지 말자는 취지를 담고 있는데, 뒤집어 말하면 '태평'으로 볼 수 있는 상황이라는 것이다. 둘째, 유언에서 '태평'이 되려면 '수성守成'의 역할이 중요한 데, 그 방법은 군자의 등용이라는 것이다.[76] 결국 태평에 대한 소강小康과 수성에 대한 성공成功의 의미를 증발시킴으로써 유언 본래의 취지를 오해하고 있었다.

유교문화권의 정치적 담론에서 태평은 성취해야 할 궁극의 과제로 설정될[77] 뿐, 현실에서 당면한 현안의 과제를 달성했을 때는 소강으로 인식해왔다.[78] 신라가 671년 소부리주의 설치로 백제를 실질적으로 통합한 상황에서 김유신 자신은 조그만 공을 이룬 것으로 여겼으며, 또한 그것은 김유신 자신이 속한 신라의 숙원 사업이었던 만큼 소강으로 자평할 수 있었을 것이다. 이와 같은 김유신의 소강 인식이 태평에 대한 경계의 취지로 곡해될 성질의 것은 아니었다.

또한 반론은 왕조를 창업하지 않은 태종무열왕에게 있어서 성공은

---

76 윤경진, 앞의 논문, 2019b.

77 그러한 사례로 "干寶論曰 (中略) 至于世祖 遂享皇極 仁以厚下 儉以足用 和以不弛 寬以能斷 掩唐虞之舊域 頒正朔於八荒 于時有天下無窮人之諺 雖太平未洽 亦足以明民樂其生矣"(『자치통감』권89, 민제 건흥 4년)에서 보듯이 진의 세조는 천하를 통일하고 궁핍한 사람이 없는 치적을 남겼는데도, 간보는 아직 태평에는 이르지 못한 것으로 평가하고 있었다. 한편 사마광은 당 문종 때의 재상 우승유가 함부로 태평과 소강을 언급한 데 대한 사론에서, "臣光曰 君明臣忠 上令下從 俊良在位 佞邪黜遠 禮修樂擧 刑淸政平 姦宄消伏 兵革偃戢 諸侯順附 四夷懷服 家給人足 此太平之象也"(『자치통감』권244, 문종 태화 6년)라고 태평의 조건을 꼽고 있었다.

78 영가永嘉의 난으로 건강으로 파천했던 동진의 조정에서 낙양으로의 천도 논의가 있자, 손작이 "(前略) 運漕之路旣通 開墾之積已豊 豺狼遠竄 中夏小康 然後可徐議遷徙耳"(『자치통감』권101, 애제 융화 원년)라고 언급한 데서 보는 바와 같이 천도의 필요조건으로 당시 중원을 차지한 유목족의 왕조를 원방으로 쫓아낸 상태를 소강으로 꼽은 사례로도 알 수 있다.

'일통삼한'을 가리키며,[79] 또한 고구려까지 멸망시킨 문무왕에게 '수성' 만을 당부한 점은 의아하다고 했다.[80] 그러나 문무왕이 수성할 대상인 성공은 중대 왕실을 개창한 창업과 백제를 멸망시킨 공업이라는 태종 무열왕의 두 업적을 함축한 것이었는데, 여기에는 물론 김유신의 기여 도 적지 않았다. 이러한 당시의 상황은 유언에 제대로 반영되었고, 중 대 왕실의 개창에 따른 정치적인 창업 이외에 군사적인 공업을 더하여 성공으로 표현했을 것이다. 따라서 수성은 군자의 등용과 같은 태평 의 조건을 의미하는 것이 아니라, 대통大統을 계승한 군주인 문무왕이 태종무열왕의 성공을 이어서 지켜야 할 수성 본래의 의미 그 자체였던 것이다.

한편 김유신의 유언에 나오는 '삼한일가'가 '일통삼한'으로 전환되는 데는 외적 계기가 있었다. 반론은 692년에 있었던 당과의 태종 시호의 시비와 일통삼한의 성립에 관한 기사의 주인공조차 김유신으로 파악하 고 그를 부각시키기 위해 후대에 가공한 것으로 보았다.[81] 그러나 신문 왕이 '태종'무열왕의 시호를 매개한 당의 간섭에 대응하는 과정에서 고 구려 공멸마저 무열왕의 공업으로 부회함으로써, 신라 자신의 규정이었 던 백제통합의 '삼한일가'의식은 수와 당 이래 타자의 규정인 고구려 포 함의 '일통삼한'의식으로 공식 전환되었다.[82] 그 다음해인 693년에 기 왕의 장창당을 비금서당으로 개편함으로써 이루어진 9서당의 작위적인 구비는 일통삼한의 공식화에 수반한 제도적 완결에 다름 아니었던 것이

---

79 윤경진, 앞의 논문, 2013.
80 윤경진, 앞의 논문, 2019a.
81 윤경진, 앞의 논문, 2019a.
82 김영하, 앞의 논문, 2018.

다.[83]

5) 함의와 과제

신라가 675년에 통합한 백제 토지의 북방 경계와 일통삼한의식의 성립 시기에 관해서는 크게 두 견해가 있다. 이른바 임진강설과 대동강설, 그리고 중대 성립과 하대 성립에 관한 견해가 그것이다. 최근 필자가 임진강설과 중대 성립의 관점에서 대동강설과 하대 성립을 비판한데 대한 반론이 있었다. 반론은 일통삼한의식의 하대 성립을 주장하기 위해 중대 성립을 부정했고, 중대 성립을 부정하기 위해 핵심 사료를 오독하거나 후대에 조작되었다는 논리를 구사했다. 기실 일통삼한의식이 신라 하대에 성립된 사실을 관련 사료를 통해 입증하는 방법과, 핵심 사료에 대한 오독과 후대 조작의 논리로 신라 중대의 성립을 부정하는 방법은 차원을 달리하는 문제이다.

이제 반론의 논리 회로에서 핵심 사료의 해석이 오류임이 밝혀지면, 하대 성립은 근거를 상실하는 반면 중대 성립이 반증될 수도 있는 논쟁 구도가 조성되었다. 입론의 시작이자 끝인 사료 해석에 관한 문제이니만큼 서로 피할 수 없는 막다른 지경에 다다른 셈이다. 반론은 필자의 논지에 대해 문법상의 오류와 오역을 지적했고, 필자는 다시 원사료의 이용과 후대 조작의 논리에 문제를 제기하는 한편 반론의 사료 오독과 오해를 비판했다. 이제 "평양이남 백제토지"의 언급 주체와 의도, "고구려남경"의 진출 시기와 범위, "삼한위일가"의 조작 여부와 실제를 중심

---

83 김영하, 앞의 논문, 2014.

으로 이루어진 논의를 정리해두기로 한다. 자신만의 독특한 해석은 전가의 보도이기도 하지만, 과녁을 벗어난 부메랑은 도리어 자신을 겨냥할 수 있기 때문이다.

우선 반론의 해석은 다음과 같다. 백제에서는 371년 이후 대동강을 북계로 여기는 영토의식이 싱립되었고, 이에 근거하여 당 태종은 648년에 백제 토지인 평양 이남을 신라에게 주기로 김춘추와 약속했다. 675년에 신라와 당의 전쟁이 끝나자 문무왕의 관작은 복구되었고, 신라는 735년 이후 임진강 이북의 백제 땅을 많이 차지한 다음 다시 고구려의 남경인 대동강까지 진출함으로써 9주를 편성할 수 있었다. 한편 김유신이 673년 임종 시에 남긴 유언은 945년에 편찬된 『구당서』의 위징 열전으로부터 차용한 후대의 조작이므로, 삼한을 한집안으로 삼았다는 유언의 내용은 신라 중대의 사실일 수 없었다. 또한 당과 전쟁 중인 당시 신라의 현실이 소강일 수는 없더라도, 유언에서의 소강은 태평에 대한 경계의 의미를 지니고 있었다.

다음은 반론의 해석상 문제점이다. 대동강을 북계로 여기는 백제의 영토의식 성립은 확증이 필요한 전제였고, 이와 같은 의식을 인지하고 당 태종과 김춘추가 협상에 임했다는 논지는 입증이 어려운 가설이었다. 입증할 사료의 부재에 더하여 당 태종은 평양의 대동강 이남을 신라에게 줄 뜻이 없었으며, 김춘추도 대동강 이남의 백제 토지를 당에게 요구할 처지가 아니었기 때문이다. 『당회요』의 관련 기사에서 '기旣' 및 어조사 '어於'의 용법 오해와 『신당서』의 관련 기사에서 '연然'의 검토 배제 및 어조사 '의矣'의 용법 오해는, 675년 문무왕의 관작 복구 이후 신라의 백제 고지 확보 및 고구려 남경 진출과 9주 관련의 내용을 735년 이후의 대동강 진출과 9주제의 편성에 관한 사실로 해석하는 오독을 유발했다. 더구나 위징의 유표는 945년의 『구당서』가 아니라 이미 702년 이전에 『위정공간록』에 실려 있었으며, 김유신 유언의 "용지불의 임지물이"도 『구당서』의 위징 열전에서 "거사물의 임현물이"를 차용하여 조작한 것이 아니었다.

끝으로 필자의 해석은 다음과 같다. 백제를 통합하려는 김춘추와 고구려를 점령하려는 당 태종은 648년에 호혜적 연합을 맺었고, 당 태종은 평양에 치소를 둘 안동도호부를 기준으로 그 관할 영역 이남의 백제 토지는 신라에게 주기로 약속했다. 675년에 당과의 전쟁이 끝나고 문무왕의 관작이 복구되었을 당시 신라는 이미 백제의 땅을 모두 차지하고 고구려의 남경인 임진강에 이르렀으므로, 신라는 685년에 9주제를 실시할 수 있었다. 한편 735년 대동강 이남의 영유 이후 서북경 개척에 따른 점진적인 편제가 이루어졌으며, 757년 이후에는 명칭의 한화를 반영한 9주 중심의 지방 제도를 갖추게 되었다. 신라 중대 초에는 백제만을 포함한 삼한인식이 있었는데, 그에 따라 김유신도 673년 임종 시에 삼한을 한집안으로 삼은 당시의 현실을 소강으로 자평할 수 있었다. 그렇기 때문에 유언에서의 소강은 고구려를 포함한 '일통삼한'이 아닌 백제를 통합한 '삼한일가'의 단계를 의미하며, 문무왕이 수성해야 할 태종무열왕의 성공에 포괄된 내용이기도 했던 것이다.

이상의 정리에서 보듯이 핵심 사료의 오독과 후대 조작의 논리로 일통삼한의식의 중대 성립을 부정한 반론의 입지는 약화될 수밖에 없게 되었다. 이것은 오히려 김유신 유언의 "삼한위일가 백성무이심"이 당시까지 신라가 성취한 백제통합을 제대로 반영하고 있을 뿐만 아니라, 유언의 '삼한일가'가 692년에 태종 시호를 둘러싼 당과의 외교 과정에서 고구려 포함의 '일통삼한'으로 공식적인 전환이 이루어졌다는 필자의 논지를 반증할 수도 있는 것이었다.

사료 해석에서 덕목은 자신의 독단적인 견해 이외에도 또 다른 실존적 인식의 가능성에 대한 열린 마음이 아닐까 싶다. 문자로 기록된 사료 너머의 실상을 향한 부단한 해석은 역사학의 포기할 수 없는 본령이기 때문이다. 그러한 과정에서 시공간적으로 유한한 존재인 인간의 사실 해석에는 차이가 있을 수밖에 없고, 인식의 차이로 인한 논쟁 또한 피할 수 없다. 다만 논쟁은 자신의 인식 능력을 제고할 뿐만 아니라, 관련 논의의 활성화에 기여할 때 유의미한 일이 될 것이다.

일찍이 백가쟁명의 전국시대에 평원군平原君으로부터 공손룡公孫龍과 백마비마白馬非馬에 관한 논변을 제의받은 추연鄒衍은, 논변에서 이긴 자는 지키던 바의 진실을 잃지 않아도 되는 반면 이기지 못한 자는 구하던 바의 진실을 얻을 수 있을 때라야 논변도 할 만하다고 갈파함으로써 부질없는 논쟁을 경계했다. 새삼 생각나는 경구이고, 따르지 못해 유감이다.

「신라의 '백제통합'과 '일통삼한' 재론 2-핵심 사료의 쟁점과 해석을 중심으로-」
『韓國古代史研究』95, 2019)

5. 신라의 '삼국통일론'은 타당한가?

1) 개념 문제와 식민사학

필자가 675년 신라의 통합 영역에 관한 대동강설과 일통삼한의식의 하대 성립을 다시 비판한 「신라의 '백제통합'과 '일통삼한' 재론 2」를 한국고대사학회에 투고하고 발간을 기다리던 중, 『역사비평』 2019년 가을호에 전덕재의 「신라는 삼국을 통일하려고 하였을까」(이하 전자로 칭함)와 기경량의 「'일통삼한 의식'과 표상으로서의 '삼한'」(이하 후자로 칭함)이라는 논문이 실렸다. 두 편 모두 기본적으로 신라의 삼국통일론에 입각하여 신라의 백제통합론[1]을 비판하고 있었다. 필자의 사료 해석이 자연스럽지 않다는 것이 그 골자인데, 과연 그러한가를 되묻기로 했다. 이를 통해 피차간의 사료 번역과 사실 해석에서 순리 여부가 가려지길 기

---

1 전덕재가 신라의 백제통합론을 비판하기 위해 제시한 필자의 논저는 다음과 같다. 김영하, 『신라중대사회연구』, 일지사, 2007; 「신라통일론의 궤적과 함의」 『한국사연구』153, 2011; 「7세기 동아시아의 정세와 전쟁」 『신라사학보』38, 2016; 「신라의 '백제통합'과 '일통삼한' 재론」 『한국고대사연구』89, 2018.

대한다.

삼국을 용어에 포함시키지 않은 신라통일론은 일제 식민사학의 산물이었다. 전근대의 사서들은 7세기 후반에 있었던 전쟁 결과에 대한 인식 내용을 신라 왕조의 정통성과 관련한 일통삼한의 논리로 수렴했다. 그러나 한국 근대사학이 사료의 비판과 해석을 통해 일통삼한론을 주체적으로 극복하지 못한 상태에서, 일제 식민사학은 675년의 시간과 대동강 이남의 공간으로써 개념을 규정한 근대적인 신라통일론으로 재구축했던 것이다.[2] 신라통일론은 일제시기에 '신라의 통일'에서 '신라의 반도 통일'로, 해방 후에는 '신라의 삼국통일'로 변화하면서 오늘에 이르렀다. 이러한 논지는 『삼국사기』의 다음 기사에 근거한 것이었다.

A. 문무왕 15년(675) 2월, 그러나 백제 땅을 많이 차지하고, 마침내 고구려의 남경에 이르기까지를 주군으로 삼았다[然多取百濟地 遂抵高句麗南境爲州郡]. (『삼국사기』권7)

신라와 당의 전쟁이 당 고종에 의한 문무왕의 관작 복구로 675년 2월에 사실상 끝났을 때, 위 사료에서 보다시피 신라는 백제 땅을 많이 차지하고 고구려의 남경까지를 주군으로 삼았다고 했다. 식민사학의 신라통일론에서 고구려의 '남경'은 '남쪽 경계'가 아니라 '남쪽 경역'으로서 대동강 이남의 고구려 영토를 의미했다.[3] 이러한 해석은 고구려의 옛 땅 또는 옛 성들이 점차 신라에 편입된 것으로 전하는 중국 측 사서의

---

2 김영하, 앞의 논문, 2011.
3 朝鮮史學會 編,『朝鮮史大系』上世史, 朝鮮史學會, 1927.

내용들⁴과 맥락을 같이하는 이해일 수도 있었다. 그렇지만 그것은 675년에 있었던 사실이 아니라, 699년 이후부터 고구려의 옛 땅이 모두 신라로 편입되어갔다거나⁵ 735년에 당으로부터 대동강 이남의 영유를 허락받은 이후에 점진적으로 추진한 서북경의 개척 결과를 총괄한 것으로서 시간을 달리하는 사실이었다.

실제 사료 A는 신라가 당시 고구려의 '남쪽 경계'였던 임진강 이남의 백제 땅만을 주군으로 삼은 것으로 해석할 수도 있었다. 그러나 사료 A는 뒤에서 다시 검토할 『신당서』 신라전의 사료 C2)를 곡해한 것으로서, 위와 같이 이해할 수 있는 내용이 아니었다. 결국 사료 A는 C2)가 전하는 시기가 다른 별개의 사실, 즉 신라의 고구려 남경 도달과 9주 관련 내용을 675년에 있었던 일련의 사실로 찬술하는 오류를 범했기 때문에 비판을 요하는 사료였던 것이다. 따라서 후술할 사료 비판에 따르면, 신라가 675년에 백제 고지 이외에도 고구려 고지의 영역 일부를 주군으로 편제했으므로 통일을 이루었다는 해석은 불가능하다. 그럼에도 불구하고 일제 식민사학의 신라통일론은 한국사에서 신라의 반도 통일을 부각시키는 대신 대동강과 원산만 이북의 발해를 만주사로 편입하려는 만선사관에 의해 확대 재생산되었다.⁶

---

4 『唐會要』卷95, 高句麗. "其舊地盡入於新羅"; 『舊唐書』卷199 上, 新羅. "自是新羅漸有高麗百濟之地"; 『新唐書』卷220, 高麗. "舊城往往入新羅."

5 『唐會要』卷95, 高句麗. "聖曆二年 (中略) 自是高句麗舊戶在安東者漸寡少 分投突厥及靺鞨等 其舊地盡入於新羅 高氏君長遂絶."

6 김영하, 앞의 논문, 2011.

2) 쟁점 1: '평양이남平壤已南'의 범위

해방 후 민족과 국가 중심으로 이해의 중점이 바뀐 신라통일론은, 식민사학이 규정한 대동강과 원산만 이남의 통일 영역을 인정한 위에서 통일의 영역적 한계를 지적하는 한편, 신라의 통일 시점을 675년에서 676년으로 수정하고 당군 축출의 의미와 민족 형성의 의의를 강조했다. 분단 이후에는 남한과 북한의 체제 경쟁으로 인해 역사 인식에서도 분화가 일어나게 되었다. 남한 학계에서는 해방 공간의 신라통일론을 계승하면서 민족 자체는 물론 민족문화 형성의 의의를 더한 신라의 삼국통일론이 통설로 자리를 잡았다.[7] 이에 대해 필자는 신라의 백제통합론을 제기했고, 노태돈은 삼국통일론의 입장을 다시 밝혔다. 두 견해는 다음 사료의 해석부터 갈렸다.

> B. 문무왕 11년(671), 내가 두 나라를 평정하면, 평양 이남의 백제 토지는 모두 너희 신라에게 주어 길이 편안하게 하려 한다[我平定兩國 平壤已南 百濟 土地 並乞你新羅 永爲安逸]. (『삼국사기』권7)

김춘추는 642년 백제의 대야성 공함으로 인해 백제통합의 필요성을 실감했다. 그는 648년에 당을 찾았고, 당 태종으로부터 문무왕의 「답설인귀서」에 나오는 위 사료의 내용과 같은 언질을 받았다. 여기에서 당 태종은 자신이 여·제 두 나라를 평정하면, "평양이남 백제토지"는 모두 신라에게 줄 것이라고 약속했다. 신라에게 할양한다는 "평양이남 백제토지"는 전후 나·당 간의 경계 설정과 관련될 중요한 사안이었다. 신라

---

7 김영하, 앞의 논문, 2011.

의 삼국통일론은 이를 '평양 이남과 백제 토지'로 해석하고 대동강 이남에서 고구려의 영역 일부와 백제를 포함한 삼국의 통일로 이해한 데[8] 반해, 백제통합론은 이를 '평양 이남의 백제 토지'로 해석하고 임진강 이남에서 백제만을 통합한 것으로 파악했다.[9]

전자와 후자는 기본적으로 삼국통일론의 논지를 따르고 있었다. 이제 사료 B의 해석과 관련한 양자의 비판에 대한 필자의 반론 요지는 다음과 같다. 첫째, 신라의 통합 대상에 고구려의 포함 여부이다. 전자는 일단 648년에 김춘추와 당 태종은 여·제를 평정한 이후에 평양 이북의 고구려 영토는 당이, 평양 이남의 고구려 영토와 백제 토지는 신라가 차지하기로 합의한 것으로 보았다. 그렇기 때문에 신라는 협상 시점부터 백제뿐만 아니라 고구려의 영역 일부까지 병합하기 위해 전쟁을 수행한 것으로 보아도 문제가 되지 않는다고 거듭 강조했다.[10]

필자는 나·당 간의 협상을 7세기 동아시아의 국제전으로 전화한 계기로 파악했다. 국제전의 경우 참전한 나라마다 전략적 목표가 다른데, 당시 정세로 미루어 보아 김춘추와 당 태종의 선택지는 분명했다. 그것은 신라의 백제통합과 당의 고구려 점령이라는 이해관계에 따른 호혜적 연합이었다. 다만 백제의 공격으로 존망의 위기에 놓인 신라의 김춘추가 당 태종보다 조급할 수밖에 없었다. 김춘추는 평양 이남의 고구려 영토를 전략 목표에 포함하면서까지 당에 연합을 제안할 여유가 없었고,[11] 당 태종은 향후 안동도호부의 치소를 설치할 평양을 기준으로 바

---

8 노태돈, 『삼국통일전쟁사』, 서울대출판부, 2009; 「7세기 전쟁의 성격을 둘러싼 논의」, 『한국사연구』154, 2011.

9 김영하, 「일통삼한의 실상과 의식」, 『한국고대사연구』59, 2010; 앞의 논문, 2016.

10 전덕재, 「신라는 삼국을 통일하려고 하였을까」, 『역사비평』128, 2019.

11 김춘추가 642년 대야성의 함락 이후 고구려를 상대로 청병 활동을 벌인 데서 알 수 있듯이, 그

로 그 이남의 고구려 영토를 신라에게 줄 의사가 없었다.[12] 이러한 협상 결과는 당 태종이 주도하여 새로 편찬한 『진서』를 김춘추에게 하사하는 상징적 행위로 나타났다. 거기에서는 신라 자체와 신라가 통합할 백제를 아직 진한과 마한 소국의 하나인 듯이 기술한 반면, 당이 점령할 고구려를 진의 평주 현토군에 속한 일개 현으로 서술함으로써[13] 그 점령의 당위성을 신라에게 주지시켰을 수도 있다.[14]

둘째, 전후 나·당 간의 경계 설정과 관련될 구체적 내용이다. 전자는 당시 신라와 당이 임진강 이북을 고구려 영토로 인지하고 있었으므로, '평양 이남의 고구려 영토와 백제 토지'는 신라에 귀속시키기로 합의한 것으로 해석해야 한다고 단정했다.[15] 또한 후자는 671년의 시점에서 신라가 자신들이 확보할 강역의 범위를 '평양 이남의 고구려 토지와 백제 토지'로 상정하고 그것을 당에 주장한 점만은 분명하다고 했다.[16] 이와

는 고구려의 통합을 고려하지 않았을 뿐만 아니라 당 태종의 고구려 원정에 대한 확고한 의지를 알고 임한 648년의 협상에서 고구려 영역의 일부를 요구할 수 있는 처지도 아니었다. 더구나 신라가 735년에 당으로부터 대동강 이남의 영유를 허락받았음에도 불구하고, 그 이후에 추진된 서북경 개척이 헌덕왕대(809~825)까지 점진적으로 이루어진 점은 고구려의 영역 일부에 대한 신라의 적극적인 통합 의지조차 의심케 하는 반증이다(김영하, 「신라의 '백제통합'과 '일통삼한' 재론 2」 『한국고대사연구』95, 2019).

12 김영하, 앞의 논문, 2018.

13 김영하, 앞의 논문, 2018.

14 『구당서』권62, 이대량 열전에는, 당 태종이 양주도독 이대량의 충근함을 칭찬한 뒤 순열荀悅의 『한기漢紀』를 하사하면서 치도治道의 요체와 군신의 의리에 관한 내용이 극진하기 때문에 반드시 읽어볼 것을 권유한 내용이 나온다. 이러한 당 태종의 통치 행위에는 다른 신하들을 경계하려는 의도가 내포된 것이었는데, 김춘추에게 『진서』를 하사한 외교 행위도 예사롭게 보아 넘길 일만은 아닐 것 같다.

15 전덕재, 앞의 논문.

16 기경량, 「'일통삼한 의식'과 표상으로서의 '삼한'」 『역사비평』128, 2019.
이러한 신라의 강역 설정은 소위 '표상적 공간으로서의 삼한'에 이미 고구려가 포함되어 있었다는 전제에 입각한 것이다. 그러나 김춘추가 귀국할 때 당 태종으로부터 받아온 『진서』에는 고구려가 삼한과 계통이 다른 진의 평주 현토군 속현으로 기록되어 있었다. 이러한 정보에 기초한 당시 신라 지배층의 삼한인식에서 고구려는 아직 포함되지 않았을 수 있다(김영하, 앞의

같은 해석은 모두를 뜻하는 '병並'에 포함될 영토의 범위로 확인할 수 있다고 보았던 것이다. 그에 따라 전자는 "평양이남 백제토지"를 '평양 이남의 백제 토지'로 해석한다면 '기니신라乞你新羅'만의 표현으로도 무방하고,[17] 후자는 '평양 이남의 백제 토지'만을 대상으로 했다면 '평양이남'은 사족에 불과한 표현이라고 주장했다.[18]

필자는 고구려의 영토 중에서 평양 이남을 신라에게 주기로 한다는 삼국통일론의 해석[19]에 대해, 고구려의 멸망 이후 안동도호부의 치소일 평양의 바로 남쪽을 신라에게 할양한다는 것은 당의 입장에서 현실적이지 않다고 지적한 바 있었다.[20] 그것은 645년 이후 당 태종의 고구려 친정과 원정이 640년에 고창의 교하성에 설치한 안서도호부와 대칭을 이룰 안동도호부의 치소를 평양에 두기 위한 전략 구상과 무관하지 않았기 때문이다.[21] 648년의 시점에서 고구려의 멸망을 가정하고 이루어진 당 태종의 약속임을 감안하면, 여기에서 평양은 멸망한 고구려를 상징하는 동시에 안동도호부의 치소가 될 곳이었다. 따라서 '평양이남'은 앞

논문, 2019). 더구나 당이 660년에 백제를 평정하고 곧바로 소정방의 전공을 기리기 위해 정림사지 5층탑에 새긴 〈대당평백제국비명〉에 언급된 '삼한三韓'에도 고구려는 포함될 수 없었다. 따라서 당시 현장에서 이 비명을 읽었을 신라인들의 삼한인식은 어떠했을까를 고려할 필요도 있다.

17 전덕재, 앞의 논문.

18 기경량, 앞의 논문.

19 노태돈, 앞의 논문.

20 김영하, 「신라의 '통일'영역 문제」 『한국사학보』56, 2014.
이와 관련하여 『자치통감』권233, 덕종 정원 3년조에 의하면 토번이 화정華亭과 연운보連雲堡를 함락시키자, 그곳을 관할하는 경주涇州는 척후성인 연운보의 함락으로 인해 서쪽 성문도 열지 못하는 궁색한 지경에 놓였다고 한다. 여기에서 당은 변방을 관할하는 주의 치소로부터 상당한 거리의 전방에 적침을 대비한 방어 시설을 설치 운용했음을 알 수 있다. 이러한 당의 변방 관할에 관한 방책에 유의할 때 당이 안동도호부의 치소일 평양의 바로 남쪽을 신라에게 할양한다는 발상 자체의 비현실성을 확인할 수 있을 것이다.

21 김영하, 앞의 논문, 2018.

으로 안동도호부가 관할할 영역, 즉 고구려의 이남을 가리킬 것에 다름 아니었다.[22]

한편 '병並'의 해석과 관련하여 우선 고려해야 할 것은, 문무왕이 648년의 협상으로부터 20여 년이 지난 671년에 당을 상대로 해당 지역의 신라 귀속을 주장하기 위해서라도 보다 명확한 표현을 구사하지 않으면 안 된다는 점이다. 이런 경우에 가능한 문장의 하나로는 "평양이남여백제토지平壤已南與百濟土地 병기니신라並乞你新羅"를 들 수 있는데, 이것은 전자나 후자의 해석 취지에도 맞는 표현일 것이다.[23] 그러나 당도 협상 사실을 인지하고 있었을 것이기 때문에 신라가 임의로 개변할 수 없는 내용임을 고려하면, '병並'은 안동도호부의 관할 이남에서 백제 토지만큼은 기미주를 설치하거나 다시 분할하지 않고 모두 신라에게 줄 것이라는 뜻으로 해석할 수도 있다.[24] 그렇기 때문에 문무왕도 670년에 금마저에 안치시킨 고구려의 안승을 매개로 당이 후견하는 웅진도독 부여융을 견제하는 한편, 실제 당의 기미주羈縻州로 편제된 백제 고지의 통합에 몰두하던 중에 받은 당의 문책에 대해 「답설인귀서」로 해명을 시도

---

22 김영하, 앞의 논문, 2019.

23 전덕재는 『삼국사기』에서 두 가지 용례를 찾아 검토함으로써 '병並'이 '평양 이남과 백제 토지'의 둘 모두를 포괄한다는 사실을 입증하고자 했다(앞의 논문). 그러나 실제로 검토한 두 용례는 셋 이상의 다수를 포괄할 때 사용한 것인데, 둘만의 복수를 가리킬 경우에는 잘 맞지 않는다. 『삼국사기』가 자주 인용한 『자치통감』에서는 '병並'의 포괄 대상이 둘 만일 때는 "A與B 並"의 형식을 취한 경우가 많았다.

24 당이 백제 멸망 이후 그 고지를 곧바로 기미주인 웅진도독부로 재편하거나 한성도독 박도유와 한성주총관 수세를 회유하여 분열을 획책한 사실 등은, 점령지 지배에 대해 다양한 방법을 구사해온 당 태종이 '모두 준다[並乞]'라고 말했을 때의 의미가 '평양 이남의 고구려 영토와 백제 토지'의 모두를 의미할 만큼 단순하지 않았을 것임을 짐작케 한다. 더구나 당이 고구려를 멸망시킨 뒤 그 고지를 웅진도독부와 같은 기미주로 편제한 것이 아니라, 안동도호부 관하에 9도독부 42주 100현을 두고 당의 관인을 참여시킨 내지화內地化의 의지로 미루어 볼 때 더욱 그러하다(김영하, 앞의 논문, 2010).

했던 것이다.[25]

셋째, 국제전의 결과로서 신라의 성과 문제이다. 전자는 당이 고구려를 평정한 이후에도 백제 토지와 고구려의 영역 일부를 신라에게 양도하지 않자, 문무왕이 그곳을 차지하기 위해 당과 전쟁을 벌인 끝에 한반도에서 당을 축출하고 '675년' 또는 '675년 무렵'(이하 675년으로 칭함)에 임진강 이북과 예성강 이남의 고구려 영토를 신라의 군현으로 편제한 사실은 부인할 수 없다고 거듭 강조했다. 그에 따라 7세기 중·후반에 한반도에서 전개된 전쟁이 신라에 의한 '백제병합(통합)전쟁'으로 규정될 수 없다는 취지이다.[26]

전쟁의 성격은 전쟁 수행의 시간적 경과와 획득한 전과에 의해 규정된다. 신라는 675년에 당과의 전쟁이 끝날 때까지 외교와 군사의 두 측면에서 백제통합의 전략을 부단히 관철시키고자 했다. 특히 나·당 전쟁의 주된 전선은 임진강 연변 일대에 형성되었고, 종전의 결과로 신라가 확보한 영역은 임진강 이남에 지나지 않았다. 그런데도 전자는 675년에 고구려 영토의 일부 확보를 입증하기 위해 임진강 이북과 예성강 이남에 대한 신라의 군현 편제를 근거로 들었던 것이다.[27]

필자는 735년 이후 신라가 대동강 이남의 완충지대까지 확보한 사실을 삼국통일전쟁의 결과로 파악한 해석에[28] 대해, 삼국통일전쟁이 676년 '통일신라'의 성립과 698년 발해의 건국 이후에도 계속된 것으로 이해함으로써 야기되는 사실과 시대에 대한 인식의 착오를 비판한 적이

25 김영하, 앞의 논문, 2010.
26 전덕재, 앞의 논문.
27 전덕재, 앞의 논문.
28 노태돈, 앞의 논문.

있었다.[29] 이제 전자는 통일의 시기와 영역을 676년 이전과 예성강 이남으로 한정한 다음 다시 신라의 삼국통일론을 주장하려는 것이었다. 이러한 삼국통일의 한계는 고려 초기에 고구려의 수도 평양을 완전히 편입하고 발해의 유민과 영역 일부까지 편제함으로써 보완되었고, 통일 신라에서는 오늘날 한국 민족과 문화의 원형이 형성되었다는 의의를 찾을 수 있는 것으로 보았다.[30]

이와 같은 논리는 곧 한국사에서 신라의 삼국통일로 인한 영토적 한계의 극복 시한은 도대체 언제까지이며, 조선 초기에 4군, 6진의 개척과 여진족의 흡수는 한국의 영토 발전과 민족 형성에서 어떤 의미를 갖는가라는 의문을 제기한다. 전근대사회에서 북방 영토의 개척은 왕조마다 당면 과제의 해결 결과일 따름이며, 민족에 관한 논의는 여러 층위에서 동질화 여부에 대한 검토가 필요한 이론적 문제이기 때문이다.

여하튼 전자는 종래 신라가 694년의 송악성 및 우잠성 축성과 713년의 개성 축성을 통해 비로소 이곳으로 진출한 것으로 이해한 견해들은, 설득력이 약할 뿐만 아니라 위험한 발상이라고 비판했다. 그런 다음 임진강 이북과 예성강 이남의 황해도 금천과 경기도 장단, 파주, 개성, 개풍 일대에 걸친 12군현의 설치 시기를 일단 675년으로 추정했다.[31] 그 근거의 하나는 675년 2월에 편제된 경기도 연천 및 강원도 철원 일대의 7군현과 설치 시기가 같았을 것이고,[32] 다른 하나는 683년에

---

29 김영하, 앞의 논문, 2014.

30 전덕재, 앞의 논문.

31 전덕재, 앞의 논문.

32 전덕재, 「신라의 북진과 서북 경계의 변화」 『한국사연구』173, 2016.
    그러한 한편 전덕재는 7군현이 675년 이전에 신라의 영토로 편제된 것으로 설명하거나, 12군현이 675년 9월의 매소성 전투 이후에 편제된 것으로 파악하기도 하는(앞의 논문, 2019) 혼란을 보이고 있다. 여기에서는 일단 7군현 편제의 근거로 사료 A를 제시하고 그 시기를 675년 2

창설된 고구려민의 황금서당도 694년과 713년의 축성 이전에 이미 편제된 신설 군현으로부터 모병이 가능했기 때문일 것으로 보았다.[33]

여기서 7군현의 설치 시기인 675년 2월은 사료 A에서 신라가 675년 2월에 마침내 고구려 남경에 이르기까지를 주군으로 삼았다는 사실과, 『삼국사기』의 소나 열전에서 아달성, 즉 아진압현에 대한 말갈의 약탈과 소나의 분투가 675년 봄에 있었다는 사실로부터 추론한 것이었다.[34] 그러나 후술할 바와 같은 사료 비판이 필요한 사료 A의 주군 관련 내용을 근거로 675년 2월의 7군현 편제를 입증할 수는 없다. 특히 사료 A의 전거로서 다음에 설명할 C2)는 675년에 있었던 군현 편제에 관한 내용이 아니라 757년에 한화한 명칭을 반영한 9주와 그 조직의 대강에 관한 약술이고, 소나 관련의 사실도 본기에서는 675년 9월 29일의 매소성 전투 이후 소나가 아달성 성주로 있었을 때의 일로[35] 전하고 있기 때문에 더욱 그러하다. 이에 사실로 확증되지 않은 7군현의 설치 시기를 근거로 유추한 675년 2월의 12군현 편제는[36] 사실일 수 없다.

더구나 치열할 수밖에 없는 마지막 전투들의 여진이 채 가시지 않은 임진강의 이북 지역을 곧바로 신라의 군현으로 편제할 수 있었을지는 의문이다. 이러한 의문은 군사적인 전방 진출과 후방의 안정화가 선후로 이루어지는 일반적인 행정 조치에 근거한다. 동부전선은 자연 경계로서 임진강을 끼고 있는 서부전선과 조건이 다른데도, 신라는 681년

월로 파악한 다음, 12군현도 역시 같은 시기에 설치되었을 것으로 추정한 데 따라 논의를 전개하기로 한다.

33 전덕재, 앞의 논문, 2019.
34 전덕재, 앞의 논문, 2016.
35 『三國史記』卷7, 文武王 15年.
36 전덕재, 앞의 논문, 2016.

에 정천군(문천)까지 진출한 뒤 그 해는 물론 효소왕대(692~701)에도 후방인 비열홀(안변)의 안정에 치중하고 있었다.[37] 이러한 관점에서 신라는 675년 이후 임진강 이남에 대한 안정을 꾀한 다음, 안동도호부가 676년에 요동으로 철수한 뒤 약화된 관할권을 틈타 694년에 송악성과 우잠성을 축성함으로써 임진강 이북에 교두보를 마련했던 것이다.[38] 이에 따른 군현 편제가 있었다면, 그것은 신라에서 9주가 갖추어진 685년 또는 694년의 축성 이후에 이루어졌을 가능성이 크다. 이러한 사실은 앞에서 언급했듯이 699년부터 고구려의 옛 땅이 모두 신라로 편입되었다는 『당회요』의 기술 내용과도 부합하는 바가 있기 때문이다.

한편 675년에 임진강 이북의 신설 군현에 대한 융합정책의 일환으로 그곳의 고구려민으로 683년에 황금서당을 창설했다는 주장은, 그간의 잦은 전투로 피폐해진 주전장의 주민 생활이 안정되기도 전에 중앙 군단의 부대원으로 모집한다는 점에서 납득하기 어렵다. 이럴 경우 오히려 문무왕이 668년에 고구려를 멸망시킨 뒤 포로 7천을 데리고 귀경한 사실을[39] 주목할 필요가 있다. 이들이 당시 전공 포상체계의 변화로 인해 귀족 세력에게 분급되지 않았다면,[40] 황금서당의 구성원으로 편성되었을 개연성이 있다. 비록 포로 신분이었다고 하더라도, 고구려의 왕경 출신일 것이라는 점에서 신라 중앙 군단의 구성원으로 손색이 없었을 것이기 때문이다.

---

37 『三國史記』卷7, 文武王 15年; 『三國史記』卷35, 朔州 井泉郡; 『三國史記』卷7, 文武王 21年; 『三國史記』卷35, 朔州 朔庭郡.

38 김영하, 앞의 논문, 2018.

39 『三國史記』卷6, 文武王 8年.

40 김영하, 앞의 책, 2007.

3) 쟁점 2: '고구려남경高句麗南境'의 의미

전쟁에서는 종전 이후에도 더 많은 전과를 얻으려는 국지전이 벌어지기 마련이다. 당 고종이 고구려의 안승을 받아들여 백제 고지에 안치시킨 일을 계기로 674년에 삭탈했던 문무왕의 관작을 675년 2월에 복구함으로써 나·당 전쟁은 사실상의 종전을 맞았다. 그렇지만 통설에서 신라의 통일 시점으로 설정한 676년까지 주전선인 임진강 연변 일대에서는 전투들이 계속되고 있었다.[41] 이런 와중에 신라가 7세기 동아시아의 국제전을 통해 달성한 전과의 최종 내용과 그에 따른 조치는 다음과 같았다.

C1) 상원 2년(675) 2월, 당 고종이 김법민의 관작을 복구하였다. 이미 백제의 땅을 모두 차지하고 고구려의 남경에 이르렀으니, 동서가 약 900리이고 남북이 약 1,800리이다. 이에 경내에 상주, 양주, 강주, 웅주, 전주, 무주, 한주, 삭주, 명주 등을 설치하였다[帝復金法敏官爵 既盡有百濟之地 及高句麗南境 東西約九百里 南北約一千八百里 於界內置上('尙'의 오기: 인용자)良康熊金('全'의 오기: 인용자)武漢朔溟等州]. (『당회요』권95, 신라)

C2) 고종 상원 2년(675) 2월, 당 고종이 조서로써 법민의 관작을 복구하였다. 그러나 백제 땅을 많이 차지하고, 마침내 고구려의 남경까지 이르게 되었다. 이에 경내에 상주, 양주, 강주, 웅주, 전주, 무주, 한주, 삭주, 명주의 9주

---

41 『삼국사기』권7, 문무왕 15년조에 따르면, 신라가 문무왕의 관작 복구로 종전을 맞은 675년 2월 이후 당군과 거란·말갈병이 내침할 것이라는 소문을 듣고 기다리던 중에 그해 9월부터 천성(파주), 매소성(연천), 칠중성(파주), 석현성(개풍) 등지에서 물러가는 당과 대소 18회의 전투를 치르면서 모두 이긴 것으로 일괄 서술하고 있다.

를 설치하였다. 주에는 도독이 있어 10군 혹은 20군을 다스렸으며, 군에는 태수가 있고 현에는 소수가 있었다[詔復法敏官爵 然多取百濟地 遂抵高麗南境矣 置尙良康熊全武漢朔溟九州 州有都督 統郡十或二十 郡有太守 縣有小守]. (『신당서』권220, 신라)

두 사료는 기본적으로 같은 내용인데, 신라가 7세기 동아시아의 국제전을 통해 획득한 영토의 범위와 이에 대한 편제의 대강을 전하고 있다. 1060년에 편찬된 『신당서』에서 사료 C2)의 전거는 961년에 편찬된 『당회요』의 C1)이고, 1145년에 편찬된 『삼국사기』의 사료 A는 『신당서』의 C2)를 전거로 삼았다. 사료 편찬의 속성상 C1)이 원사료이지만, 『삼국사기』는 사료 C2)가 전하는 675년 2월에 고구려의 남경 도달과 757년 12월에 한화한 이후의 9주 명칭 및 지방 통치의 대강을 사료 A와 같이 모두 675년 2월에 있었던 하나의 사실로 축약하는 오류를 범했던 것이다.[42]

필자가 사료 C1)의 "고구려남경"을 고구려의 '남쪽 경역'보다 고구려의 '남쪽 경계'로 해석한 데[43] 대해, 전자는 『당회요』와 『신당서』의 찬자도 『삼국사기』의 찬자와 같이 '남경'을 '남쪽 경역'으로 이해했을 가능성을 전제한 위에서[44] 고구려의 '남쪽 경역'으로 해석하고자 했다. 그 근거

---

42 김영하, 앞의 논문, 2010; 앞의 논문, 2016.

43 김영하, 앞의 논문, 2010.

44 전덕재, 앞의 논문, 2019.
그러한 근거로 『신당서』 신라전에서 보듯이 유인궤가 675년 2월에 칠중성에서 신라를 깨뜨린 뒤 말갈로 하여금 바다를 통해 '공략한 남경[略南境]'의 '남경'도 신라의 '남쪽 경역'일 것으로 해석했다(앞의 논문, 2019). 여기서 작전 지역인 '남경'이 어디인지를 특정할 수는 없는데, 사료가 전하는 내용상 '남쪽 경계'로 해석될 여지도 없지 않다. 즉, 당이 임진강 일대에서의 교착 상태를 타개하기 위해 해상 침투를 통한 후방 교란을 꾀할 수밖에 없는 상황에서, 작전의 목적은 내륙의 '경역' 확보가 아니라 '경계'로서의 해안지대에 대한 제한적인 타격이었을 것으로 추측

의 하나로 『구당서』 신라전이 나·당 전쟁 이후의 상황을 반영한 "이로부터 신라가 점차로 고구려와 백제의 땅을 차지하게 되었다[自是新羅漸有高麗百濟之地]"라고 언급한 사실을 들었다. 『구당서』가 945년에 완성된 데 비해 『당회요』는 961년에 편찬되었으므로, 『구당서』 신라전의 내용과 맥락이 같은 『당회요』의 "기진유백제지지既盡有百濟之地 급고구려남경及高句麗南境"도 "이미 백제의 땅을 모두 차지하고 고구려의 남쪽 경역에 이르렀다"라고 해석되어야 한다는 것이다.[45] 그 요지는 편찬 시기로 보아 『당회요』보다 『구당서』를 원사료로 보아야 한다는 데 있는 것 같다.

그러나 『당회요』는 송 태조 때 왕부가 당에서 편찬된 소면의 『회요』와 최현의 『속회요』를 이어서 보완한 것이다. 필자가 기왕에 거듭 밝혔듯이 『회요』는 대체로 당 고조(618~626)와 덕종(780~804) 연간에 있었던 사실들로 이루어졌다. 신라에 관한 650년 이후의 사실들을 기록한 『당회요』에서 675년에 도달한 고구려의 남경과 757년에 한화한 9주의 명칭을 반영한 사료 C1)은 『회요』에 수록되었던 사실일 가능성이 크다. 따라서 신라가 백제와 고구려의 땅을 '점차로 영유했다[漸有]'라는 『구당서』 신라전의 기술도, 『당회요』 신라전에서 675년까지 백제의 땅을 모두 차지함으로써 고구려의 '남쪽 경계'에 이르렀다는 내용과 고구려전에서 그

되기 때문이다. 이럴 경우 '약略'은 군을 신속하게 이동시켜 성읍과 같은 곳이 아니라 일반적인 지역을 칠 때에 사용하는 표현으로서, "師速而疾者 略也, 略 謂略地也, 無暇於攻城圍邑"(『자치통감』권132, 명제 태시 3년)이라는 용례 주석이 있기도 하다. 따라서 '약남경'의 '남경'은 북쪽에 주둔한 당의 입장에서 볼 때 남쪽 해안의 경계지대라는 의미이며, 자연 경계로서 임진강 연변을 가리키는 "고구려남경"의 '남경'과 의미가 크게 다르지 않았을 것이다.

45 전덕재, 앞의 논문, 2019.
여기에서 전덕재는 사료 C1)의 "고구려남경高句麗南境"을 "고려남경高麗南境"으로 인용하고 고려(고구려)의 '남쪽 경역'으로 해석하고 있다. 이것은 "고구려남경"을 C2)의 "고려남경"과 혼동한 결과로 보인다.

옛 땅이 699년 이후 신라에 편입되었다는 내용을 따른 데 지나지 않았을 것이다.[46] 이것은 또한 신라가 735년에 당으로부터 대동강 이남의 영유를 허락받은 이후 그곳에 이르기까지 점진적으로 이루어진 서북경의 개척과 편제 결과[47]를 반영한 내용일 수 있었다.

또 다른 근거로 전자는 『삼국사기』에서 보듯이 638년 고구려의 칠중성 공격부터 675년까지 신라의 북쪽 경계가 이미 임진강인데, 사료 C2)에서 '고려남경'을 고구려의 '남쪽 경계'인 임진강으로 해석할 경우 신라가 새삼스럽게 다시 "마침내 고려 남경에 이르렀다[遂抵高麗南境矣]"는 표현이 합리적으로 설명되지 않는다는 점을 들었다. 신라가 675년 이전에 백제 땅을 차지하고 마침내 675년에 고구려의 '남쪽 경계'였던 임진강을 '건너서' 고구려의 '남쪽 경역'에 '이르렀다'고 본다면, 『신당서』 찬자의 "수저고려남경의遂抵高麗南境矣"라는 표현이 자연스럽게 이해될 수 있다고 한다.[48] 과연 '경境'이 '경계'와 '경역'을 동시에 의미할 수 있는지는 의문이지만,[49] 전자의 해석과 같이 '고려남경'의 두 가지 의미인 고구려의 '남쪽 경계'인 임진강을 '건너서' 또는 '지나서' 그 '남쪽 경역'으로 '들어갔다'라는 표현에 사용되어야 할 '도渡' 또는 '과過'와 '입入'은 고구려의 '남쪽 경계'에 '미쳤다'는 사료 C1)의 '급及'이나 '이르렀다'는 C2)

---

46 『唐會要』卷95, 高句麗. "聖曆 二年 又授高藏男德武爲安東都督 以領本蕃 自是高句麗舊戶 在安東者漸寡少 分投突厥及靺鞨等 其舊地盡入於新羅 高氏君長遂絶."
한편 『구당서』권199 상, 고려전에서는 고구려 멸망 이후 그 영토의 귀추를 신라전에서 기술했기 때문에 위의 문장 중에서 그 옛 땅은 모두 신라에 편입되었다는 의미의 "其舊地盡入於新羅"를 제외한 나머지 부분만을 전재하고 있었다. 이것은 또한 『구당서』가 『당회요』에서 이른바 『회요』에 해당하는 부분을 전거로 편찬되었다는 사실의 방증일 수도 있다.

47 김영하, 앞의 논문, 2019.

48 전덕재, 앞의 논문, 2019.

49 전덕재는 '경境'에 '경계'의 뜻과 더불어 '경역'의 뜻도 있다는 취지로 사전의 의미 풀이를 이해하고 있다(앞의 논문, 2019). 그러나 사전의 의미 풀이는 '경境'에 '경역' 이외에 '경계'의 의미도 있다는 뜻이지, 두 의미가 동시에 쓰일 수 있다는 뜻은 아닐 것이다.

의 '저抵'와는 의미가 전혀 다르다는 점을 미리 밝혀둔다.

『당회요』나 『구당서』의 신라전은 중국 측 시각에서 주요 사실만 압축적으로 표현했기 때문에 연대기인 『삼국사기』와 같이 구체적일 수는 없다. 사료 C2)의 전거인 C1)에서 내용의 핵심은 675년까지 성취한 신라의 전과이다. 삼국 간의 전쟁에서 파생된 신라와 당의 전쟁 결과를 다시 삼국 영역의 귀추와 관련해서 정리했던 것이다. 『당회요』 신라전은 650년 이후부터 675년 이전까지의 나·당 관계 서술에서 매개 인자로서 백제와 웅진도독부는 언급하면서도 고구려를 거론하지는 않았다.

즉, 영휘 원년(650) 신라의 백제 공파와 당에 태평시太平詩 헌상, 현경 원년(656) 신라의 백제 격파와 당에 보고, 인덕 2년(665) 문무왕과 웅진도독 부여융의 회맹 및 신라, 백제, 탐라, 왜 사신의 태산 봉선 참석을 위한 입당, 상원 원년(674) 신라에 의한 고구려 안승의 백제 고지 책봉과 당 고종에 의한 문무왕의 관작 삭탈 등으로[50] 이어진 끝에 사료 C1)의 상원 2년(675)에 문무왕의 관작 복구와 백제의 땅에 대한 확보 기사를 서술했던 것이다. 이러한 사실 기술의 맥락에서 볼 때 신라가 『삼국사기』에서 보듯이 675년 이전에 한강 유역 이남을 확보하고 있었음에도 불구하고, 사료 C2)는 이와 같은 현실과는 무관하게 C1)의 서술 내용을 따라 675년에도 신라는 백제 땅만을 차지한 것으로 기술할 수밖에 없었을 것이다. 이에 반해 『당회요』에서 고구려 땅은 668년 이후 안동도호부의 소관으로서 당과의 관계 속에서 간단하게 언급될 뿐이었다.[51]

---

50 『唐會要』卷95, 新羅. 永徽 元年, 顯慶 元年, 麟德 2年, 上元 元年.

51 『唐會要』卷73, 安東都護府. "總章 元年 (中略) 至十二月七日 分高麗地爲九都督府 四十二州 百縣 置安東都護府於平壤 以統之."; 『唐會要』卷95, 高句麗.

한편 필자는 고대 척도에 관한 논의가 분분한 실정에서[52] "동서약구백리 남북약일천팔백리"를 근대의 이수里數인 동서 353.7km와 남북 707.4km로 환산한 다음 삼척~태안반도의 357km보다 구룡포~변산반도의 350km가 방위상의 동서에 가깝고, 부산~평양의 694km보다 해남~영흥의 703km가 방위상의 남북과 일치한다고 각주에 참고로 제시한 바 있었다. 이에 대해 후자는 당시 척도인 약 30cm의 당척唐尺으로 환산한 동서 486km와 남북 972km가 정확한 거리이지만, 이와 같은 환산치는 실제와 맞지 않기 때문에 신라인들의 부정확한 측량이나 과장의 가능성에 유념할 필요가 있다고 한다. 다만 신라인들이 백제 고지만을 신라의 영역으로 포함시켰다면 정방형에 가까울 것인데, 동서와 남북 비율이 1:2인 장방형으로 당에 보고한 것은 고구려 고지도 신라의 영역으로 포함시키려는 인식의 결과였다고 이해했다.[53] 결국 위의 거리를 백제통합의 결과로 이해한 필자에 대한 비판이었던 셈이다.

그러나 후자의 설명대로 당척에 의한 거리 환산이 실제 상황과 맞지 않았음에도 불구하고, 고구려 고지를 신라의 영역으로 인식하려는 데서 기인한 과장일 것이라는 논지는 재고의 여지가 없지 않다. 기준이 없이 과장할 수 없다는 점에서, 과장의 비율이 1.5배인가 아니면 2배인가의 문제이다. 동서 486km와 남북 972km를 1/2로 축소하면 동서 243km와 486km이고, 2/3로 축소하면 동서 324km와 남북 648km이다. 이 중에서 앞의 것보다 뒤의 환산치가 실제에 근사할 것인데, 이러한 사실은 675년 당시 신라의 영역은 고구려 고지를 제외한 백제 고

---

52 이우태, 「도량형」 『한국고대사연구의 새 동향』, 서경문화사, 2007; 이종봉, 『한국도량형사』, 소명출판, 2016.

53 기경량, 앞의 논문.

지만을 포함한 데 불과했다는 점을 다시 알려줄 따름이다.

더구나 이와 같은 사실은 조선시대의 이수에 관한 자료 검토로도 방증이 가능하다. 태종 15년(1415)에 중국 조정의 이수里數에 준한 주척周尺 6척을 1보로 삼고 360보를 1리로 삼아 전국의 지역 간 이수와 30리 단위의 식수息數를 정하는 조치가 취해졌다.[54] 그 결과 중종대의 『신증동국여지승람』에 의하면 동래~서울 간 962리와 서울~평양 간 582리의 합계는 1,544리이고, 해남~서울 간 1,007리와 서울~영흥 간 752리의 합계는 1,759리이다.[55] 또한 각 지역 간의 이수와 더불어 일정日程을 부기한 영조대의 『여지도서』에서는 서울~영흥 간 750리만 다르고 나머지 구간의 이수는 모두 같다.[56] 이를 통해 신라와 당의 거리 측정 방법이 어떠했는지는 알 수 없지만, 적어도 해남~영흥 간의 노선이 남북의 실제 방향과 일치할 뿐만 아니라 1,759리의 이수도 1,800리에 근사한 사실만큼은 확인할 수 있을 것이다.[57]

---

54 이종봉, 앞의 책.

55 『新增東國輿地勝覽』卷23, 東萊縣; 『新增東國輿地勝覽』卷51, 平壤府; 『新增東國輿地勝覽』卷37, 海南縣; 『新增東國輿地勝覽』卷48, 永興大都護府.

56 『輿地圖書』, 慶尙道 東萊鎭東萊都護府; 『輿地圖書』, 平安道 平壤府; 『輿地圖書』, 全羅道 海南縣長興鎭管; 『輿地圖書』, 咸境道 咸興鎭管所屬永興.

57 『신증동국여지승람』에 따르면, 속칭 '3천리 강산'은 한반도에서 최장 거리를 나타내는 해남~서울 간 1,007리와 서울~온성간 2,101리의 합계인 3,108리에서 연유했을 것으로 짐작된다. 이와 같이 최대치로써 자국 영토를 과시하려는 거리 관념이 신라에서도 통용되었을 경우 남북의 1,800리는 해남~영흥간을 가리킬 수밖에 없고, 여기에 1,544리의 동래~평양 간은 포함될 수 없을 것이다.

4) 용어 문제와 발해인식

전자는 신라의 백제통합론에 대한 비판 끝에 신라인의 일통삼한과 같은 인식의 수용은 올바른 태도가 아니라면서도, 648년부터 676년까지 한반도를 주요 무대로 전개된 전쟁을 한국 민족과 문화의 원형 형성이라는 측면에서 '신라에 의한 삼국통일(통합)전쟁'이라고 명명하는 것이 그래도 조금 더 합리적이라고 판단했다.[58] 한편 후자는 전쟁의 의미를 축소하여 신라의 백제통합전쟁으로 부를 수도 없기 때문에 '삼국통일'이나 '삼국통일전쟁'이라는 용어는 여전히 유효하지만, '통일'이라는 용어의 당위적 어감이 불편할 경우에는 '삼국통합'이나 '삼국통합전쟁'이라는 표현도 가능하다고 한다.[59] 역사 용어에서 선택적이거나 유보적인 규정의 타당성 여부는 차치하더라도, 이와 같은 현상은 일단 통설로서 신라의 삼국통일론이 균열을 일으킨 결과일 수 있다.

전근대사학에서 백제와 고구려 왕조의 멸망 이후 신라 정통의 일통삼한론은 가능하지만, 발전 지향의 역사상을 추구하는 근대사학에서 7세기 후반의 사료에 대한 실증적 비판과 합리적 해석은 필수이다. 그러나 일제 식민사학의 신라통일론은 핵심 사료의 비판을 결여했을 뿐만 아니라, 한국사의 주체적 발전을 전망하고 안출한 개념도 아니었다. 그것은 신라의 반도 통일을 통해 한국사의 반도적 성격을 드러내기 위한 만선사관의 선험적 역사 인식의 결과였다. 필자가 기왕에 사실 인식을 위한 관점의 정립이라는 측면에서 개념과 그 함의의 변천을 살펴본 이유가 여기에 있다.

---

58 전덕재, 앞의 논문, 2019.
59 기경량, 앞의 논문.

또한 올바른 관점이라 하더라도 경험적 사실에 의해 뒷받침되지 않는 입론은 허구일 뿐이다. 7세기 후반에 한반도의 삼국을 둘러싸고 전개된 국제전의 와중에서 파생된 개별 사실에 대한 실증적 검토의 결과를 신라사의 입장에서 삼국통일로 이해할 것인가, 아니면 백제통합으로 파악할 것인가의 문제도 예외가 아니다. 이상의 검토에서 드러났듯이 삼국통일론과 백제통합론의 사료 해석은 상당한 차이가 있었다. 그렇더라도 675년 2월 이후 임진강 이북과 예성강 이남의 고구려 영토에 대한 신라의 군현 편제는 사실로 입증되지 않기 때문에, 676년 이전과 예성강 이남으로 시공간을 다시 규정한 신라의 삼국통일론도 성립할 수 없음을 확인했다. 이것이야말로 전자가 역사적 사실을 곡해하지 않기 위해서 제안한 '사실 확인의 범주'와 '사실에 대한 객관적 검증'[60]에 해당한다는 점에서 역설이기도 하다.

더구나 역사 용어는 사실 해석의 최종 결과로서 엄밀성을 요구하며, 그 기준은 오직 사실과의 부합 여부이다. 우선 전자나 후자가 혼용하고 있는 '통합', '병합', '통일'의 사전적 의미 외에도 자신의 의미 규정에 따른 일관된 사용이 필요하다.[61] 또한 역사적 사실의 의미가 임의로 축소되거나 확대되어서도 안 될 것이지만, 더욱이 주관적인 어감의 편함과 불편함은 용어 규정에서 고려의 대상이 아니다. 결국 이와 같은 언어의 혼란은 사실에 대한 인식이 바르지 않은 데서 연유하는 것으로 볼 수밖에 없다.

---

60 전덕재, 앞의 논문, 2019.

61 필자가 신라의 백제'통합'으로 규정한 데 대해서는 그 이유를 밝힌 바가 있지만, 신라의 삼국'통일'에 유의하는 견해들에서는 굳이 백제'병합'으로 표현하고 있다. 그러나 당시 사실을 설명할 용어로서 '통합'의 적절성은, 이극돈이 제·여의 멸망 전후를 "三國並峙則稱三國紀 三國統合則稱新羅紀"(『동국통감』 서)라고 인식하면서 그 이후를 삼국'통합'으로 표현한 데서도 확인된다.

사료의 비판과 해석의 결과로서 삼국통일론과 백제통합론은 한국사에서 발해가 차지하는 위상 설정과 맞물려 있다. 일제시기에 식민사학의 신라통일론이 한국사에서 발해 배제를 목적으로 삼은 데 대해, 민족주의사학은 신라통일론의 부정과 발해의 당위적 편입을 통한 남북국론을 개진한 바 있었다. 한국전쟁 이후 남한에서 신라통일론과 북한에서 남북국론의 수용 과정은 분단체제의 속성을 온전히 반영하고 있었다. 오늘날의 남북국론이 일제시기의 민족주의사학과 같은 이념적 계승이어서는 곤란한 또 다른 이유이다.

  필자의 기본 관점은 신라의 삼국통일을 인정하거나 또는 대안 없는 부정을 통해 발해를 당위적으로 편입시킨 남북국론이 아니라, 백제만을 통합한 신라와 더불어 고구려 고지에서 건국한 발해는 당연히 남북국으로 인식할 수밖에 없다는 것이다. 이에 한국사에서의 발해인식과 관련하여 후자가 말갈의 존재를 염두에 두고 우려한 '민족주의적 욕망이 투영된 인식의 굴절'[62]은 필자에게나 상당수의 발해사 연구자에게 그야말로 불편한 표현일 수도 있다. 말갈을 매개로 포착한 발해사의 특성은 고구려사의 경우에도 크게 다르지 않으며, 고구려를 이은 발해에 관한 객관적인 연구의 결과를 담아낼 인식 틀로서 '남북국론' 자체는 민족주의적 욕망과 무관하기 때문이다.

  결국 핵심 사료에 대한 비판도 없이 일제 식민사학이 만선사관의 일환으로 재구축한 신라통일론임에도 불구하고, 해방과 분단을 거치면서 불식되지 않은 채 신라의 삼국통일론으로 전화시켜 집착하는 심상은 어떠한지 궁금하지 않을 수 없다. 일단 '통일신라'에 과부하된 근대적 담론으로서 영토의 한계와 민족적 의의를 덜어내고 발해를 한국사로 제대

---

62 기경량, 앞의 논문.

로 자리매김하면, '신라와 발해' 이외의 인식이 가능할 것 같지 않다.

5) 부록: 최근 논의에 대한 반론

가. 나·당 협상과 주요 내용은?

필자가 식민사학의 신라통일론 이후 노태돈에 의해 재입론된 신라의 삼국통일론(이하 삼국통일론으로 칭함)을 보완하려는 논의에 대해 「신라의 '삼국통일'은 타당한가」(『역사비평』129, 2019)에서 비판한 이후, 최근 『역사비평』2020년 여름호에 다시 7세기 동아시아 국제전의 일환으로 신라의 백제통합이 이루어진 것으로 파악하는 필자의 논지에 저촉될 수 있는 논문 두 편이 실렸다. 임기환의 「김춘추, 당 태종의 협약과 '일통삼한'」(이하 전자로 칭함)과, 여호규의 「7세기 만주·한반도 전쟁과 지정학 구도의 재편」(이하 후자로 칭함)이 그것이다.

양자 모두 필자가 기왕에 비판했던 삼국통일론의 일부 논지[63]와의 관련 속에서 자신의 논의를 진행함으로써 백제통합론을 직접 또는 간접 비판하고자 했다. 전자는 고구려가 551년까지 한강 유역을 점령했던 사실로부터 일통삼한/삼국통일의 의미를 추구한 논지를 비판적으로 계승하고 있었으며, 후자는 676년 이후 임진강 이북에 대한 신라의 영역화 의지가 당의 대동강 이남 하사로 실현되는 735년까지를 삼국통일전쟁에 포함시킨 논지를 다른 시각에서 정당화하고 있었다. 이로부터 제기된 논점들에 대한 반론을 '삼국통일론'의 타당성을 묻는 글의 말미에

---

63 김영하, 앞의 논문, 2014.

부록으로 덧붙임으로써 필자의 논지를 다시 한 번 밝히고자 한다.

전자는 '해석'보다 '사실'의 구명을 표방했는데, 필자도 전적으로 동의하는 바로서 논점은 다음 네 가지이다. 첫째 논점은, "필자는 당시 정황에 대한 김영하의 추론에 동의하지 않음을 밝혀둔다. 이 무렵 신라가 백제와의 전쟁으로 어려움을 겪고 있어 당의 군사적 지원을 요청하는 김춘추가 조급한 입장이었다는 점은 수긍할 수 있다. 그러나 당시 고구려 원정을 적극적으로 추진하고 있던 당 태종 역시 신라의 군사력을 동원하려는 뜻이 결코 작지 않았다는 점도 충분히 고려해야 한다(252~253쪽)"라는 서술에 있다. 648년에 있었던 나·당 협상에서 김춘추는 물론 당 태종의 입장도 아울러 고려해야만 협상의 실제를 파악할 수 있는데, 필자는 그렇지 않았다는 비판이다.

그러나 필자는 일찍부터 신라 중심의 일국사적 관점을 다자 연동의 동아시아사적 관점으로 전환시키고, 이제까지 '7세기 동아시아의 국제전'의 결과 가운데 하나가 '신라의 백제통합'이라는 사실을 거듭 밝혀왔다. 이러한 시각에서 신라와 당의 대내외적 조건에 따른 전략 검토는 필수인데, 신라의 백제통합과 당의 고구려 점령이라는 쌍방의 이해관계에 따른 호혜적 나·당 연합은 그와 같은 검토 내용을 압축적으로 표현한 것이었다. 위 내용은 전자가 필자를 비판하기 위해 인용한 김춘추와 당 태종의 당시 정황에 관한 설명의 바로 앞부분인데, 이런 접근 방법 자체는 전자의 그것과도 크게 다르지 않기 때문에 비판 대상일 수 있을지에 대해서는 의문이다. 따라서 협상에 임하는 양자의 입장을 볼 때, 645년, 647년, 648년에 걸친 백제의 파상적 공세로 존망의 위기에 놓인 방어자 김춘추가 645년의 친정 실패를 딛고 다시 중국 중심의 질서 구축을 추진하기 위해 649년의 고구려 원정을 준비하던 공격자 당 태종보다 심리적으로 더욱 조급했을 것임은 물론이다.

둘째 논점은, "김춘추의 입장에서는 당과의 군사적 연합이 백제를 먼저 공략하는 방식으로 진행되는 것이 아니라 먼저 고구려를 공격하는데 신라군을 동원하는 방식이라면, 이런 당 태종의 계획에 조급해야 할 이유가 없었다. (중략) 하지만 백제 공격을 선행하지 않은 군사 연합에서 당 태종은 신라의 군사력을 고구려 정벌에 동원하기 위해서는 김춘추가 뿌리칠 수 없는 제안을 해야만 했을 것이다. 그것이 '평양이남'의 고구려 영역을 신라에 할양한다는 내용이 아닐까 추정한다(256~257쪽)"라는 언급에 있다. 전자는 김춘추가 고구려 점령에 치중한 당 태종보다 조급하지 않을 수 있는 이유를 백제보다 고구려를 먼저 치려는 그의 전쟁 방식에서 찾았다. 조급 여부의 원인 파악에서 필자는 당을 찾아가지 않을 수 없었던 김춘추의 절박한 사정에 유의한 반면, 전자는 공략 대상의 선후 선택에서 보인 당 태종의 전략 운용에 주목함으로써 초점을 달리했다.

그러나 김춘추의 조급성은 백제의 공세에서 비롯된 근본적인 것이지, 당 태종의 공략 대상의 선택에 따라 변할 수 있는 가변적인 것이 아니었다. 이러한 관점에서 김춘추가 '평양 이남과 백제 토지'의 신라 할양이라는 당 태종의 제안을 수용할 수 있을 것인지에 대해 검토해볼 필요가 있다. 즉, 전자가 김춘추의 외교적 성과로 평가한 '평양이남'의 고구려 영역을 차지할 수 있을 것이라는 기대 하에, 신라가 과연 649년에 있을 당 태종의 고구려 원정에 부응하여 평양 이남에 대한 협공을 실행할 수 있는 여건이었는가의 문제이다.

먼저 필자가 기왕에 검토했다시피, 백제의 의자왕은 645년 2월 당 태종의 고구려 친정에 상응하여 그 후방을 공격한 신라의 빈틈을 노린 그해 5월의 공세에서 상당한 전과를 거둔 바가 있었다. 또한 당이 647년 3월과 648년 정월에 고구려를 칠 때, 신라를 공격하는 백제의 전략은 당해 연도의 10월과 3월에도 반복되었다.[64] 647년에 비담의 반란을 진압하고 실권자로 등장한 김춘추가 왜의 초청으로 그곳을 다녀온 뒤 당을 찾아가 태종에게 신라의 멸망과 향후 조공 불능의 이유를 들어 구원을 요청한 배경이었다. 이를 통해 신라는 적어도 648년 이전까지 상존하는 백제의 위협 때문에 고구려에 대한 공격이 용이하지 않았음을 알 수 있다.

다음으로 전자가, 당 태종이 649년의 고구려 원정을 위해 김춘추에게 준 것으로 파악한 '계책'도 결국 나·당협공책의 범주에서 크게 벗어날 수 있는 것이 아니었다. 신라가 '평양이남'의 할양에 대한 기대 때문에 고구려 공격에 나서는 전략은 자기 파멸을 감수하지 않으면 안 될 위험한 선택이었다. 그러한 까닭에 신라는 660년 백제의 멸망 이전까지 당이 추진한 655년, 658년, 659년의 고구려 원정을 후원하지 않았을 수도 있다. 심지어 백제가 고구려·말갈과 연합하여 30여 성을 공취하자, 신라의 요청으로 이루어진 당의 655년 원정에서도 협공한 사실은 사료로 확인되지 않는다. 649년의 고구려 원정에 신라를 동원하려는 당 태종의 '계책'이 당시 정세 속에서는 실행 불능일 수 있음이 그 이후의 사실로 입증된 셈이다. 당으로서는 고구려 점령을 위해 백제를 먼저 치는 전략으로 전환할 수밖에 없었던 배경이었고,[65] 신라도 마침내 659년 4월에 자주 내침하는 백제를 치려고 당에 군사를 요청하기에 이르렀다. 나·당 연합이 동상이몽으로 백제를 공격할 계기가 비로소 마련되던 것이다.

셋째 논점은 "평양이남 백제토지"의 신라 할양을 제안할 때, 당 태종

---

64 김영하, 앞의 논문, 2016.
65 김영하, 앞의 논문, 2016.

이 습득한 고구려의 남쪽 경계에 관한 정보와 인식의 문제이다. 전자는 이와 관련하여 두 가지의 사실을 근거로 당 태종은 한강 유역이 고구려의 영역이거나, 적어도 신라와의 분쟁지대로 인식했을 것으로 추론했다. 그 하나는 영류왕이 628년에 당 태종에게 바친 봉역도에서 '죽령이서' 또는 '죽령서북'의 한강 유역이 분명히 고구려 영역으로 표시되었을 것으로 보았다. 다른 하나는 당 태종이 644년 사농승 상리현장을 고구려에 파견했을 때, 연개소문이 신라와 전쟁 불사의 이유로 거론한 이른바 신라로부터 돌려받지 못한 고구려 땅 500리에 주목했던 것이다 (259~261쪽).

한강 유역은 신라 진흥왕이 553년에 백제로부터 공취한 지역으로서, 7세기 중엽까지 지배 주체가 바뀐 사실은 확인되지 않는다. 당 태종이 설혹 봉역도를 통해 한강 유역을 고구려 영역으로 인식하고 있었더라도, 당 태종에게는 한강 유역이 곧 신라의 영역임을 인지할 수 있는 또다른 기회가 있었다. 그 하나는 연개소문의 발언 끝에 상리현장이, "고구려는 어찌해서 반드시 옛 땅을 찾으려 하는가[高麗豈得必求故地]"라고 반박함으로써 이미 500리의 땅이 신라의 영역임을 알고 있었다. 물론 당 태종도 상리현장의 복명을 통해 그와 같은 사실을 인지할 수 있었을 것이다. 다른 하나는 만일 한강 유역이 고구려의 영역이었다면, 당 태종은 648년 김춘추의 내방 자체가 불가능했을 것이라는 사실을 눈앞의 현실로 알 수 있었을 것이다. 이때 김춘추는 조공로 단절의 위기도 호소했는데, 그것은 신라가 아직 한강 하류 유역을 확보하고 있음으로써 조공로를 유지할 수 있었던 사실의 반증이기도 했다.

이러한 사실에 입각할 때 당 태종이 과연 한강 유역을 고구려의 영역으로 인식한 위에서 "평양이남 백제토지"의 신라 할양을 제안했을 것이며, 김춘추는 그의 제안에 따라 고구려 땅 500리에 해당하는 한강 유역에다 다시 평양 이남의 고구려 영역을 더한 영역 인식에 기초하여 향후 성취해야 할 지향으로서 '일통삼한'의 의식을 지니게 되었을 것이라는 전자의 추론이 성립할 수 있을지는 의문이다. '많은 것들이 648년의 양자 회동'에서 시작되었다는 가설의 검증마저 짐작과 추정으로 이루어지고 있어서 더욱 그러하다.

넷째 논점은, 『당회요』 신라전에서 675년에 신라가 차지한 북방 경계로 언급한 "고구려남경" 기사의 가치에 관한 문제이다. 전자는 해당 사료가 675년에 신라의 북경이 고구려 멸망 무렵의 고구려 남경에 이르렀다는 '사실'을 말하고 있는 것일까라는 의문을 전제하고, 675년 이후 당의 기록자들이 당은 고구려를 차지하고 신라가 백제를 차지했다는 통념을 반영하는 사료일 가능성이 높다고 보았다. 따라서 이 사료를 675년 무렵의 신라가 고구려의 영역을 어느 정도 차지했는지에 대한 '사실'을 보여주는 신뢰성 높은 것으로 보기는 어렵다고 판단했다(263~264쪽). 이러한 판단은 전자의 논지에서 볼 때 불가피할 수밖에 없었겠지만, 이 사료는 신라의 백제 토지 확보에 관한 내용일 뿐 고구려 영역의 확보와는 무관한 내용이라는 점을 먼저 지적해둔다.

전자처럼 입론 과정에서 자신의 논지와 배치되는 사료에 대해 구체적 검토 없이 그 가치를 부정하는 것은 사료 해석의 논쟁에 도움이 되지 않는다. 『당회요』 신라전에 기록된 이후 『신당서』 신라전과 『삼국사기』 신라본기로 전사 과정을 거친 "고구려남경" 기사의 검토도 마찬가지이다. 만일 『당회요』의 찬자가 전자의 언급과 같이 675년 이후 당은 고구려를 차지하고 신라는 백제를 차지했다는 통념에 구애되었다면, 그 신라전 이외의 고구려전에서 보는 바와 같이 "699년 이후 고구려의 옛 땅은 모두 신라로 편입되었다[聖曆二年 (中略) 其舊地盡入於新羅]"라는 기술은 사실상 불가능했을 것이기 때문이다. 더구나 필자는 이미 해당 사료에 대한 실증을 통해 고구려의 남쪽 경계가 임진강인 사실을 밝혔는데, 그것을 수용하지 않을 경우 합리적인 이유를 제시하는 것이 논쟁 상대를 계몽시키기 위해서라도 중요하다.

나. '평양'이 경계일 수 있을까?

후자는 이른바 7세기 전쟁을 지정학 구도의 재편 계기로 이해하면서 신라의 백제통합론을 비판한 논점은 다음 두 가지이다. 첫째 논점은 "「답설인귀서」에는 '평양'이라는 단어가 14번 나오는데, 모두 고구려 도성인 평양과 그 주변 지역을 지칭하는 지명으로 사용되고 있다. (중략) '고려'라는 단어는 8번 나오는데, 모두 고구려라는 국가를 지칭한다. 백제통합론자가 제기한 것처럼 상기 구절의 '평양'이 고구려를 지칭하는 환유로 보기는 어려운 것이다"(294쪽)라는 서술에 명시되어 있다. 필자가 '평양'은 고구려의 멸망 이후 안동도호부가 설치될 곳이므로, 당 태종이 바로 그 이남을 신라에게 할양한다고 약속하는 것은 비현실적이라는 해석에 대한 비판일 수도 있었다. 역시 '평양 이남의 고구려 영역과 백제 토지'로 해석하는 신라통일론의 입장에서 이루어진 분석이었다.

그러나 문장에 구사된 용어들은 각자 맥락상의 함의가 있기 때문에 형식적인 분석만으로 그 의미를 모두 드러낼 수 있는 것은 아니다. 소위 문무왕의 「답설인귀서」에서 유일하게 신라의 지칭이 아니라 당 태종의 발언 자체로 나오는 "평양이남 백제토지"도 예외가 아니며, 설인귀가 문무왕에게 보낸 서신과의 관계 속에서 이해되어야 할 이유이기도 하다. 고구려의 멸망 이후 평양의 안동도호부에 검교안동도호로 부임한 설인귀가 해결해야 할 과제는 2만의 군사로써 고구려의 부흥운동을 진압하는 한편, 백제 고지의 경우와 달리 중화인中華人도 통치에 참여한 안동도호부의 지배체제를 확립하는 일이었다.

이에 대해 문무왕은 당의 기미주로 편입된 백제 고지의 웅진도독부를 상대로 통합을 추진할 뿐만 아니라, 670년에는 안승을 받아들여 고구려왕에 책봉함으로써 고구려 왕실의 제사를 잇도록 조치했다. 당이 구상한 동방정책의 근간을 흔드는 신라의 행위에 대해 설인귀는 671년에 서신을 보내지 않을 수 없었다. 그 핵심 내용이 신라의 백제통합 추진과 고구려 왕조의 부활에 대한 문책인 점은, 설인귀의 보고에 의거하여 당고종이 674년에 같은 이유를 들어 문무왕의 관작을 삭탈하고 경질한 사실로도 알 수 있다. 문무왕이 답서를 보낸 직후 실질적인 백제통합을 이루고 소부리주를 설치한 데 대한 처분이었을 것이다.

한편 문무왕은 두 가지 문책 중에서 항변 가능한 백제통합만큼은 그 불가피성을 피력했다. 신라가 간고한 조건 속에서 당을 도와 여·제를 멸망시켰음에도 불구하고, 백제 고지의 할양은커녕 백제가 오히려 상을 받고 신라가 벌을 받아야 하는 좌절감 속에서 "후환 예방을 위해 백제를 '일가一家'로 삼을 수밖에 없음[新羅旣是國家之州 不可分爲兩國 願爲一家 長無後患]"을 토로했던 것이다. 이러한 문무왕의 항변성 호소가 당을 상대로 효과를 발휘하기 위해 소환된 것이 당 태종의 발언이었다. 그 내용은 당도 공유한 것이기 때문에 임의 개변은 불가능했을 것이고, 답서의 모두에 인용한 것은 설인귀에게도 구속력을 지닐 것으로 기대했기 때문이다. 그렇다면 문무왕이 "평양이남 백제토지"의 신라 할양에 관한 당 태종의 발언을 환기한 목적은 무엇이었을까? 백제 토지는 물론 설인귀가 현재 주재하고 있는 평양 그 이남도 신라의 것일 수밖에 없다는 도발 의지의 표출인가, 아니면 신라가 이제까지 백제통합을 추진한 결과 그 완수를 목전에 두고 있는 671년의 현실을 인정받기 위함인가.

이러한 관점에서 "평양이남 백제토지"의 이해는 두 측면에서의 접근이 가능하다. 그 하나는 당 태종의 발언에 나오는 '평양'에 내포된 함의이다. 그것은 필자가 이미 밝혔듯이 648년의 시점에서 여·제 멸망 이후를 상정한 당 태종의 발언임을 감안하면, 멸망한 고구려를 대체할 용어로는 왕도인 '평양' 이외에는 달리 찾기 어렵다는 점이다. 이때 '평양'은 안동도호부의 관할 영역, 즉 고구려 고지를 표상할 수밖에 없다. 다른 하나는 왕도와 국가의 관계에 대한 당시인들의 관념이다. 『삼국사기』 김유신 열전에서 여·제의 "두 왕성을 멸함으로써 나라의 원수를 갚겠다[滅二城 以雪國讎]"거나, 「답설인귀서」에서 나·당의 "양군이 함께 왕도/사비에 이름으로써 한 국가/백제를 평정했다[兩軍俱到王都 共平一國]"는 표현은 왕도와 국가를 동일시했던 신라인의 의식을 잘 보여주고 있다. 그러한 까닭에 김춘추도 '평양/고구려 이남의 백제 토지'로 이해하여 신라 왕실에 전했을 것이다. 문무왕은 그것을 답서에 인용함으로써 설인귀를 상대로 백제통합의 당위성을 개진하는 한편, 답서에서도 언급되었듯이 그에 의해 고종에게도 알려지길 바랐다.

둘째 논점은 『당회요』의 "고구려남경" 기사와 관련하여 나·당 전쟁 직후의 상황에 기초하여 해석할 필요성을 제기한 다음, "이 기사를 근거로 신라가 처음부터 고구려 영역을 차지할 의도가 없었다거나(김영하, 『한국고대사의 인식과 논리』, 성균관대출판부, 2012, 195쪽; 「신라의 '삼국통일론'은 타당한가」, 『역사비평』129, 2019, 213~214쪽), '남경'을 '남쪽 경역'으로 해석하여 신라가 676년에 이미 기존 국경선이던 임진강을 넘어 예성강 유역까지 장악했다고 보는 견해는(전덕재, 「신라는 삼국을 통일하려고 하였을까」, 『역사비평』128, 2019, 180~187쪽) 재고할 필요가 있다"(303쪽)라고 비판한 데 있었다.

이러한 논점에 따라 후자는 "고구려남경" 기사를 675년 이후 신라가 당과의 전면전을 회피하기 위해 기존의 국경선이던 임진강 유역에서 더 이상 북진하지 않은 상황을 반영한 사료로 독해했다. 필자는 675년에 나·당 전쟁이 종료될 때까지 신라가 이룬 전과의 총괄로 파악하고 백제통합론을 입론한 데 비해, 후자는 신라가 임진강 유역에서 더 이상 북진하지 않은 상황의 반영인 것으로 파악함으로써 사료 이해의 중점이 달랐다. 675년 문무왕의 관작 복구로 나·당 전쟁이 사실상 종료되었을 때, 신라는 "이미 백제의 땅을 모두 차지하고 고구려의 남경에 이른 결과 그 영역이 동서 약 900리이고 남북이 약 1,800리에 달한다[旣盡有百濟之地 及高句麗南境 東西約九百里 南北約一千八百里]"라는 『당회요』의 기사에서 과연 후자의 해석과 같은 의미 석출이 가능할 것인지에 대해 일단 의문을 표해두기로 한다.

그러나 정작 심각한 문제는 후자가 위와 같은 주요 논지의 전개 수단으로 필자의 핵심 논지를 편의적으로 왜곡한 데 있다. 필자는 신라의 백제통합을 입증하기 위해 "고구려남경"의 사료적 가치를 거듭 강조한 바 있었다. 여기에는 신라가 처음부터 고구려 영역을 차지할 의도가 없었던 것으로 해석할 내용 자체가 없기 때문에 후자와 같이 해석할 수는 없었다. 따라서 필자에게 재고를 요구하며 그와 같이 해석한 근거로 제시한 후자의 주에 인용된 필자의 글에서 해당 내용을 찾을 수 없음은 물론이다. 이러한 오독과 왜곡이 가져올 폐해를 생각한다면, 논쟁적인 글에서는 삼가지 않을 수 없는 일이다.

필자가 고구려의 영역에 대한 신라의 통합 의지에 대해 회의적인 이유는 다음 두 가지이다. 그 하나는 당이 676년에 토번과의 전쟁에 역량을 집중하기 위한 퇴수책退守策의 일환으로 안동도호부를 요동 고성으로 옮김으로써 평양 이남에 대한 관할권이 약화되었음에도, 신라는 임진강 이북에 694년 송악성과 우잠성, 713년 개성 축성 등의 교두보를 마련한 이외에 적극적인 진출 의지를 보이지 않았다는 점이다. 다른 하나는 당에서 755년 안사安史의 난 이후 절도사 세력의 발호와 거란의 득세로 동방을 돌아볼 겨를이 없었음에도, 당이 735년에 발해를 견제하기 위해 신라에게 할양한 '패강이남浿江以南', 즉 대동강의 이남 지역에 대한 진출이 헌덕왕대(809~825)까지 매우 점진적으로 이루어졌다는 점이다.

그러한 까닭에 필자는 676년부터 735년까지 대동강 이남의 완충지대에 대한 신라의 영역화 의지를 삼국통일전쟁에 포함시켜 이해하거나, 신라의 통일 영역을 대동강 이남에서 예성강 이남으로 축소하여 다시 신라의 삼국통일론을 유지하려는 견해들에 대해 비판한 바 있었다. 698년 발해의 건국 이후에도 삼국통일전쟁이 계속된 것으로 설명하는 시대와 사실의 괴리, 675년에 예성강 이남의 지역에 대한 군현 설치는 사실로서 입증 불능의 문제가 있었기 때문이다. 후자 역시 삼국통일론과 같이 735년에 신라가 당으로부터 대동강 이남의 영유를 인정받은 의미를 '평양' 경계의 점령지 분할에 관한 648년 나·당 간의 밀약이 현실화된 데서 찾았다. 결국 '7세기 만주·한반도 전쟁'이라는 후자의 성격 규정은, 그 자신이 이미 선험적으로 사용한 바의 '삼국통일'[66]을 정당화

---

66 여호규, 「삼국통일 전후 신라 도성의 공간 구조 변화」『역사비평』128, 2019.
여기에서 여호규는 '삼국통일'로 규정하기 위한 전제로서 그간의 논쟁 구도를 "삼국통일전쟁론이 신라의 삼국통일에 의해 한민족 형성의 토대가 마련되었다고 본다면(노태돈, 『삼국통일전쟁사연구』, 서울대출판부, 2009), 백제통합전쟁론은 이때는 민족사상 삼국에서 남북국의 성립으로 귀결되었고 나말여초에 비로소 한민족 형성의 토대가 확립되었다고 상정한(김영하, 「신라의 백제통합전쟁과 체제변화」『한국고대사연구』16, 1999; 「신라의 '백제통합'과 '일통삼한' 재론」『한국고대사연구』89, 2018)" 것으로 정리했다. 이와 같은 표현은 후자에서도 반복되었는데(279쪽), 신라의 삼국통일론에서 언급한 바가 있는 '삼국통일의 민족형성사적 의의'와의 비교를 통해 백제통합론를 비판하기 위한 임의적인 곡해에 다름 아니다. 필자는 신라의 삼국통일에서 민족 형성의 의미를 강조하면 할수록 한국사에서 배제될 수밖에 없는 발해를 신라와 함께 남북국으로 인식하기 위한 기반으로서 '민족사'를 거론했을 뿐, 나말·여초의 민족 형성에 관해서는 생각해보지 않았기 때문에 그렇게 서술한 일도 없었다. 전근대시기에 민족 형성의 근간으로서 영토와 주민이 아직 완정完整되지 않은 상태인데도, 특정 시기의 주민을 기준으로

하는 외피로서의 역할도 없지 않았던 것이다.

그러나 후자의 해석처럼 735년 이후의 대동강 유역 진출을 648년의 '평양이남'과 중첩시켜 신라의 영역화 의지가 실현된 듯이 이해하는 것은 역사학적이지 않다. 시간과 내용을 달리한 두 사실을 매개 없이 같은 층위에서 해석하는 데는 무리가 따를 수 있기 때문이다. 735년 이후 '패강이남'의 신라 영유와 관련하여 검증 가능한 사실은 두 가지이다. 그 하나는 당이 발해 견제의 대가로 대동강 이남을 하사했고, 신라는 당의 관할권 행사로부터 자유롭지 못했던 관성 때문에 매우 소극적으로 진출할 수밖에 없었다는 점이다. 다른 하나는 신라와의 경계 설정에 사용한 당의 기준이 달랐는데, 고구려의 영역을 분할하는 경계로서는 '패강'이라는 735년의 선이 고구려/안동도호부의 영역을 표상하는 점인 648년의 '평양'보다 효과적이었다는 점이다.

결국 후자는 698년 발해의 건국으로 인한 '7세기 만주·한반도 전쟁'의 종전을 만주와 한반도가 지정학적으로 완전히 분리되는 재편의 계기로 파악하면서도, 신라가 735년 이후 대동강 이남을 영유한 역사적 의미만큼은 '삼국통일'에 있는 것으로 이해했던 셈이다. 이처럼 인간의 역사를 지리의 문제로 환원한 다음 신라의 삼국통일론에서 강조한 민족 형성의 의미 대신에 '한반도 지역 국가'의 단초로서 신라의 '삼국통일'을

그 문제를 논의하는 것 자체가 무리라고 여기기 때문이다. 다만 926년 발해의 멸망과 936년 고려의 후삼국통일이 한국사의 인식에서 차지하는 역사적 의미만큼은 생각해볼 필요가 있다. 그 하나는 중국에서 오대五代의 혼란기에 세력을 크게 신장시킨 거란/요에 의해 발해가 망한 이후의 만주는 비로소 한국사의 인식 공간과는 무관한 지역으로 바뀌게 되었다는 점이다. 다른 하나는 고려와 조선 왕조는 북방 개척을 통해 압록강과 두만강의 이남 지역에 이를 때까지, 근대적 계기에 의해 질적 전환이 이루어질 민족 형성의 양적 기반을 부단히 축적해왔다는 점이다. 이러한 관점에서 675년에 백제만을 통합한 신라에서 민족 형성의 의미를 추구할 수 있을지는 의문이며, 735년 이후 신라의 대동강 이남에 대한 진출도 역시 그와 같은 영토와 주민에 대한 확보 과정의 일환으로 파악하는 것이 타당하지 않을까 싶다.

정당화할 때, 기왕에 식민사학의 신라통일론을 비판하고 백제만을 통합한 신라와 고구려 고지에서 건국한 발해의 남북국론을 피력해온 필자의 입장에서는 다음과 같은 질문이 불가피하다. 그 하나는 한반도에서 나·당 전쟁이 사실상의 종전을 맞은 675년에 신라가 임진강 이남을 모두 차지한 역사적 의미는 어떻게 규정할 것인가이고, 다른 하나는 이른바 만주와 한반도 북부에 걸쳐서 926년까지 존속하다가 거란/요에게 병합된 발해를 어느 나라의 역사로 인식할 것인가이다.

이러한 의문은 '발해사의 귀속 문제를 제외한다면'이라는 후자의 부당 전제적인 단서에도 불구하고 698년 이후의 발해는 '만주'의 역사로 귀결될 수밖에 없게끔 논리를 전개시킨 후자의 논지 자체가, 일제시기에 만선사관이 한국의 역사에 대해 민족보다 '조선반도'와 '만주'라는 지리의 관점으로 접근한 결과 신라에 의한 '반도'의 통일을 강조하는 다른 한편 발해를 '만주'의 역사로 규정했던 논지[67]와 크게 다르지 않은 데서 연유하는 것이기도 하다.

끝으로 필자가 일찍이 도발적으로 문제를 제기한[68] 이래 바라던 논쟁이기도 했지만, 그 과정에서 자신의 논지가 한층 정돈됨을 느끼면서 논쟁의 중요성을 다시금 알 수 있었다. 이에 향후 논쟁의 진전을 위한 제언 두 가지를 적어두는 것으로 마치고자 한다. 첫째, 엄정한 사료 비판과 해석에 따른 자신의 논지를 분명히 제시할 필요가 있다는 점이다. 이 논쟁은 신라가 676년에 대동강과 원산만 이남을 차지함으로써 삼국을 통일했다는 이른바 통설이 실증 가능한 사실인가라는 문제의식에서 촉발된 것이었다. 이제 논쟁 과정에서 통설은 사실로 입증될 수 없음은 물

---

67 김영하, 「한말·일제시기의 신라·발해인식」 『태동고전연구』 18, 1993; 앞의 논문, 2011.
68 김영하, 「신라의 삼국통일을 보는 시각」, 이기백 외, 『한국고대사론』, 한길사, 1988.

론, 핵심 사료로 부각된 648년의 "평양이남 백제토지", 675년의 "고구려남경", 692년의 "일통삼한" 등에 관한 해석의 정합성 여부가 역사적 의미 규정의 타당성을 가리는 준거일 수 있음도 확인되었기 때문이다.

둘째, 7세기 역사의 이해에서 한국과 동아시아는 별개 범주가 아니라는 점이다. 현재 전쟁의 성격과 관련하여 한국사의 차원에서 '신라에 의한 삼국통일(통합)전쟁', '삼국통합전쟁'으로 규정하거나, 동아시아의 차원에서 '7세기 중·후반 동북아시아 전쟁', '7세기 만주·한반도 전쟁'으로 규정하는 견해로 크게 나누어지고 있다. 그러나 한국사와 동아시아사가 서로 상즉상입하는 내포와 외연의 관계를 고려할 때, 어느 일방만의 관점으로 실제를 설명하기에는 한계가 있을 수밖에 없다. 필자는 전쟁의 동아시아적 전개와 한국사에 초래한 결과에 대해 '7세기 동아시아 국제전과 남북국의 성립'을 상위의 주제로, '고구려와 수·당 제국의 전쟁', '나·당 연합과 여·제 멸망', '나·당 전쟁과 신라의 백제통합', '고구려 고지에서 발해의 건국'이라는 하위의 내용 배치를 통해 7세기의 역사상을 포착할 수 있겠다는 생각에서 그 실제를 모색해왔다.

「신라의 '삼국통일론'은 타당한가」『역사비평』129, 2019)

제3부

중세사회로의 전환과 양상

1. 신라 중대의 전제왕권론과 지배체제

2. 신라 중대의 문물 수용과 유학 교육

3. 『삼국유사』 효선편의 이해

1. 신라 중대의 전제왕권론과 지배체제

1) 전제왕권론의 전개

신라사에 대한 전통적 시기구분은 『삼국사기』가 구분한 상대, 중대, 하대의 삼대론三代論과 『삼국유사』가 구분한 상고, 중고, 하고의 삼고론三古論을 들 수 있다. 중대는 하고기와 같이 무열왕대(654~660)를 상한으로 설정했지만, 혜공왕대(765~779)가 하한인 점에서 차이가 있었다. 신라 중대는 김춘추가 진골 출신으로 처음 무열왕에 즉위한 이후, 그의 후손들로 왕위가 계승되어 혜공왕에 이르는 8왕대의 125년간을 가리킨다.

신문왕대에 이르러 확립된 중대 왕권은 성덕왕대에 전성기를 맞았다. 그 성격에 관해서는 일반적으로 전제주의專制主義 혹은 전제왕권專制王權으로 이해해왔다. 이와 같은 견해는 혜공왕대에 일어난 일련의 정치적 사건을 중대의 전제주의에서 하대의 귀족연립貴族聯立으로 전환하는 과정에서 노정된 것으로 파악함으로써 중고기의 귀족연합貴族聯合과 더불어 신라사의 발전을 단계화할 수 있었던 것이다.[1] 소위 중대의 전제왕권론은 상대등上大等 및 집사부執事部 중시中侍에 관한 실증적 연구와 화엄 사상 및 유학과 같은 사상사의 검토를 통해 심화되었다. 중대의 정치와 전제왕권에 관한 다양한 견해들에 관해서는 이미 검토된 바있으므로,[2] 여기서는 쟁점을 중심으로 살펴보려고 한다.

우선 법흥왕대에 최고의 관직으로 설치된 상대등은 중대에도 여전히 귀족회의의 주재자였다. 그러나 귀족회의가 영향력을 상실함에 따라 전제왕권하의 상대등도 실권을 집사부 중시에게 넘기지 않을 수 없었다.[3] 진덕왕대에 김춘추와 김유신 일파의 정치적 이해관계가 반영된 집사부는 왕정의 기밀 사무를 관장하는 최고의 행정 관부였다. 그 중시는 귀족 세력의 대표가 아니라 왕의 행정적 대변자인 수상으로서, 전제왕권의 방파제 내지 안전판의 역할을 담당한 것으로 파악되었다.[4]

다음으로 중대의 전제왕권은 지배 이념으로서 화엄종의 통화 사상을 활용하는[5] 한편, 6두품 출신의 관료층은 유학을 매개로 전제왕권과 결탁한 것으로 보았다.[6] 이에 대해서는 화엄 사상의 본질로서 초역사적인 보편성과 비세속적인 평등 사상을 근거로 전제왕권과 화엄종의 상호 관계에 대한 비판도 있었지만,[7] 정치와 사상의 구조적 파악을 통해 논리적 정합성을 갖출 수가 있었던 것이다. 이러한 전제왕권론은 식민사학의 극복 논리로서 내재적 발전론이 한국사의 해석에 크게 영향을 미치

---

1 이기백, 「신라 혜공왕대의 정치적 변혁」 『사회과학』2, 1958.

2 배종도, 「전제왕권과 진골귀족」 『한국역사입문』2, 풀빛, 1995; 하일식, 「신라 정치체제의 운영 원리」 『역사와 현실』20, 1996; 정운용, 「신라 중대의 정치」 『한국고대사입문』3, 신서원 2006.

3 이기백, 「상대등고」 『역사학보』19, 1962.

4 이기백, 「신라 집사부의 성립」 『진단학보』5·26·27, 1964.

5 이기백, 「신라시대의 불교와 국가」 『역사학보』111, 1986.

6 이기백, 「신라 골품제하의 유교적 정치이념」 『대동문화연구』6·7, 1970.

7 김상현, 「신라 중대 전제왕권과 화엄종」 『동방학지』44, 1984.

는 상황 속에서 통설적 견해로 받아들여졌다. 나말에 사병私兵을 기반으로[8] 대두한 지방 호족과 선종이 전제왕권과 교종을 대체하여 신라 말의 사회 변동을 견인할 대안으로 주목을 받았기 때문이다.

이후 전제왕권론에 입각한 연구에서는 두 경향이 나타났다. 그 하나는 전제왕권의 개념을 수용하여 구체적 실증으로 보완한 경우이다. 무열왕과 문무왕은 당으로부터의 율령 수용을 통해 관료체제를 정비함으로써 신문왕대에 전제왕권체제를 수립할 수 있었다. 골품제가 엄존하는 조건 속에서도, 추봉대왕제追封大王制 및 태자책립제太子冊立制와 함께 신문왕대부터 실시된 5묘제五廟制는 그 결과이기도 했다.[9] 한편 한 사람의 왕에게 권력이 집중되는 정치 형태로서 중대의 전제왕권은 실제로 전제화를 반대한 진골 귀족과의 대립 속에서 성장했다. 이러한 관점에서 성덕왕이 진골 귀족의 추대를 받아 즉위한 사실을 밝힘으로써,[10] 신문왕대 이후 전제왕권이 지속된 것으로 보았던 견해의 수정을 유도했던 것이다.[11] 다만 추대의 주체를 성덕왕비 엄정왕후의 아비 김원태로 보는 견해[12]와 효소왕 말년의 상대등 개원공으로 보는 견해[13]의 차이가 있을 따름이었다. 전제왕권의 무력적 기반은 진평왕대에 처음 설치된 뒤, 여러 차례의 개편을 거쳐 신문왕대에 6인의 장군직을 6두품에게도 개방한 시위부侍衛府였다.[14] 다만 시위부와 함께 전제왕권의 군사적 배경

---

8   이기백, 「신라 사병고」, 『역사학보』9, 1957.

9   이명식, 「신라 중대 왕권의 전제화과정」 「대구사학」38, 1989.

10 김수태, 『신라중대정치사연구』, 일조각, 1996.

11 이기백, 「통일신라시대의 전제정치」, 이종욱 외, 『한국사상의 정치형태』, 일조각, 1993a.

12 김수태, 앞의 책.

13 김영미, 「성덕왕대 전제왕권에 대한 일고찰」 「이대사원」22·23, 1988.

14 이문기, 「신라 시위부의 성립과 성격」 『역사교육논집』9, 1986.

으로 간주해왔던 9서당만은 그렇지 않았을 것으로 이해하기도 했다.[15]

다른 하나는 전제왕권의 용어를 사용하더라도, 사용의 범주와 개념 규정 및 적용 시기에 문제를 제기한 경우이다. 관료제와 마찬가지로 전제주의적 왕권의 무분별한 사용은 오해의 소지가 있기 때문에 제한적 사용의 필요성이 제기되었다.[16] 그러한 반면 전제왕권은 고도로 중앙집권화된 정치체제로서 중앙집권적 관료정치의 시행과 왕실의 신성화를 그 특징으로 거론하기도 했다. 이에 따라 신라 중고기에 독존적 왕족의식의 고양과 진평왕대에 내성內省의 설치가 중대 이전에 이미 전제왕권을 성립시킨 근거로 제시되었다.[17]

또한 적절한 용어가 아니더라도, 중대의 전제왕권은 왕권의 신성화에 입각한 절대군주제로 파악되었다. 그것은 유교적 왕도 정치의 구현에서 현실적 권능과 불교의 종교적 권위에서 신성성을 보장받을 수 있었기 때문이다. 이러한 입장에서 전제왕권은 무열왕계에 의해 신문왕대에 확립되었지만, 중고기 말에 출현하여 하대까지 지속된 정치 형태로 이해하기도 했다.[18] 새로운 개념 규정에 입각하여 전제왕권의 적용 시기가 중고기로 소급하거나, 하대로 연장하는 견해의 제출로 말미암아 전제왕권 자체가 논의되기에 이르렀던 것이다.

이와 같은 전제왕권의 개념에 관한 비판에 대해서는 반론을 통해 본래의 관점을 다시 확인하기도 했다. 종래에 사용해온 전제주의 혹은 전제왕권이란 용어를 전제정치로 바꾸거나, 왕권의 강화는 상대적인 데 반해 왕권의 전제화는 절대적인 개념으로 규정했던 것이다. 즉, 전제정

---

15 이인철, 「신라 골품제사회의 병제」 『한국학보』54, 1989.

16 이기동, 「신라 흥덕왕대의 정치와 사회」 『국사관논총』21, 1991.

17 이정숙, 「신라 진평왕대의 정치적 성격」 『한국사연구』52, 1986.

18 신형식, 「신라 중대 전제왕권의 특질」 『국사관논총』20, 1990a.

치는 한 사람의 군주에게 권력이 집중되는 정치 형태로서 일반적인 군주 정치와는 구별되는데 핵심적인 특징이 있으며, 신라 중대의 경우에는 역시 귀족 세력에 대해 절대 우위에 있는 전제왕권의 형태로 나타난 것으로 보았다.[19]

2) 권력구조상의 논의

신라 중대에 완비된 중앙의 통치기구는 상대등과 국정 담당의 행정 관부 및 내성 중심의 궁정 관부로 이루어졌다. 중대에 취해진 조치 가운데 행정 관부에서 관부의 증설과 관부의 조직에서 사지舍知의 신설은 주목할 만한 현상이었다. 기존의 행정 관부에 더하여 문무왕대에 우이방부 및 선부와 신문왕대에 예작부를 신설함으로써, 4부部와 9부府를 비롯한 여러 서署와 전典이 존재하게 되었다. 각 행정 관부에는 4두품에 해당하는 12위 대사~13위 사지가 임명되는 사지직을 신설함으로써, 그 조직은 대체로 영令-경卿-대사大舍-사지舍知-사史의 5등관제로 정비되었던 것이다.

이러한 중대의 행정 관부와 전제왕권의 관계 위에서 권력구조의 문제가 논의되었다. 상대등에서 중시로 정치적 실권의 이동 문제가 제기된 이후, 또 다른 권력의 실체로서 주목된 것이 병부령이었다. 법흥왕대에 행정 관부의 장관으로서 가장 먼저 설치된 병부령은 상대등과 중시를 겸할 수 있는 실질적인 재상宰相이었고, 중대 초에 무열왕계의 전제왕

---

19 이기백, 앞의 논문, 1993a; 「신라 전제정치의 성립」, 한국사연구회 엮음, 『한국사 전환기의 문제들』, 지식산업사, 1993b.

권이 확립되는 과정에서는 3인의 정원이 1인으로 고정되는 변화를 겪은 것으로 보았다.[20]

이와 같은 이해 위에서 전제왕권을 지탱하는 지주 중의 하나인 귀족 세력과의 관계를 검토했다. 상대등과 중시는 각각 귀족 세력의 대표로서 정치적 역할을 다했을 뿐이라는 지적은, 전제왕권에 대한 방관자로서의 상대등과 그 대변자로서의 중시를 이해한 관점에 대한 비판에 다름 아니었던 것이다.[21] 또한 관료 제도의 완비에 따른 행정 관부의 분화는 왕에게로 권력 집중을 도모하는 조치로서, 각 관부는 월권 방지를 위해 왕과 직결됨으로써 견제와 통제를 받은 것으로 이해했다. 이러한 관점에서 집사부는 행정을 총괄하는 최고의 관부일 수가 없었으며, 중시가 수상으로서 기능하지 않는 대신 병부령이 실질적인 집권자로 파악되기도 했다.[22] 이처럼 상대등과 중시의 부침 관계를 매개한 전제왕권론에 대한 비판은 제도상 권력의 소재 문제로 확대되었다.

첫째, 귀족회의와 상대등의 기능에 대한 검토이다. 주요 행정 관부의 장관으로서 대아찬 이상의 대등大等들로 구성된 군신회의群臣會議의 의장은 왕이었고, 상대등은 부의장으로서 신라사의 전 기간에 걸쳐 관료들을 대표했을 뿐만 아니라 여러 행정 관부를 통솔하는 수상으로 파악되었다.[23] 한편 법흥왕대에 왕권 신장의 표상으로 설치된 상대등은 친왕적 성격을 지닌 귀족회의의 의장으로서 국무를 총괄했고, 수상으로서 상대등의 기능은 상대는 물론 중대와 하대에도 변함없이 유지된 것으로

20 신형식, 「신라 병부령고」『역사학보』61, 1974.

21 신형식, 「신라 중대 전제왕권의 전개과정」『산운사학』4, 1990b.

22 신형식, 앞의 논문, 1990a.

23 이인철, 「신라의 군신회의와 재상제도」『한국학보』65, 1991.

보기도 했다.[24] 이처럼 중대에도 상대등의 정치적 실권이 여전했던 것으로 이해한 견해들은, 전제왕권론에서 수상으로 간주했던 집사부 중시의 제도적 위상에 관한 재검토를 전제하고 있었다.

둘째, 집사부와 중시의 역할에 관한 검토이다. 중시는 병부령으로 승진하기 이전 단계의 낮은 관직에 지나지 않았고,[25] 집사부는 왕의 측근에서 특정 업무만을 관장했을 뿐이라는 비판이 제기되었다. 즉, 집사부는 왕의 측근기구로서 기밀 사무, 왕명 출납, 서경署經 등을 통해 실질적인 권력을 행사하고 있었지만, 중대에는 중시가 재상의 반열에도 들지 못했으므로 수석 재상으로서의 수상은 아니라는 입장이다.[26] 또한 집사부는 실제로 비서, 총무, 외교, 정책 기획 등의 업무를 분장했을 뿐이므로, 중시가 위로 왕명을 받들고 아래로 여러 행정 관부를 통제하는 지위일 수는 없다는 이해도 같은 맥락이었다.[27] 그러나 왕의 입장에서 집사부 중시는 역시 긴요한 존재일 수밖에 없었다. 그것은 각 행정 관부가 병렬적으로 존재하는 통치구조상의 특성 때문에 업무 보좌와 조정의 필요에서 연유하는 것이었다.

셋째, 행정 관부의 병렬성에 대한 이해이다. 주지하는 바와 같이 신라의 13개의 행정 관부는 병렬 관계에 있었다. 그 중에서 집사부가 나머지 행정 관부를 관장한 것으로 파악함으로써 전제왕권론이 성립되었던 것이다. 그러나 집사부와 같은 부部가 통제한 것은 부府가 아니라,

---

24 이영호, 『신라 중대의 정치와 권력구조』, 경북대박사학위논문, 1995.

25 신형식, 앞의 논문, 1990a.

26 이인철, 앞의 논문, 1991; 「신라의 중앙행정관부」『백산박성수교수화갑기념논총 한국독립운동사의 인식』, 삼화출판사, 1991.

27 이영호, 앞의 논문.

그 부속 관서인 서署에 불과하다는 지적이 있었다.[28] 한편 신라 중대의 관제 정비에서 주목되는 현상은 당제의 영향이었다. 사지의 신설로 인한 5등관제로의 개편은 상서 6부의 상서尚書-시랑侍郎-낭중郎中-원외랑員外郎-주사主事의 직제에 상응한 조치였다.[29] 그런데도 당의 6전체제에 준하는 행정 관부를 증설했을 뿐,[30] 3성 6부제와 같은 제도의 개편은 이루어지지 않았다. 이에 관해서는 전제왕권의 유지와 관련하여 각 관부의 상호 견제와 균형에 주목한 견해[31]와, 진골 귀족 세력의 온존으로 인해 당의 율령체제를 준용한 결과라는 견해도 나왔다.[32]

이와 같은 비판에 따라 집사부가 최고의 관부라는 기왕의 이해는 전제정치의 운영에서 핵심적인 정치기구로 바뀌었고, 귀족회의의 구성원인 진골 출신의 대등은 수적으로 제한된 주요 행정 관부의 장관일 것이라는 지적도 수용했다.[33] 다만 전제정치와 상대등 및 집사부의 관계에 관한 쟁점은 반론을 통해 종래의 입장을 재확인했다. 상대등이 약화된 귀족회의 의장으로서 형식적인 수상에 불과하더라도 왕을 보좌한 친왕적 존재는 아니었으며, 중시는 역시 핵심적 업무를 총괄했을 뿐만 아니라 집사부 중심의 관료제 정비를 전제정치의 강화 의도로 파악했던 것이다.[34]

---

28 이인철, 앞의 논문, 1991.
29 이기동, 「신라 중대의 관료제와 골품제」『진단학보』50, 1980.
30 이기동, 앞의 논문, 1980.
31 신형식, 앞의 논문, 1990a.
32 김영하, 「신라 중대왕권의 기반과 지향」『한국사학보』16, 2004.
33 이기백, 앞의 논문, 1993a.
34 이기백, 앞의 논문, 1993a.

3) 지배체제론적 접근

한 사람의 군주에게 권력이 집중되는 정치 형태라는 전제왕권의 개념에 따르면, 전근대사회에서는 통시적인 현상일 수 있었다.[35] 이럴 경우중대의 전제왕권이 과연 역사적인 개념인가라는 의문이 제기된다. 이에 대해 비록 전제정치가 절대적인 개념이더라도 역사 발전의 일정한 단계에만 존재하는 역사적인 개념은 아니며, 고려의 광종이나 조선의 태종과 세조도 전제군주로 볼 수 있기 때문에 상대적인 적용의 가능성을 인정하기도 했다.[36]

그러나 한 시대의 역사상을 표출하는 방편으로서의 개념은 절대와 상대의 문제보다 역사성의 내포 여부가 중요하다. 신라 중대라는 한정된 시공간 속에서 이루어진 인간의 활동을 포착하기 위한 개념은 그 시기의 역사적 성격을 제대로 반영하지 않으면 안 되기 때문이다. 중대의 정치체제와 관련하여 기왕에 전개된 전제왕권 자체와 권력구조상의 논의로부터 벗어나 지배체제론적 접근이 필요한 이유이다.

먼저 지배체제의 실제적 운영 측면이다. 전제왕권과 관료제의 상관관계에 대한 상반된 해석은, 장관의 복수제複數制와 겸직제兼職制에 관한 이해에서도 나타났다. 우선 고위 관직의 복수제는 정책 집행의 측면보다 결정의 측면에서 작용했으므로, 행정보다 정치의 차원에서 복수의 장관제를 파악한 견해는 강인한 진골 귀족 세력의 존재에 주목했다.[37] 그러한 반면 주요 행정 관부에서 장관의 복수제는 직무의 분화와 권력

---

35 배종도, 앞의 논문, 1995.

36 이기백, 앞의 논문, 1993a.

37 이기동, 앞의 논문, 1980.

의 견제 및 분산을 통한 전제왕권의 유지 수단으로 이해하거나,[38] 왕과 귀족의 상호 견제와 균형의 산물인 복수의 장관에 의한 합의제合議制가 가장 율령적인 정책 결정의 방법이라는 견해도 있었다.[39]

이에 대해 고위 관직의 복수제와 더불어 겸직제는 소수의 진골 귀족이 중앙의 행정 관부를 독점하고 합의제로 정치를 운영한 골품체제의 징표에 다름 아니었던 것으로 보았다.[40] 따라서 겸직제는 소수의 진골 귀족이 권력의 배타적 독점을 위해 나머지 진골 귀족의 진출을 봉쇄함으로써 골품제적 지배체제를 확립하는 데 기여한 것으로 파악될 수 있었던 것이다.[41] 그런 한편 왕실과 가깝거나 소수의 왕족 일파가 겸직을 통해 권력을 독점함으로써 오히려 왕권을 전제화하는 수단으로 이해하기도 했다.[42]

이와 같은 해석의 차이는 정책을 결정하는 권한의 소재 문제로 귀결되었다. 이것은 관료제의 추진에 치중한 전제왕권 중심의 정치와, 골품제의 유지에 주력한 진골 귀족 위주의 정치를 구별하는 기준이기도 했다. 이 중에서 정책 결정을 독점하는 진골 귀족 세력에 상대적 비중을 두는 입장은 관료제를 제약하는 골품제의 건재에 주목했다. 율령 법전의 정비, 행정 관서의 확충, 감찰 업무의 강화, 비진골 유학자의 진출 등으로 왕권을 전제화하더라도, 중대 왕권은 끝내 관료제의 장애물인 진골 귀족 중심의 골품체제를 극복할 수 없었던 것으로 보았다. 그러한 까닭에 그 극복을 위해 중대의 경덕왕은 내성 소속의 근시기구近侍機構

---

38 신형식, 앞의 논문, 1990a.

39 이인철, 「신라 율령관제의 운영」『신라정치제도사연구』, 일지사, 1993.

40 이기동, 앞의 논문, 1980.

41 이문기, 「신라시대의 겸직제」『대구사학』26, 1984.

42 신형식, 앞의 논문, 1990a.

를 기반으로 한화정책을 추진하거나,[43] 하대의 홍덕왕은 상대등 충공과 함께 정치개혁을 통해 율령체제의 강화를 추구하지 않을 수 없었던 것이다.[44]

다음으로 지배체제의 사회구성적 측면이다. 특정 사회의 성격 규정에서 방법론상 상부의 권력구조와 토대인 민의 존재 형태가 상호 조응하는 정합적인 이해는 중요하다. 신라 중대의 지배체제에 대한 접근도 예외가 아닌데, 그렇지 못했기 때문에 논의가 권력구조의 실증 범주에서 맴돌 수밖에 없었던 것이다. 전제왕권 혹은 전제정치에서 권력의 소재를 규명하는 것은 물론 중요하다. 그러나 전제주의를 규정하는 또 다른 개념으로서 아시아적 생산양식론에서의 논의도 아울러 고려할 필요가 있다. 전제주의는 왕권의 전제성 여부보다 총체적 노예제에 입각한 사회구성의 측면에 역사성이 있을 것이기 때문이다.

한국사에서 발전단계를 설정할 때, 일단 전제왕권과 집단 예속민의 관계에서 중앙집권과 개별적 공민의 관계로 발전하는 것이 정합적인 이해일 수 있다. 왕권이 전제적이라면 민은 집단 예속민으로 파악하고, 민이 개별적 공민이라면 지배체제는 중앙집권으로의 규정이 타당할 것이기 때문이다. 이러한 관점에 입각할 때, 중고기의 중앙집권국가에서 중대의 전제왕권체제로의 발전은 부정합적인 단계 설정이기도 했다. 더구나 중앙집권의 개념은 필요조건으로서 왕권의 강화뿐만 아니라 충분조건으로서 중앙의 지방민에 대한 개별적인 지배를 전제하기 때문에 더욱 그러하다.[45]

---

43 이기동, 앞의 논문, 1980.

44 이기동, 앞의 논문, 1991.

45 김영하, 「신라의 백제통합전쟁과 체제변화」 『한국고대사연구』16, 1999.

기실 대왕으로 격상된 중고기의 왕은 민을 신라로 편입시킨 시기와 거주 지역에 따라 이원적으로 파악하고 있었다. 기존의 일반 양인과 더불어 새로이 복속된 지역의 집단 예속민으로서 노인奴人과 같은 존재가 그것이다. 이러한 파악 방법에서는 국가의 중앙집권성보다 대왕의 전제성에 유의할 필요가 있다. 신라의 중고기는 상고기의 귀족평의체제貴族評議體制를 이은 또 다른 의미에서의 전제왕권에 합당한 대왕전제체제大王專制體制의 시기로 파악한 이유이다.[46] 그러나 7세기 동아시아의 국제전으로 인한 장기간에 걸친 대규모의 전쟁 동원은, 민의 사회적 위상이 제고될 기회를 제공함으로써 일원적인 파악에 기초한 중대의 중앙집권체제로의 이행을 촉진했다.

중대 왕권의 중앙집권화는 두 방향에서 추진되었다. 그 하나는 양천제良賤制에 입각한 공민화였다. 3~1두품의 왕경인을 하향 평인화하고, 5·4두품에 해당하는 촌주층 아래의 지방민을 상향 백성화하는 조치로 법제적 양인을 확보했다. 왕경인의 지배를 위한 기존의 부리제部里制에 더하여 지방민의 일원적인 지배를 위해 대왕전제단계의 '주군제州郡制'에서 중앙집권단계의 '군현제郡縣制'로 전면적 전환이 이루어졌다. 다른 하나는 골품귀족의 관료화였다. 왕경의 관인층은 골품제와 관위제로 규정되는 진골, 6두품의 귀족관료층과 5·4두품의 실무관인층으로 재편되었다. 골품귀족은 왕권 중심의 관료체제에 편입됨으로써 관료화하지 않을 수 없었다. 각 관부의 조직에 4두품 이상이 맡는 사지의 신설은 제한된 관직과 증가한 관인의 불균형을 해소하는 의미도 있었을 것이다.[47] 이러한 중대의 중앙집권적 귀족관료체제貴族官僚體制는 당으로부터 수

---

46 김영하, 「한국 고대국가의 정치체제발전론」 『한국고대사연구』17, 2000.

47 김영하, 앞의 논문, 2004.

용하여 여러 계층에게 강제한 유가의 충효 윤리로 강화될 수 있었다.[48] 비록 골품체제의 한계 내에서 이루어진 신라 중대의 중앙집권화이지만, 한국사의 전체 맥락에서는 후발 사회의 선구적 형태로서 중요한 의미를 지니는 변화였던 것이다.

이상에서 전제왕권의 개념 문제, 전제왕권과 권력구조, 중대의 지배체제 등에 관한 논점과 쟁점을 간략히 살펴보았다. 중대의 전제왕권론은 신라 말의 호족 세력을 전제할 때, 그 역사적 의미가 부각되는 논리로서 내재적 발전론의 이해 방법과 무관하지 않았다. 결국 전제왕권에 관한 논의는 중대만이 아니라 하대의 역사에 대한 이해와도 연관되어 있었던 셈이다. 그러나 신라 말의 사회 변화와 관련한 모순 관계의 설정에서 전제왕권에 대한 호족 세력의 대두보다 중앙의 왕에 대한 지방 농민의 반란이라는 측면에 주목할 때, 중대의 지배체제를 중앙집권체제로 규정할 수밖에 없는 이유는 한층 분명해질 것이다.

이처럼 중대를 이해하는 시각은 신라사 자체, 또는 한국사 전체에 대한 관점에 따라 달라질 수 있었다. 더구나 중대의 지배체제가 동아시아 세계의 국제전이라는 격동을 거치면서 확립되었기 때문에 동아시아적인 시각도 필요하다. 당에서 수용한 율령과 국가적 노예제론에 입각한 고대의 전제국가專制國家와 그 해체에 따른 지방 호족의 등장은 일본고대사를 이해하는 주요한 인식 틀의 하나였다. 이를 통해 일본의 역사가 소위 세계사적인 발전법칙에 따라 계기적으로 이행한 사실을 강조할 수 있었기 때문이다. 한국고·중세사의 이해에 원용된 이른바 내재적 발전론과 같은 인식도 그와 같은 논리에 다름 아니었다.

그러나 유럽 중심의 역사 인식이 세계사적 보편성을 담보할 수 없고,

---

48 김영하, 「신라 중대의 유학수용과 지배윤리」 『한국고대사연구』 40, 2005.

실제로 전근대사회에서 가능하지도 않았다는 사실들이 확인되기에 이르렀다. 다만 동아시아 세계에서 개별 국가들이 역사적으로 경험한 특수성과 보편성에 대한 논의는 향후 지역공동체의 형성 전망과 관련하여 여전히 유효하다. 신라사에서 중대의 성립을 한국사에서 시대구분의 의미를 지니는 시기로 파악하면서도, 일본고대사와는 내용과 성격을 달리하는 중앙집권체제로 파악하는 소이가 여기에 있다.

(「신라 중대의 전제왕권론과 지배체제」, 한국고대사학회 편,
『한국고대사 연구의 새 동향』, 서경문화사, 2007)

2. 신라 중대의 문물 수용과 유학 교육

1) 논의의 범주

여기에서 논의할 내용은 신라 중대에 당으로부터의 문물 수용과 유학 교육에 관한 것이다.[1] 신라 중대는 김춘추가 태종무열왕(654~660)으로 즉위한 이후 혜공왕(765~779)까지를 포함하는 시기이다. 중대에는 선행 사회인 중고기와 사회적 성격을 달리하는 여러 변화가 있었다. 한반도의 삼국과 중국 대륙의 당, 일본 열도의 대화조정大和朝廷이 함께 휘말린 동아시아의 국제전을 계기로 이루어진 문물의 수용이 사회의 변화를 초래했기 때문이다. 이러한 중대의 사회 변동은 기왕의 대왕전제체제大王專制體制를 탈각하는 한편, 새로운 중앙집권적 귀족관료체제를 지향하는 것이었다.

중대 초기의 왕은 민에게 권력을 관철함으로써 양천제良賤制에 입각

---

1   본고는 중국 산동대학의 요청으로 유가 문명과 한·중 관계에 관한 국제학술회의에서 발표했던
    것인데, 다음 논문을 발표 주제에 맞게 다시 정리한 것이다(김영하, 「신라 중대의 유학수용과
    지배윤리」 『한국고대사연구』40, 2005).

한 공민화와 왕에게 권력을 집중함으로써 골품귀족의 관료화를 유도했다.[2] 중대 왕권이 위로부터 추진한 정치사회상의 변화는 사상 분야와도 무관하지 않았다. 신라 중대의 사상에 관해 불교의 측면에서는 화엄 사상의 통치 이념으로서 기능 여부,[3] 유학의 측면에서는 충효 사상과 6두품의 역할 등에[4] 관한 일련의 연구가 있었다.

이 중에서 불교는 중고기의 왕실 불교에서 변화한 국가 불교로서[5] 지방화의 현상을 띠었으며, 유학은 새로운 통치 이념으로 수용되어 국학화의 과정을 밟았다. 이것은 중대 왕권의 중앙집권적 지향에 상응하는 사상계의 동향이기도 했다. 여기에서는 중대의 문물 수용과 유학 교육이 갖는 사회적 의미를 파악하고자 한다. 당으로부터 기능 중심으로 수용한 율령 지배의 한계는 유가의 윤리에 의해 보완될 수밖에 없었기 때문이다.

중대에는 중고기에 전래된 유학에 대한 이해를 바탕으로 당의 선진적인 문물을 수용했다. 이때 두 나라의 지배층 사이에 이루어진 문물의 증여와 수증이 나·당 간의 국제 관계와 신라 국내의 지배 질서에 미치는 이중의 함의를 밝힌 다음, 신라 국학의 교육 과목과 시험 과목에서 윤리적인 내용을 분석함으로써 중대 왕권이 기대한 사회적 효과와 그런 사례의 하나를 검토하고자 한다.

---

2 김영하, 「신라 중대왕권의 기반과 지향」『한국사학보』16, 2004.

3 신라 중대에서 의상 중심의 화엄 사상은 물론 전제왕권과의 관계에 관한 논의는 다음 글에 잘 정리되어 있다(정병삼, 『의상 화엄사상 연구』, 서울대출판부, 1998; 김복순, 「신라 불교의 연구 현황과 과제」『신라문화』26, 2005).

4 김철준, 『한국고대사회연구』, 지식산업사, 1975; 신형식, 『한국고대사의 신연구』, 일조각, 1984; 이기백, 『신라사상사연구』, 일조각, 1986.

5 李成市, 「新羅中代の國家と佛教」『東洋史研究』42·43, 1983.

2) 문물 수수의 이중적 함의

문헌 자료는 물론 〈진흥대왕순수비〉(561~568)와 〈임신서기석〉(612) 같은 금석문 자료에 의하면, 중고기에 전래된 유학은 왕실에서 왕도 정치를 표방하거나 민간에서 윤리적 규범을 변화시키는데 기여하고 있었다. 이러한 유학이 중고기 말에 이르러 통치 이념의 차원에서 새롭게 인식된 계기는 다음과 같이 마련되었다.

선덕왕 9년(640), 여름 5월에 왕이 자제를 당에 보내 국학國學의 입학을 요청하였다. 이때 태종은 천하의 명유名儒들을 불러들여 학관學官으로 삼고 자주 국자감國子監에 행행하여 그들로 하여금 강론케 하였으며, 학생으로서 능히 하나의 대경大經 이상에 밝으면 모두 관직에 보임하였다. 학사學舍 1,200칸을 증축하고 학생을 3,260인으로 증원하니, 이에 사방의 학자가 경사에 운집하였다. 이때 고구려, 백제, 고창, 토번도 또한 자제를 보내 입학시켰다. (『삼국사기』권5)

진덕왕 2년(648), 왕이 이찬 김춘추와 그 아들 문왕을 보내 당에 조공하니, 태종이 광록경 유형을 시켜 교외에서 그를 위로하도록 하고, 이미 도착하였을 때에는 춘추의 의표가 영특함을 보고 그를 후하게 대접하였다. 춘추가 국학에 가서 석전釋奠과 강론講論의 참관을 요청하니, 태종은 허락하고 이에 어제御製 온탕비溫湯碑 및 진사비晉祠碑와 아울러 새로 편찬한 『진서』를 하사하였다. (상동)

앞의 사료에서 신라 자제의 입당 유학은 당 태종의 요구에 의한 것이었다. 유학儒學은 당과 주변 국가 사이의 국제 질서를 이념적으로 규정할 수 있었기 때문이다. 즉, 유불도의 삼교가 정립하는 가운데 유가의 학설로 국가의 안정을 도모한 당 태종이[6] 국자감의 시설과 정원을 확대하고, 주변 국가의 왕실 자제를 입학시킨 의도는 중국 중심의 세계 질서를 유학을 매개로 주지시키려는 데 있었을 것이다.

한편 뒤의 사료에서 김춘추의 국학 견학은 신라의 필요에 의한 것으로서, 김춘추가 지배체제의 정비에 유학을 이용하려는 데서 촉발되었다. 국학에서 석전과 강론의 참관은 유학을 수용하는 하나의 계기로서, 앞으로 추진할 내정개혁의 이념을 기왕의 불교보다 현실적인 유학에서 구한 결과였다. 그는 진덕왕대에 자신의 즉위에 대비한 내정개혁을 실시했는데, 이때 유학 관련의 업무를 담당할 대사 2인도 설치되었던 것이다.[7]

이러한 기반 위에서 신라는 당으로부터 선진적인 문물을 수용하게 되었다. 신라 중대의 대당 외교는 나·당 연합의 제·여 원정, 나·당 전쟁과 문무왕의 관작 삭탈 및 복구, 패강 이남의 신라 귀속 등의 현안과 맞물려 있었다. 이러한 문제들은 신라의 백제통합 및 당의 고구려 점령이라는 양국의 전략적 이해관계와 고구려 고지에서 발해의 건국이라는 국제 정세의 변화에서 파생된 것으로서 당시의 나·당 관계를 규정하는 조건이었다. 신라와 당은 잠재적 적대 관계에 있던 발해와의 관계를 변수로 삼아 기본적으로 우호 관계를 유지했다.[8]

신라는 신년의 축하 사절로 정기적인 하정사를 파견하는 한편, 사안에 따라 부정기적으로 사은사謝恩使, 고진사告陳使, 주청사奏請使, 경하

---

6   張懷承, 『中國學術通史』 隋唐卷, 人民出版社, 2004.
7   김영하, 『한국고대사회의 군사와 정치』, 고려대민족문화연구원, 2002.
8   金瑛河, 「羅唐外交上的幾個問題」 『登州港與中韓交流國際學術討論會論文集』, 山東大學出版社, 2005.

사慶賀使와 조위사弔慰使 등을 파견했다.[9] 이에 대해 당은 신라왕의 교체에 즈음하여 정례적으로 지절사持節使를 파견하여 조제弔祭와 아울러 책봉을 거행하고, 비정례적인 사신도 파견하여 의례, 외교, 군사 등의 현안들을 해결하고 있었다. 두 나라 사이의 사신 왕래에는 문물 교류도 수반되었는데, 이를 통해 신라는 당의 선진적인 유교문화를 수용할 수 있었다. 중대에 수용한 당의 문물은 일단 문화와 제도에 관한 것으로 나누어진다. 먼저 문화의 수용에 관한 사료는 다음과 같다.

문무왕 14년(674), 봄 정월에 입당 숙위하던 대나마 덕복이 역술曆術을 전수받아 돌아오니, 새 역법 曆法으로 바꾸어 사용하였다. (『삼국사기』권7)

신문왕 6년(686), 왕이 사신을 당에 보내 예기禮記와 문장文章을 주청하였더니, 측천이 소사로 하여금 『길흉요례』를 베끼고, 아울러 『문관사림』에서 규계規誡에 관한 글을 뽑아 50권을 만들어 하사하였다. (『삼국사기』권8)

효소왕 원년(692), 고승 도증이 당으로부터 돌아와 천문도天文圖를 헌상하였다. (상동)

성덕왕 3년(704), 3월에 입당하였던 김사양이 돌아와 『최승왕경』을 헌상하였다. (상동)

성덕왕 16년(717), 가을 9월에 입당하였던 대감 수충이 돌아와 문선왕文宣王, 십철十哲, 칠십이제자도七十二弟子圖를 헌상하니, 곧 대학大學에 안치하

---

9 권덕영, 『고대한중외교사』, 일조각, 1997.

였다. (상동)

효성왕 2년(738), 여름 4월에 당의 사신 형숙이 『노자도덕경』 등의 문서를 왕에게 헌상하였다. (『삼국사기』권9)

경덕왕 2년(743), 당 현종이 찬선대부 위요를 보내와서 조제弔祭하고, 이에 왕을 책립冊立하여 신라왕으로 삼고, 선왕의 관작을 잇도록 하였다.(중략) 아울러 『어주 효경』 1부를 하사하였다. (상동)

신라 중대에 당의 문화를 수용한 사례로 백제 고지의 웅진부성熊津府城에서 당악唐樂을 배운 일도 있었지만,[10] 위 사료에서 보다시피 도서의 수입에 집중되었다. 도화로는 천문도와 문선왕, 10철, 72제자도가 있었고, 서적으로는 『역법』, 『길흉요례』, 『최승왕경』, 『노자도덕경』, 『어주 효경』 등 역서, 예서, 유불도의 경전에 걸쳐 있었다. 두 나라의 지배층 간에 이루어진 도서의 증여와 수증은 단순한 수수 행위에 머무는 것이 아니었다. 여기에는 도서의 내용을 매개로 당이 타자화한 신라와, 신라왕이 차별화할 신민에 대한 이중의 함의가 내포되어 있었다.

도증이 전래한 천문도는 이순풍의 개천설蓋天說에 의해 제작된 것으로 이해하기도 하지만, 사실상 고구려에 전래되었던 진탁의 성도星圖와 크게 다르지 않았을 것으로 추측된다.[11] 이러한 천문도는 왕조의 권위를 표상하는 바, 당과 신라 사이의 국제 관계는 물론 신라왕과 신민 사이의 국내 질서를 공간적으로 규정하는 의미를 담고 있었다. 역법의 전

---

10 『三國史記』卷6, 文武王 4年. "遣星川·丘日等二十八人於府城 學唐樂."
11 전상운, 『한국과학기술사』, 정음사, 1975.

수는 당의 역법에 신라의 역법을 일치시킴으로써 중국 중심의 동일한 시간체계 내로의 편입을 의미했다. 이때 들여온 역법은 이순풍이 유작의『황극력』을 모범으로 제작하여 인덕 2년(665)에 반포한『인덕력』[12]으로 추정된다.

이러한 사실은 당에서 영창 원년(689)과 성력 3년(700)에 각각 자월子月과 인월寅月을 정월正月로 삼았는데,[13] 실제 신라도 효소왕 4년(695)과 9년(700)에 각각 자월과 인월로 정월을 바꾼 데서 확인된다.[14] 이것은 주周의 후예로 자처한 측천무후의 정삭正朔 변경과 그 복구를[15] 그대로 따른 조치에 다름 아니었던 것이다. 인간사회에서 국제와 국내의 서열화는 천체의 질서로서 북극성이 제자리에 있고 여러 별이 그것을 향해 운행한다는[16] 유학의 논리로 정당화되었다. 신라가 문선왕 공자를 위시한 여러 제자들의 초상화를 들여와 국학에 안치한 일은 유학 수용의 상징적 표현이었다.

여기에 당 현종은 자신이 주석한『효경』의 증여를 통해 겸허와 근신으로써 사직을 보전하는 제후의 효를[17] 신라왕에게, 신라왕은 그것의 수증에 의해 예법과 도덕으로써 종묘를 유지하는 경대부의 효를[18] 신하

---

12 『新唐書』卷26, 曆2.

13 『舊唐書』卷6, 則天皇后 永昌 元年, 聖曆 3年.

14 『三國史記』卷8, 孝昭王 4年, 9年.

15 藪內淸, 『增訂隋唐曆法史の硏究』, 臨川書店, 1989.

16 『論語』, 爲政. "爲政以德 譬如北辰 居其所 而衆星共之也."
  이와 관련하여 『구당서』권199 상, 고려전에 의하면, 당 고조 때에 시중 배구와 중서시랑 온언박은 실제로 중국과 이적夷狄의 관계를 태양과 열성列星의 관계에 비유하기도 했다.

17 『孝經』, 諸侯章.
  『효경』은 18장으로 구성된 금문今文과 22장으로 이루어진 고문古文이 있는데, 여기에서는 금문『효경』을 이용했다.

18 『孝經』, 卿大夫章.

에게 요구하게 되었을 것이다. 이러한 나·당 간의 기본 관계 위에서 신라는 국내의 지배 질서를 수립하는 데 있어서 길흉에 관한 당의 선진적인 예제와 규계도 필요했다. 또한 의정이 새로 번역한 것을 곧바로 들여온 『금광명최승왕경』은 호국 3부경의 하나로서, 현세 왕의 교화를 통해 왕권을 안정시키는 데 적합한 경전이었다. 『노자도덕경』의 증여는 예종과 현종 연간에 불교와 유교에 비해 도교를 다시 우대한 당의 정황과[19] 무관하지 않았을 것이다. 다음은 제도의 수용에 관한 사료이다.

무열왕 원년(654), 5월에 이방부령 양수 등에게 명하여 율령律令을 상세히 참작하여 이방부격理方府格 60여 조를 수정修定하게 하였다. (『삼국사기』권5)

무열왕 8년(661), 왕이 죽자 시호를 무열武烈이라 하여 영경사 북쪽에 장사하고, 태종太宗의 묘호를 올렸다. (상동)

문무왕 4년(664), 봄 정월에 김유신이 늙어 치사致仕를 청하였으나, 허락하지 않고 궤장을 하사하였다. (중략) 부인에게 하교하여 또한 중조의상中朝衣裳을 입도록 하였다. (『삼국사기』권6)

문무왕 19년(679), 동궁을 창건하고, 처음으로 내외 여러 문루의 액호額號를 정하였다. (『삼국사기』권7)

신문왕 5년(685), 9주九州를 비로소 갖추었다. (『삼국사기』권8)

---

19 吳雁南·秦學頎·李禹階 主編, 『中國經學史』, 福建人民出版社, 2001.

신문왕 7년(687), 왕이 대신을 조묘祖廟에 보내 제사를 드리고 이르기를, "왕 아무개는 머리를 조아려 재배하고 삼가 태조대왕太祖大王, 진지대왕眞智 大王, 문흥대왕文興大王, 태종대왕太宗大王, 문무대왕文武大王의 신령에게 아룁니다"라고 하였다. (상동)

경덕왕 17년(758), 2월에 하교하여 내외관으로 만 60일의 휴가를 청한 자 는 해관解官을 허락하였다. (『삼국사기』권9)

중대 초에 수용한 당제는 위에서 보다시피 이방부격, 시호제와 묘호 제, 치사제와 궤장 하사, 중조의상제, 동궁제, 9주제, 5묘제, 해관제 등 주로 율령과 제도에 관한 것이었다. 좌이방부가 처음으로 설치된 진덕 왕 5년(651)으로부터 얼마 되지 않은 시점에 이루어진 이방부격 60여 조의 수정은 신라 고유법의 수정이기보다 이방부격에 해당하는 당의 율 령을 신라의 실정에 맞게 참작하여 수정한 것으로 추측된다.[20]

시호제는 지증왕 사후에 처음으로 실시되었더라도, 유학적 의미의 시호제는 무열왕 이후에 비로소 제도화되었다. 최초의 묘호인 태종은 무열왕에게 올린 것이지만, 당 태종의 묘호에 저촉됨으로써 신문왕대에 외교 문제로 비화할 만큼[21] 예제는 나·당 간의 민감한 사안이었다. 이 때 신라는 '태종'이 당 태종에 저촉되는 묘호가 아니라 시호라고 답변함 으로써 모면할 수 있었다. 아직 종묘가 설립되지 않은 신라의 사정을 감 안할 때, 당의 묘호제를 모방하여 기실 무열왕에 한해 사용한 시호일 수 있었다.

---

20 김영하, 앞의 논문, 2004.
21 『三國史記』卷8, 神文王 12年.

한편 문무왕대의 치사제와 궤장 하사는 본래 70세에 관직에서 물러나기를 청했는데도 허락하지 않으면 궤장을 하사하도록 규정한 예제였다.[22] 당시 70세를 맞아 치사를 청했던 김유신에게 처음으로 적용된 이후 관행되었다. 관인에게 적용된 중조의관제는 김춘추가 당의 장복章服을 가지고 귀국하여 추진한 내정개혁의 일환이었지만,[23] 이때에 이르러 부인들도 존비에 맞는 중조의상제를 채택함으로써 가시적인 중화화는 더욱 심화되었다. 동궁제는 안압지에 세워진 월지궁,[24] 즉 동궁에 당의 동궁과 마찬가지로 관부와 관원을 배치함으로써[25] 태자의 제도적 위상을 높이기 위한 것이었다.

신문왕대의 9주제는 사해四海 내에 9주를 설치한 데서 유래한 제도이지만,[26] 백제와 고구려의 멸망 이후 일통삼한의 이념을 구현하려는 작위적인 지방 구획의 의미도 없지 않았다. 5묘제는 천자의 7묘와 대부의 3묘에 대한 제후의 예제로서[27] 중국 중심의 세계 질서에서 차지하는 신라의 위상을 잘 보여주었다. 신문왕은 태조太祖에 2소昭 2목穆의 친묘親廟를 더하여 5묘를 구성했는데,[28] 바로 전해에 들어온 『길흉요례』도 참고가 되었을 것이다. 경덕왕대의 해관제는 관료제의 효율적 운영을 위한 제도로서, 당의 100일과 일본의 120일에 비해 60일로의 축소는 당

22 『禮記』, 曲禮 上. "大夫七十而致事 若不得謝 則必賜之几杖."

23 김영하, 앞의 책.

24 『三國史記』卷10, 憲德王 14年. "春正月 以母弟秀宗爲副君 入月池宮."

25 『三國史記』卷9, 景德王 11年; 『三國史記』卷39, 東宮官.

26 『禮記』, 王制. "凡四海之內九州 州方千里 州建百里之國三十 七十里之國六十 五十里之國 百有二十 凡二百一十國."

27 『禮記』, 王制. "天子七廟 三昭三穆 與太祖之廟而七 諸侯五廟 二昭二穆 與太祖之廟而五 大夫三廟 一昭一穆 與太祖之廟而三 士一廟 庶人祭于寢."

28 변태섭, 「묘제의 변천을 통하여 본 신라사회의 발전과정」 『역사교육』8, 1964.

시의 개혁정책과 무관하지 않았을 것 같다.[29]

신라와 당은 현종의 발해 견제와 성덕왕의 발해 대응이라는[30] 현실적 필요에서 기왕의 갈등을 덮고 다시 밀접해졌다. 당은 저들의 문물을 수용하여 예제적 질서를 수립한 신라에 대해 '인의지향仁義之鄕'과 '군자지풍君子之風',[31] '군자지국君子之國'[32] 등으로 추어올렸다. 발해가 등주를 공격하는 동아시아의 정세 변화를 전후한 시기에, 당과 우호 관계에 있던 신라가 유교문화를 매개로 동조화한 데 대한 호의적인 평가였던 셈이다.

3) 유학 교육의 사회적 기능

유학 교육의 기관으로서 국학은 제도의 특성상 당의 영향을 받지 않을 수 없었다. 진덕왕대에 유학 관련의 업무를 담당하기 위해 대사를 두었던 신라의 국학은 신문왕대에 제도적으로 정비되었다. 예부 소속의 국학은 책임자인 경 아래에 교육 담당의 박사-조교와 행정 담당의 대사-사를 설치함으로써 이원적인 구성을 이루었다. 경덕왕대에 한화적 내정개혁의 일환으로 국학은 대학감大學監, 경과 대사는 각각 사업司業과 주부主簿로 개칭되었다가 혜공왕대에 모두 복구되는 변화를 겪었다.[33] 당의 국자감에서 행정 담당의 관직체계는 종3품 좨주-종4품하

---

29 윤선태, 「신라 중대의 형률」 『강좌 한국고대사』3, 가락국사적개발연구원, 2003.

30 한규철, 『발해의 대외관계사』, 신서원, 1994.

31 『三國史記』卷8, 聖德王 30年.

32 『舊唐書』卷199 上, 新羅; 『三國史記』卷9, 孝成王 2年.

33 『三國史記』卷38, 國學.

사업-종6품하 승-종7품하 주부-종9품하 녹사 등으로 조직되었는데
34, 신라 국학의 장관인 경이 좨주 아래의 사업에 해당한 점은 나·당 간
의 제도 운영에서 나타나는 위상 차이를 잘 보여준다. 이와 같은 현상은
신라 국학이 당 국자감 산하의 태학에 준한 데서 연유한 것이었다.

국학에 입학하는 학생의 관위는 대사 이하에서 관위가 없는 무위無位
에 이르고, 연령은 15세부터 30세까지로서 9년을 기한으로 학업에 종
사했다. 우둔자의 퇴학과 미숙자의 재학에 관한 예외 규정도 있었지만,
관위는 대나마나 나마에 이른 뒤에 학업을 마쳤다. 4두품의 관위를 상
한으로 입학하여 5두품의 관위를 상한으로 학업을 마쳤으므로, 국학의
학생은 현실적으로 보아 4두품을 제외한 5두품 이상 중에서도 6두품이
주류를 이루었을 것이다.35

당의 국자감에서는 학생의 신분에 따라 6학, 즉 3품 이상 및 국공國
公의 자손과 종2품 이상의 증손은 국자학, 5품 이상 및 군현공郡縣公의
자손과 종3품의 증손은 태학, 7품 이상 및 후백자남侯伯子男의 자와 서
인의 자로서 준사俊士는 사문관四門館에서 유학 교육을 받았다. 그리고
8품 이하와 서인의 자는 율학, 서학, 산학 등에 나누어 전문 지식을 교
육했다.36 신라에서는 5·6두품이 국학의 주요 학생이었던 까닭에, 성
덕왕은 진골 신분의 왕족들을 국자학에 유학시키기 위해 왕제 김사종
을 당에 보내 자제의 입학을 요청했는지도 모른다.37 중대의 신라왕은

---

34 『新唐書』卷48, 國子監.

35 이기백, 앞의 책.

36 『신당서』권48, 국자감조에서 보다시피 현종 천보 9년(750)에 진사업進士業을 수학하는 광문
관廣文館을 국자감 산하에 설치하여 7학으로 부르기도 했지만, 나중에 진사업이 폐지됨으로
써 당의 국자감은 『구당서』권44, 국자감조에서 보는 바와 같이 기본적으로 6학이었다.

37 『三國史記』卷8, 聖德王 27年. "秋七月 遣王弟金嗣宗入唐獻方物 兼表請子弟入國學 詔許
之."

당으로부터 종1품 문산계인 '개부의동삼사開府儀同三司'[38]에 책봉되었기 때문에, 신라 왕실의 자제는 물론 국자학의 입학 자격에 해당할 수 있었다.

당의 유학은 한의 유학과 같이 통치 이념의 성격을 띠었으므로, 국가의 사상과 방침, 제도와 규범, 관리의 선발 등 여러 측면에서 지도적 역할을 수행했다.[39] 당보다 후진적인 신라가 당의 학제를 받아들였을 때에는 상당한 정치적 의도가 개재될 수밖에 없었다. 중대 왕권이 주목한 유학적 가치는 교육과 시험에 반영되었는데, 국학에서 유학 교육과 인재 선발은 다음과 같이 이루어졌다.

a. 교수의 법은 『주역』, 『상서』, 『모시』, 『예기』, 『춘추좌씨전』, 『문선』을 나누어 학업으로 삼는다. 박사博士나 조교助敎 1인이 혹은 『예기』, 『주역』, 『논어』, 『효경』을, 혹은 『춘추좌씨전』, 『모시』, 『논어』, 『효경』을, 혹은 『상서』, 『논어』, 『효경』, 『문선』을 교수한다. b. 여러 학생의 독서는 3품三品으로써 출신한다. 『춘추좌씨전』이나 『예기』나 『문선』을 읽어 그 뜻에 능통하고 아울러 『논어』, 『효경』에 밝은 자를 상품上品으로 하고, 『곡례』, 『논어』, 『효경』을 읽은 자를 중품中品으로 하며, 『곡례』, 『효경』을 읽은 자를 하품下品으로 한다. 만약 5경, 3사, 제자백가서를 아울러 능통한 자는 초탁해서 등용한다. c. 혹은 산학박사算學博士나 조교 1인을 임명하여 『철경』, 『삼개』, 『구장』, 『육장』을 교수한다. (『삼국사기』 권38, 국학)

국학의 교육과 시험에 관한 내용을 분석의 편의상 세 부분으로 나누

---

38 『新唐書』卷46, 吏部.
39 吳雁南 外, 앞의 책; 張懷承, 앞의 책.

었다. a 단락에서 보다시피 교육은『논어』와『효경』을 필수 과목으로 하고, 5경과『문선』을『예기』와『주역』,『춘추좌씨전』과『모시』,『상서』와『문선』의 세 과정으로 나누어 가르쳤다. 당에서는 태종이 정치적 통일에 상응한 경학 통일의 필요에서 공영달로 하여금 편찬시킨『오경정의』를 고종 때에 반포하여 국학의 교재와 과거 시험의 정본正本으로 삼았다. 이후 국자사업 이원관이 현종에게 건의하여『주례』,『의례』,『춘추공양전』,『춘추곡량전』을 추가함으로써 시험 과목도 9경으로 늘어났다.[40] 시험은 10일마다의 순고旬考와 1년마다의 세고歲考를 통해 첩경帖經과 구문대의口問大義를 치름으로써[41] 경전의 암송과 대의의 파악 여부를 평가했다.

9경 가운데『예기』,『춘추좌씨전』의 대경大經,『모시』,『주례』,『의례』의 중경中經,『주역』,『상서』,『공양전』,『곡량전』의 소경小經은 분량의 다소에 따른 분류였다.[42] 신라의 과정 편성도 물론 이에 준했고, 교재는 당과 마찬가지로『오경정의』가 사용되었을 것이다. 이처럼 신라 국학은 당에 비해 장관의 직급을 낮춘 위에서 5경 중심의 명경업明經業에『문선』을 가르치는 제술업製述業을 병설하고, c 단락과 같이 율학과 서학은 제외하고 산학만으로 과정을 운영하는 등 당의 국자감제를 변용한 데 특징이 있었다.

이제 국학의 교육 과정에서 분석할 내용은 필수 과목인『논어』와『효경』의 윤리적 측면이다. 신라가 당과 달리『노자』를 제외하고 두 경전만

---

40 吳雁南 外, 앞의 책; 張懷承, 앞의 책.
   한편『삼국사기』권46, 설총 열전에서 설총이 방언으로 9경을 읽어 후생을 훈도한 것으로 보아, 신라에도 9경의 존재는 알려져 있었을 것이다.
41『新唐書』卷44, 選擧 上.
42 張懷承, 앞의 책.

을 필수 과목으로 부과했을 때에는, 교육에서 기대하는 효과가 있었을 것이다. 우선 공자의 언행이 집약된『논어』는 주지하는 바대로 인과 의, 그리고 예에 관한 내용을 바탕으로 효제孝悌와 충신忠信의 덕목을 강조했다. 인은 의의 기초이며, 의는 예의 실질이라는[43] 논의는 당시 신라의 현실과 거리가 없지 않았다. 중대 왕권은 오히려 정명론正名論에 근거한 군신, 부자, 붕우 사이의 윤리에 보다 많은 관심을 기울였을 것이기 때문이다.

부자간의 효에 관해 공자는 효로서 부모의 봉양을 말하지만, 개나 말조차 모두 봉양하기 때문에 공경하지 않으면 개와 말이나 다를 바 없으므로[44] 물질적 봉양에 더하여 정신적 공경을 강조했다. 공자가 말한 충서忠恕는 대체로 인간들이 지켜야할 성경誠敬과 같은 의미이지만,[45] 군신간의 충에 관해서는 인군의 신하에 대한 예와 신하의 인군에 대한 충이라는[46] 쌍무적 관계의 하나로 파악했다. 그리고 공자의 제자 자하는 부모를 섬김에 힘을 다하고, 인군을 섬김에 몸을 바치며, 붕우와의 사귐에 믿음을 언급함으로써[47] 인간사회의 윤리로서 효와 충에 더하여 신의 중요성에도 주목했던 것이다.

한편『효경』은 천자―제후―경대부―사―서인에 이르기까지 신분의 존비에 따른 효의 내용, 방법, 목적 등을 서술했다. 효는 사친事親에서 시작하여 사군事君으로 나아가며 입신立身으로 마치는[48] 전제 위에서 사士

---

43 勞思光,『中國哲學史』1, 三民書局, 1981.

44 『論語』, 爲政. "今之孝者 是謂能養 至於犬馬 皆能有養 不敬 何以別乎."

45 勞思光, 앞의 책.

46 『論語』, 八佾. "君使臣以禮 臣事君以忠."

47 『論語』, 學而. "子夏曰 賢賢易色 事父母能竭其力 事君能致其身 與朋友交 言而有信."

48 『孝經』, 開宗明義章. "夫孝 始于事親 中于事君 終于立身."

가 효로써 인군을 섬기면 충이 되고,[49] 군자의 부모에 대한 효는 인군에 대한 충으로 전화할 수 있는 윤리로 파악했다.[50] 여기서 충신의 사군과 효자의 사친은 근본이 하나라는[51] 공자의 충효관에서 핵심인 충효일본론忠孝一本論이 도출될 수 있었던 것이다. 이러한 논리에서 볼 때, 불효는 불충의 원인으로서 5형 가운데 가장 큰 죄일 수밖에 없었다.[52] 결국 중대 왕권은『논어』와『효경』의 교육을 통해 충효의 윤리와 더불어 충효일본론의 사회적 확산을 기대했을 것으로 추측된다.

b단락의 독서삼품과는 종래 귀족 자제 상대의 궁술 능력 시험에서 유학 교양 시험을 통한 문인 관리의 선발로 바뀐 중대의 관행을 원성왕대에 비로소 제도화한 것이다.[53] 여기에서는 인재 선발을 위한 세 등급의 시험 과목과 탁월한 인재의 초탁에 관한 내용을 규정하고 있었다. 시험의 등급은 공통 과목인『효경』외에『곡례』의 하품,『곡례』와『논어』의 중품, 그리고『논어』와 전문 과정에서 나누어 교수한『춘추좌씨전』,『예기』,『문선』가운데 하나를 선택한 상품으로 구분되었다. 그런데『곡례』는 별도의 경전이 아니라『예기』의 첫 편에 지나지 않았으므로, 실제는『효경』과 함께 예에 관한 과목이 시험의 주요 내용으로 부과되었던 셈이다. 이러한 까닭에『논어』와『효경』의 경우와 마찬가지로『곡례』의 윤리적 내용을 분석할 필요가 있다.

『곡례』는 인간사회의 기본 관계인 부자, 군신, 장유長幼, 주객主客 등

---

49 『孝經』, 士章. "故以孝事君則忠 以敬事長則順."

50 『孝經』, 廣揚名章. "君子之事親孝, 故忠可移于君."

51 『禮記』, 祭統. "忠臣以事其君, 孝子以事其親, 其本一也."

52 『孝經』, 五刑章. "五刑之屬三千, 而莫大于不孝."

53 『三國史記』卷10, 元聖王 4年. "春正月 始定讀書三品 以出身 (中略) 前祇以弓箭選人 至是改之."

이 일상생활에서 접하는 예를 설명하는 한편, 국가적 지배 질서 내에서 여러 신분이 지켜야할 예를 기술했다. 그 하나는 국군—대부—사의 예이고, 다른 하나는 천자—제후—대부—사—서인의 예이다. 전자는 호칭, 수렵, 음식, 악기, 출국, 죽음 등에 관해 규정했다. 후자는 다시 예의 내용으로 세분되는데, 평소의 태도, 배우자의 호칭, 연령을 물었을 때에 답하는 방법, 재산을 물었을 때에 답하는 방법, 죽음에 대한 표현, 예물의 종류 등에 관해 천자에서 서인까지 모두 규정했다. 그리고 필요에 따라 희생의 종류와 시선의 방향은 천자에서 사까지, 여자를 들였을 경우의 호칭은 천자에서 대부까지 규정하고 있었다.[54]

국가를 구성하는 여러 신분에 관련된 다양한 내용의 예를 시험하여 인재를 선발할 때, 경전의 숙독과 배송을 요구하는 당시 시험 방법의 특성은[55] 무의식중에 유학적 질서의식의 내면화를 유도했을 것으로 짐작된다. 이러한 인간의 변화는 중대 왕권이 유학을 교육한 목적에 다름 아니었다. 군신간의 예가 부자간의 예에 우선하는 질서의식과 국사를 위한 충이 가사에 대한 효보다 우월한 윤리의식의 정착이었다.[56]

결국 당의 과거에서 『오경정의』의 정본화가 경학 보급과 입신의 수단으로서 사회에 지대한 영향을 미쳤던 것처럼,[57] 신라 국학의 교육과 시험은 중대 왕권이 바라는 유학적 가치와 유가의 윤리를 확대하고 재생

---

54 『禮記』, 曲禮 下.

55 張懷承, 앞의 책.

56 당의 중종을 복위시키려는 거사에 참여한 환언범의 모친이 국사를 위한 충이 가사에 대한 효보다 먼저라는 취지의 "忠孝不兩全 先國後家可也"(『자치통감』권207, 중종 신룡 원년)로 아들을 격려한 데서 효보다 충을 우위로 여기는 논리의 실제를 확인할 수 있다. 한편 신라에서 가사보다 국사를 우선한 사례는 『삼국사기』권47, 소나, 취도, 김영윤, 관창, 비녕자 등의 열전에서 찾아진다.

57 張懷承, 앞의 책.

산하는 제도적 장치일 따름이었다. 그러므로 정치적으로 불안정했던 혜공왕은 두 차례나 국학에 나아가 경전을 강론시키고 청강할[58] 필요가 있었는지도 모른다. 앞에서 언급한 당 태종의 경우에서도 보았듯이, 국학에서 왕의 행위가 갖는 정치적 함의가 적지 않았기 때문이다.

이와 같이 국학을 통해 재생산된 유가의 충효 윤리는 신라인의 윤리 의식을 규제하게 되었다. 그러한 실례로서 인군에 대한 충성 여부로 상벌이 엇갈리는 신라 중대의 사회적 분위기 속에서, 상징성이 강한 사람들의 이름에 '충' 자를 비롯한 유학적 가치가 반영되는 것은 당연한 현상이었다. 무열왕대의 중시 문충文忠을 위시하여 성덕왕대의 왕자 김수충金守忠, 대사 충훈忠訓, 중시 윤충允忠, 하정사 김충신金忠臣, 숙위 김충신金忠信, 효성왕대의 중시 의충義忠, 중시 신충信忠과 중대에 태어났을 원성왕대의 상대등 충렴忠廉 등의 사례를 들 수 있다.[59] 이렇게 신라의 지배층에 뿌리내린 유교적 작명 관행은 신라 하대에도 지속되었다.

또한 중대 왕실의 왕들 가운데 효소왕孝昭王과 효성왕孝成王의 시호가 주목된다. 부왕의 뜻을 이어 다만 일을 이루었을 의미의 '효'[60] 자를 시호에 사용함으로써 왕실의 효에 대한 인식을 잘 보여주었다. 중대 왕실의 효에 대한 태도는 다른 신분의 효에 대한 인식 변화를 유도하는 정치적 의미를 띠게 되었다. 그것은 '충' 자의 경우와 마찬가지로 '효' 자를 사용한 이름들이 지어지는 사회적 배경이었다. 성덕왕대의 중시 효정孝貞, 숙위 김효방金孝方, 효성왕대의 효신孝信, 선덕왕대의 해찬海湌 효방孝芳과 중대에 생존하고 있었을 원성왕의 부친 효양孝讓 등의 사례가 문

---

58 『三國史記』卷9, 惠恭王 元年, 12年.

59 『三國史記』卷5, 太宗武烈王 2年; 『三國史記』卷8, 聖德王 13年, 22年, 24年, 25年, 33年; 『三國史記』卷9, 孝成王 卽位年, 3年; 『三國史記』卷10, 元聖王 卽位年.

60 蘇洵, 『諡法』卷3. "繼志成事曰孝."

헌 자료에서 찾아진다.[61]

4) 정리와 의미

김춘추에 의해 유학이 정치적 차원에서 새롭게 주목된 이래, 신라 중대에는 당으로부터 선진적인 문물과 제도들을 집중적으로 수용했다. 도화와 서적의 증여와 수증은 동아시아에서 당과 신라의 국제 관계는 물론 신라 국내에서 왕과 신민의 지배 질서를 규정하는 이중의 함의를 내포하고 있었다. 율령과 제도의 수용은 중대 왕권이 지향하는 중앙집권적 귀족관료체제의 수립에 필요한 것이었다. 태종무열왕의 시호가 두 나라의 외교 문제로 비화할 만큼 예제는 국제적으로 민감한 사안이었지만, 발해에 대한 견제와 대응의 필요 때문에 다시 밀접해진 양국 관계는 유학 수용을 지속시킨 통로였다.

국학도 물론 제도 수용의 일환이었으며, 유가의 윤리를 확대하고 보급할 수 있는 장치였다. 중대 왕권이 바라는 유학적 가치는 국학의 교육과 시험에 반영되었다. 교육의 필수 과목인 『논어』는 효제와 충신의 덕목을 강조함으로써 군신, 부자, 붕우 사이의 윤리를 중시했던 것이다. 『효경』은 부모에 대한 효를 인군에 대한 충으로의 전화 가능한 윤리로 파악함으로써 충효일본론이 도출될 수 있었다. 한편 『효경』과 함께 시험의 공통 과목인 『곡례』도 국가의 지배 질서 내에서 여러 신분이 지켜야 할 예들을 규정했다. 이러한 유가의 윤리와 예제는 숙독과 배송을 요

---

61 『三國史記』卷8, 聖德王 13年, 33年; 『三國史記』卷9, 孝成王 4年; 『三國史記』卷9, 宣德王 卽位年; 『三國史記』卷10, 元聖王 卽位年.

구하는 당시 시험 방법의 특성에 의해 국학 학생들에게 내면화되어갔을 것이다.

중대 왕권은 국학에서 재생산한 유가의 충효 윤리를 통치구조 내의 여러 신분에게 강제했다. 국國이 실행 단위인 충이 공적 지배 영역에서 작동했던 것이다. 율령 지배와 더불어 윤리적 강제가 병행되는 상황 속에서 신하들은 '충' 자를 넣어 작명함으로써 자기를 규제하게 되었다. 한편 가家가 실천 단위인 효가 사적 활동 공간에서 작용했다. 시호에 '효' 자를 사용하는 중대 왕실의 효는 다른 신분의 효에 대한 인식 변화를 유도했던 것이다. 중대 왕실과 충을 매개로 연결된 귀족 가문의 자제들은 이름에 '효' 자를 사용함으로써 역시 자신을 규제하게 되었다.

결국 신라의 중대 왕권은 당으로부터 내재적 논리보다 실무적 기능 중심으로 수용한 율령 지배의 한계를 유학에서 선취한 충효 중심의 윤리의식 부식을 통해 보완함으로써 중앙집권체제를 유지할 수 있었다. 이러한 의미에서 유가의 윤리가 가부장적 통치구조의 정점에 위치한 왕권의 이념적 기반을 강화하기 위해 수행한 기능은 통치 이념의 그것과 다를 바 없었던 셈이다.

(「新羅中代文化的吸收利用與儒學敎育」, 陳尙勝 主編, 『儒家文明與中韓傳統關係』, 山東大學出版社, 2008)

3. 『삼국유사』효선편의 이해

1) 기존의 이해 시각

　『삼국유사』는 선종 승려 일연(1206~1289) 개인이 편찬한 역사서이자 불교 관련의 설화집이다. 편찬 과정은 물론 그 시기에 관해 이견이 있지만, 일연의 만년에 해당하는 1280년대에 편찬된 이후 두 항목에 대한 제자 무극無極의 부기가 있었던 것으로 추정되고 있다.[1] 서술체제는 권두에 연표로 배치된 왕력을 비롯하여 기이, 흥법, 탑상, 의해, 신주, 감통, 피은, 효선 등의 9편에 걸쳐 139항목으로 구성되었다. 이 중에서 기이편은 일반 역사인 데 비해, 흥법편 이하는 각 편명에 합당한 불교 설화를 중심으로 서술했다.

　이러한 『삼국유사』는 유학자 김부식(1075~1151)이 왕명을 받아 편찬한 『삼국사기』와의 비교에서 자주 대조적인 성격이 논의되었다. 일연이 속한 사회의 속성에 따라 『삼국유사』는 처음부터 신라, 경주, 불교, 왕

1　김상현, 「삼국유사론」 『강좌 한국고대사』1, 가락국사적개발연구원, 2003.

대 중심으로 서술될 수밖에 없었더라도, 사실의 취사 과정에서 『삼국사기』의 주관적 선택과 무단 삭제로 인해 누락된 불교 관련의 사실들을 원형대로 편찬함으로써 『삼국사기』의 부족함을 보완할 유사遺事로서의 가치가 기대되었던 것이다.[2]

효선편에는 진정사의 효선쌍미眞定師孝善雙美, 대성의 효이세부모大城孝二世父母, 향득 사지의 할고공친向得舍知割股供親, 손순의 매아孫順埋兒, 빈녀의 양모貧女養母 등의 설화가 실려 있다. 일연은 당시까지 잔존한 문헌에만 의거하여 『삼국유사』를 편찬한 것이 아니라, 그가 가졌던 관심의 범위와 흥미의 초점 때문에 일정한 편향성을 띨 수밖에 없었다. 권말에 붙인 효선편도 일연이 아흔을 넘긴 노모를 봉양하던 생활에서 연유한 것으로 파악됨으로써[3] 이후의 연구에 하나의 논점을 제공했다. 효선편의 찬술 동기를 일연 개인을 포함한 고려시대의 상황에서 추구하는 입장과, 신라시대의 현실에서 유교의 비판에 대한 불교의 대응을 강조하는 관점이 그것이다.

먼저 일연이 효선편을 찬술한 동기로서 고려시대의 사상 동향에 주목하는 견해이다. 민병하는 『삼국유사』가 유교에 대해 비판적이었던 반면 불교에 대해 우호적인 데 특색이 있는 것으로 파악했다.[4] 이러한 관점이 효선편의 이해에도 반영되었는데, 일연이 승려 출신이기 때문에 당연한 현상일 수도 있었다. 일연이 『삼국유사』를 저술할 당시에 사대부층의 등장으로 기왕의 유교는 회의기에 처해 있었고, 불교도 종래의 화엄종과 천태종 중심에서 조계종 중심으로의 전환기였으므로 유교에 대해

2   최남선, 「삼국유사해제」 『신정 삼국유사』, 삼중당서점, 1946.
3   최남선, 앞의 책.
4   민병하, 「삼국유사에 나타난 효선사상」 『인문과학』3·4, 1975.

비판적이었던 것으로 보았다.

또한 『삼국유사』의 말미에 부록 성격의 효선편을 덧붙인 계기는 일연이 목주睦州 진존숙陳尊宿의 효행을 본받아 목암睦庵이라 호를 짓고, 아흔이 넘은 노모를 극진히 모신 효성에서 발로된 것으로 이해했다. 이에 효선 사상의 대상은 모친이 중심이며, 그런 효는 궁핍한 생활 및 불교와 연결된 것으로 보았다. 한미한 인물들의 효선에 관한 다섯 항목의 설화 가운데 사지 향득을 제외한 나머지 네 항목이 모친에 대한 봉양이고 다시 불교와 관련된 사실을 근거로 들었다. 특히 군부君父에 대한 충과 효를 일체로 파악하는 유교의 효도와 달리, 모친에 대한 지극한 효성은 가부장적 가족 제도를 중요시하는 유교주의와는 이질적인 성격으로 파악했던 것이다.

김상현도 효선편이 설정된 배경을 고려시대의 사상적 조건 속에서 찾았다.[5] 그 하나는 개인적 배경으로서 일연이 목주 진존숙을 사모하여 목암으로 자호할 정도로 효심이 깊었고, 실제 아흔이 넘은 노모를 봉양한 효행은 당시에 잘 알려진 사실이라는 점을 들었다. 다른 하나는 사회적 배경으로서 의천이 효도를 숭상하는 데서는 불교와 유교가 다르지 않은 것으로 보았고, 또한 무기無寄도 불교에서 부모를 봉양하는 공덕을 강조한 사실에 유의했다.

이에 효선편은 유교와 다른 불교적인 효를 설명하는 내용으로서, 효선쌍미孝善雙美라는 표현에서 보듯이 불교도 공유한 기본 윤리로서의 효와 불교에서 옳고 바른 정법으로서의 선을 의미하는 것으로 이해했다. 일연은 유교의 비판에 대한 불교의 대응보다 불교적인 효선 사상 위에서 효선편을 설정함으로써 유교와 다른 불교의 효를 강조하고자 의도

---

5   김상현, 「삼국유사 효선편 검토」 『동양학』30, 2000.

했던 것으로 보았다. 무기는 부모의 가장 큰 은혜로서 자식의 봉양을 잊을 뿐만 아니라, 자식에 대한 애착마저 끊음으로써 출세간의 업을 닦게 해줄 것을 거론한 바 있었다. 이와 같은 불교적 효행의 구체적 사례를 진정의 모친이 아들의 출가를 권유한 데서 확인했던 것이다.

다음으로 신라시대 당시의 현실에서 유교의 비판에 대한 불교의 대응을 강조하는 견해이다. 이기백은 신라시대의 사상 동향을 이해하기 위한 수단으로서 불교와 유교의 관계에 주목하고, 현실적으로 효도를 둘러싼 심각한 문제가 불교계에서 제기된 결과로 파악했다.[6] 우선 효선의 의미에 관해서는 효도하는 선행 혹은 효도라는 선행으로 이해한 종래의 견해를 비판한 다음, 효는 유교에서 부모에 대한 효도와 선은 불교에서 선으로서의 신앙을 가리키는 효선쌍미인 것으로 규정했다.

비록 효선편의 찬술이 일연 개인의 생각에서 연유했더라도, 효선쌍미를 강조하는 불교적 입장은 신라시대부터 있었기 때문에 일연 개인의 효성과 연결을 짓는 것은 잘못이라고 보았다. 진정과 대성의 경우처럼 세속적인 효도와 불교적인 신앙 사이의 갈등을 불교의 입장에서 해결하거나, 손순과 빈녀의 경우와 같이 효행으로 인해 현세적인 복리福利을 얻고 불교에 귀의한 설화는 유교의 비판에 대한 불교의 응답을 반영한 것으로 이해했다. 이러한 불교의 입장은 유교 세력이 신장된 고려시대에 더욱 절실했으므로, 일연은 효선편을 찬술하지 않을 수 없었던 것이다.

김두진은 의상계 화엄종에서 효선쌍미의 신앙이 성립된 구체적 사정을 검토했다.[7] 효선쌍미의 신앙은 불교에 대한 유교의 비판이 고조된

---

6   이기백, 「신라 불교에서의 효관념」 『동아연구』2, 1983.
7   김두진, 「신라 의상계 화엄종의 '孝善雙美' 신앙」 『한국학논총』15, 1992.

사회적 현실과 관련되기 때문에 신라 중대에 성립될 수밖에 없었다. 6두품 출신의 강수와 같은 유학자가 불교를 세외교世外教로 인식하는 비판이 일어나자, 이에 대한 불교의 대응이 효선쌍미의 신앙으로 나타난 것으로 파악했다. 대성으로 대표되는 재가자의 효행은 생전에 부모를 봉양한 뒤 사후에도 불사를 통해 추선하는 것이었고, 진정이 성립시킨 출가자의 효행은 효선쌍미의 신앙으로서 출가와 효도의 상반된 윤리를 불교적 입장에서 조절하려는 것이었다.

이러한 효선 사상 내지 효선쌍미의 신앙은 당시 불교계를 주도한 의상계 화엄종의 실천신앙으로 정립되었다고 보았다. 진정이 의상의 제자인 사실과 더불어 김대성이 창건한 불국사와 석불사에는 의상의 문인인 표훈表訓과 신림神琳이 주석했고, 효선신앙의 근원이던 향덕/향득의 고사를 계승한 신효信孝 역시 의상계 화엄종의 인물인 점을 근거로 들었다. 의상계 화엄종에서 실천 윤리의 일환으로 성립된 효선쌍미의 신앙은 신라 중대의 전제정치와 관련될 수밖에 없었다. 이럴 때에 유학자가 효도와 관련하여 불교를 공격하자 불교적 입장에서 타협과 조화를 모색한 것으로 이해했던 것이다.

이와 같이 효선편의 찬술 배경으로서 고려시대의 사상 동향과 효선편의 내용 이해에서 신라시대의 현실 파악을 고려한 기존 연구는 효선편의 이해 시각을 넓혀주었다. 여기에서는『삼국유사』가 불교 관련의 설화를 중심으로 편찬된 점에 새삼 유의하면서, 효선편이 갖는 편차編次 상의 불가피성을 구명하고자 한다. 효선편의 설화에서 제기 가능한 담론들이『삼국유사』의 전체 맥락에서 어떻게 파악될 수 있을 것인가를 검토함으로써, 효선편이『삼국사기』의 충효양전론忠孝兩全論으로 인해 누락될 수밖에 없었거나『삼국유사』의 다른 편목에 편입될 수 없었던 평민들의 효선 행위가 갖는 이중의 유사적 성격을 확인할 수 있을 것이기 때문이다.

　이러한 문제의식에서 첫째, 효선편의 찬술 동기가 고려시대의 상황과 무관하지 않더라도, 효선편의 주요 내용이 다른 편에서는 어떻게 서술되고 있는가를 비교함으로써 효선편의 편차 배경을 밝히고자 한다. 둘째, 효선편의 내용이 유교의 비판에 대한 불교의 대응일 수도 있지만, 인간의 기본 윤리로서 효도를 매개한 유불의 공존 가능성을 도교에 대한 인식과의 비교를 통해 살펴보려고 한다. 『삼국유사』의 문헌적 맥락과 신라시대의 사상 동향 속에서 효선편의 설정 이유와 효선쌍미론의 대두 배경을 고찰함으로써, 일연이 의도한 불교적 인과응보의 의미를 독해할 수 있을 것이다.

2) 편차의 배경 검토

　효선편의 찬술 동기에 관한 일연 개인과 고려시대의 상황 논리는 효선편에 한정할 경우에 옳을 수도 있다. 그러나 효선편에 편찬된 주요 내용이 다른 편에서도 서술되었을 때에는 편차 배경을 달리 검토하지 않으면 안 된다. 이럴 경우에 각 설화의 주체들이 지니는 사회적 속성의 비교가 필요하다. 효선편에 실린 설화의 인물, 시기, 출신, 방법, 대상, 불교와의 인연 등을 정리하면 다음과 같다.

　　a. 진정眞定: 신문왕대,[8] 왕경인, 용작傭作, 모친, 시주, 모친 권유, 출가

8　진정은 의상이 문무왕대에 부석사를 창건하고 왕성하게 활동하던 시기에 문하에 입문했으므로 늦어도 신문왕대 이전의 사실로 추정된다.

추모.

　b. 대성大城: 신문왕대, 왕경인, 역용役傭,[9] 모친, 시주, 환생 봉양, 불국사와 석불사 창건.

　c. 향득向得: 경덕왕대, 지방민, 할고割股, 부친, 조 500석 하사.

　d. 손순孫順: 흥덕왕대, 왕경인, 단부但傳,[10] 모친, 가옥 1구와 세갱歲粳 50석 하사, 홍효사 희사.

　e. 빈녀貧女: 진성왕대, 왕경인, 속임贖賃, 모친, 가택 1전廛과 곡 500석 하사, 양존사 희사.

위에서 c항의 향득을 제외하면, 진정, 대성, 손순, 빈녀 등의 네 사람은 모두 왕경의 평민으로서[11] 자신의 품을 팔아 얻은 곡식 또는 토지로써 생전의 모친을 봉양하는 유교적 효도를 실행했다. 다만 a항과 b항은 시주를 계기로 출가하거나 환생하여 추선한 데 비해, d항과 e항은 효행에 대한 은사恩賜를 계기로 집을 불사佛寺로 희사하는 불교적 선행에서 차이를 보이고 있었다. 효선편의 주요 내용은 생전의 모친 봉양이 기본이면서도, 불교와의 인연에서 선후의 차이가 있었던 셈이다. 이와 같은 불교적 선행에 관한 다른 설화와의 비교를 통해 효선편이 따로 설정된 이유를 찾을 수 있을 것이다.

---

9 역용의 주체에 관해서는 대성으로 보는 견해(이기백, 앞의 논문; 김상현, 앞의 논문)와 대성의 모친 경조로 보는 견해(민병하, 앞의 논문; 김두진, 앞의 논문)로 나누어진다.

10 임신본壬申本 『삼국유사』에는 '단부但傳'로 판각되어 있으나, '작용作傭'의 간오로 보기도 하고 '용작傭作'으로 석독하기도 한다(최남선, 앞의 논문).

11 이기백은 왕경 6부의 점량부 손씨를 6두품으로 파악하는 입장에서 손순은 평민이 아닐 것으로 보았다(「신라 육두품 연구」, 『성곡논총』2, 1971). 비록 손순이 신분상으로 6두품이었더라도, 그가 살았던 흥덕왕대는 골품제를 재정비하지 않으면 안 될 만큼 신분제가 이완되었던 까닭에 실제 생활은 평민에 다름 없었기 때문에 효선편에 실릴 수 있었을 것이다.

우선 불교적 추선追善을 실천한 시주·추선형 설화의 검토이다. 평민 출신의 진정과 대성이 신라 중대에 행한 생전의 봉양과 사후의 추선이 효선편으로 편차될 수밖에 없었던 배경은 왕족과 귀족이 행한 사후 추선과의 비교에서 드러난다. 군대의 졸오卒伍에 소속된 진정이 품팔이로 모친을 봉양하던 중에, 어머니가 다리 부러진 솥을 시주한 인연으로 불교와 인연을 맺었다. 그는 어머니를 버리고 출가하기 어렵다는 입장이었지만, 어머니의 강권으로 태백산의 의상에게 투신하여 불법을 닦았다. 모친의 사후 선정에 들어 모친이 환생한 곳을 보거나, 혹은 명복을 비는 추선을 행함으로써 효선쌍미를 이룰 수 있었다.

대성에 관한 설화는 전생담과 환생담으로 구성되었다. 전생담은 신문왕대의 일로서 가난한 대성이 품팔이로 얻은 용전傭田으로 모친 경조를 봉양하다가 법회에 보시하고 죽음으로써 불교와 인연을 맺었다. 환생담은 경덕왕대의 일로서 국상國相 김문량의 집에 환생한 대성이 그의 생모를 모셔다가 봉양했을 뿐만 아니라, 현세의 양친을 위해 불국사와 전생의 부모를 위해 석불사를 세워서 추선했던 것이다.

이와 같이 평민들이 행한 생전 봉양과 사후 추선에 비해 왕족과 귀족은 달랐다. 진골 출신 왕족의 경우 효성왕은 부왕인 성덕왕의 명복을 빌기 위해 봉덕사를 지었고, 경덕왕도 역시 부왕인 성덕왕을 위해 동종을 주조하다가 죽었다. 아들 혜공왕이 그 동종을 완성하여 봉덕사에 안치했는데,[12] 중대 왕실에서 부친을 위한 아들의 추선을 손자가 이은 사례이다. 원성왕의 부친 대아찬 효양도 친부가 아닌 숙부를 위해 무장사를

---

12 『三國遺事』卷3, 皇龍寺鍾 芬皇寺藥師 奉德寺鍾. "新羅第三十五景德大王 (中略) 又捨黃銅 一十二萬斤 爲先考聖德王 欲鑄巨鍾一口 未就而崩 其子惠恭大王乾運 (中略) 乃克成之 安於奉德 寺乃孝成王開元二十六年戊寅 爲先考聖德大王奉福所創也."

창건하여 추선한 바 있었다.[13]

한편 6두품 출신 귀족의 경우 중아찬 김지성은 개원 7년(719)에 부친 일길찬 인장과 모친 관초리 부인을 위해 감산사를 짓고 미륵상과 미타상을 조성했으며,[14] 형제와 자매, 전처와 후처 등도 아울러 추선했다. 설총은 부친 원효의 유해로 소상을 제작하여 그의 죽음을 우러르는 뜻을 드러냈다.[15] 그는 신문왕대에 활동한 유학자였지만, 부친이 돌아간 뒤에 유해로 소상을 만들어 추선했던 것이다.

이처럼 진골 왕족과 6두품 귀족들도 불사를 통해 사후의 부친 또는 그 친족들을 추선하고 있었다. 이들은 평민과 달리 궁핍한 생활에서 기인한 출가의 인연은 없었지만, 귀족으로 환생한 대성과 같이 재가의 상태에서 생전의 효도와 사후의 추선을 실천했다.[16] 왕족과 귀족의 사후 추선에 관한 설화가 이미 다른 편에 서술되었기 때문에, 진정과 대성이 행한 생전의 모친 봉양과 출가 또는 환생하여 행한 사후의 추선은 효선편에 실릴 수밖에 없었던 것이다.

다음은 유교적 효행을 매개한 은사·희사형 설화의 검토이다. 평민 출신인 손순과 빈녀가 신라 하대에 불사를 희사한 설화가 효선편에 실릴 수밖에 없었던 이유도 역시 왕족 및 귀족과의 비교를 통해 확인된다. 모량리에 거주하던 손순은 부친의 사후에 내외가 품팔이로 모친을 봉양했

---

13 『三國遺事』卷3, 鍪藏寺彌陀殿. "第三十八元聖大王之考大阿干孝讓 追封明德大王之爲叔父波珍飡追崇 所創也."

14 『三國遺事』卷3, 南月山. "金堂主彌勒尊像火光後記云 開元七年己未二月十五日 重阿飡金志誠 爲亡考仁章一吉干 亡妃觀肖里夫人 敬造甘山寺一所 石彌勒一軀 (中略) 彌陀佛火光後記云."

15 『三國遺事』卷4, 元曉不羈. "旣入寂 聰碎遺骸 塑眞容 安芬皇寺 以表敬慕終天之志 聰時旁禮 像忽廻顧 至今猶顧矣."

16 김두진, 앞의 논문.

으나, 자식이 노모의 음식을 빼앗아 먹기 때문에 아이를 없앰으로써 모친의 주린 배를 채우고자 했다. 아이를 묻을 땅을 파다가 기이한 석종石鍾을 얻은 것을 계기로 흥덕왕이 가옥 한 채와 해마다 메벼 50석을 하사하도록 조치하여 부부의 효행을 기렸다. 손순은 옛집을 희사하여 홍효사로 삼고 석종을 안치함으로써 불교와 인연을 맺었다.

스무살 남짓의 나이에 가난했던 빈녀는 걸식으로 맹인인 모친을 모시던 중에, 다시 흉년이 들었으므로 품을 팔아 곡식 30석을 얻어 어머니를 계속 봉양하고 있었다. 눈먼 모친이 그와 같은 사정을 알고 한탄하자, 효종랑이 낭도와 함께 빈녀를 돕는 동시에 진성왕도 가택 한 채와 곡식 500석을 하사하고 효양리라는 정문을 세워 효행을 알렸다. 빈녀는 하사받은 집을 희사하여 양존사로 삼음으로써 불교와 인연을 맺었던 것이다.

이처럼 평민들이 집을 불사로 희사한 것과 마찬가지로 귀족도 집을 희사하여 불사로 삼았다. 왕경에서는 진골 출신의 고승들이 불교와의 인연으로 생가를 불사로 희사했던 것이다. 잡찬 무림의 아들 자장은 부모가 일찍 죽고 세속에 관심이 없자 처자식을 버리고 출가한 인연으로 자신의 전원을 희사하여 원녕사로 삼았다.[17] 또한 사찬 재량과 잡찬 무림의 딸인 남간부인의 사이에서 태어난 명랑도 용궁에 비법을 전한 이후 지하로 잠행하여 본가의 우물 밑으로 나온 인연으로 금광사를 지었고,[18] 각간 민장

---

17 『三國遺事』卷4, 慈藏定律. "大德慈藏 金氏 本辰韓眞骨蘇判茂林之子 (中略) 早喪二親 轉厭塵譁 捐 妻息 捨田園爲元寧寺."

18 『三國遺事』卷5, 明朗神印. "按金光寺本記云 師挺生新羅 入唐學道 將還 因海龍之請 入龍宮傳秘法 施黃金千兩 潛行地下 湧出本宅井底 乃捨爲寺 以龍王所施黃金飾塔像 光曜殊特 因名金光焉 師諱明朗 字國育 新羅沙干才良之子 母曰南澗夫人 或云法乖娘 蘇判茂林之子 金氏 則慈藏之妹也."

도 살던 집을 희사하여 불사로 삼은 일이 있었다.[19]

한편 지방에서는 6두품 출신의 귀족이 불교와의 인연으로 살던 집을 불사로 희사했다. 나마 담날의 아들 원효는 출가한 이후에 압량군 불지촌에 있던 집을 희사하여 초개사로 삼았다.[20] 또한 강주의 아찬 귀진도 자신의 여종이던 욱면이 염불을 통해 육신을 버리고 진신眞身을 얻은 것을 계기로, 이인異人이 살았던 곳이라는 인연을 들어 자신의 집을 희사하여 법왕사로 만들었다.[21]

이와 같이 귀족들이 불교와의 인연을 계기로 생가를 불사로 희사한데 대해 손순과 빈녀의 경우는 달랐다. 이들은 유교적인 효행으로 말미암아 하사받은 집을 불사로 희사함으로써 역시 불교와의 인연에서 선후의 차이가 있었던 것이다. 귀족이 먼저 불교와의 인연을 매개로 불사를 희사한 설화가 다른 편에 실렸으므로, 평민이 은사를 받은 것을 나중에 불사로 희사한 설화는 효선편으로 편차될 수밖에 없었던 셈이다.

효선편의 설화는 불교와의 인연에서 시간적 선후 관계를 기준으로 시주·추선형과 은사·희사형으로 구분이 가능하다. 그러나 지방에서 부친을 봉양하여 곡식을 하사받았음에도 불사를 희사하지 않은 사지 향득의 설화는 예외이다. 웅천주의 향득은 흉년으로 부친이 굶어 죽기에 이르자 다리 살을 베어 봉양했다. 이에 경덕왕이 조 500석을 하사했으나, 사후의 추선이나 불사의 희사와 같은 불교와의 인연은 보이지 않는다. 이와 더불어 『삼국유사』 기이편 이외에서 불교와 관련이 없는 설화로는

19 『三國遺事』卷3, 敏藏寺. "其母就敏藏寺[寺乃敏藏角干捨家爲寺]觀音前 克祈七日."

20 『三國遺事』卷4, 元曉不羈. "聖師元曉 俗姓薛氏 祖仍皮公 亦云赤大公 今赤大淵側有仍皮公廟 父談 捺乃末 (中略) 師旣出家 捨其宅爲寺 名初開."

21 『三國遺事』卷5, 郁面婢念佛西昇. "勗面去後 貴珍亦以其家異人托生之地 捨爲寺曰法王 納田民."

피은편에 실린 물계자勿稽子를 들 수 있다. 그는 충과 효를 언급하며 사체산으로 숨었는데,[22] 『삼국사기』 열전의 해당 내용보다 더욱 유교적이어서 일연의 유교에 대한 관심을 살필 수 있다.

그러나 향득을 이해하는 데 있어서 시사적인 것은 역시 거사 신효의 경우이다.[23] 그는 공주에 거주하며 지순한 효성으로 모친을 봉양했다. 모친이 고기가 아니면 먹지를 않았으므로 산과 들로 고기를 구하러 다녔으나 얻을 수 없었다. 이에 향득과 마찬가지로 자신의 다리 살을 베어 어머니에게 드리는 효도를 실행했고, 은사가 없었는데도 출가한 뒤에 생가를 불사로 희사하여 효가원孝家院으로 삼았다. 이것은 지방의 평민이 불교와의 인연 때문에 집을 불사로 희사한 경우인데, 왕경의 귀족과 평민, 지방의 귀족이 불사를 희사한 경우와는 또 다른 사례이다. 이러한 내용이 이미 다른 편에 서술되어 있었으므로, 효행의 내용이 같았던 향득은 역시 효선편에 실릴 수밖에 없었을 것이다.

다만 불교와 인연이 없었던 점은 주목되는 바로서, 『삼국사기』 열전의 관련 인물들과의 비교가 필요하다. 『삼국사기』의 열전에는 향덕, 성각, 효녀 지은 등의 효행이 기록되어 있다. 향덕과 지은이 곧 『삼국유사』에 나오는 향득과 빈녀이다. 향덕에 관해서는 모친에 대한 효행, 가택과 구분전口分田의 하사, 입비立碑를 통한 정표旌表 등의 내용이 더 있음으로써[24] 효선편의 구조 및 내용과는 상당히 달랐다. 한편 지은에 관해서는 나이와 얻은 곡식 양의 차이 이외에는 거의 효선편의 구조와 같

---

22 『三國遺事』卷5, 勿稽子.
23 『三國遺事』卷3, 臺山 月精寺 五類聖衆. "後有信孝居士者 或云幼童菩薩化身 家在公州 養母純孝 母非肉不食 士求肉出行山野 路見五鶴射之 (中略) 故不得肉 而因割股肉進母 後乃出家 捨其家爲寺 今爲孝家院."
24 『三國史記』卷48, 向德.

앉으나, 신분의 속량贖良과 부역의 면제 사실이 더 있는 대신 불사 희사에 관한 내용은 없었다.[25]

　향덕과 지은에 관한『삼국사기』와『삼국유사』의 차이는 편찬 의도에 따른 첨삭의 결과일 것이다. 일연이『삼국사기』에서 향덕과 지은의 열전을 읽었을 것임에도 불구하고, 구체적인 내용에서 차이가 나타났기 때문이다. 향덕에 관해서는 일부 내용의 삭제가 있었고, 지은에 관해서는 불사의 희사를 추가함으로써 효선편의 편찬 의도에 충실했던 것이다. 이와 같은 현상은 일연이 효선편의 찬술에서『삼국사기』이외의 다른 원전을 참고했을 가능성을 암시한다.[26]

　이러한 사실을 반증하는 것이 경덕왕대에 있었던 청주 출신의 거사 성각의 사례이다. 성각은 일찍이 법정사에 의탁한 바 있었지만, 그 후에 귀가하여 채소로 만든 식사가 어려운 모친을 위해 다리 살을 베어 봉양했다. 죽은 뒤에는 불공으로 명복을 비는 추선을 실천했으므로 조 300석을 하사받았다.[27] 이런 정도의 내용이면 충분히 효선편에 실릴 수 있었음에도 불구하고, 일연은 불교와 인연이 깊었던 성각이 은사가 있었는데도 지은과 같이 불사를 희사하지 않았기 때문에 배제했을 수도 있다.

　이상에서 검토한 바와 같이 평민층은 효선편의 주요 내용인 생전의 봉양, 출가의 여부, 사후의 추선, 불사의 희사 등 여러 부분에서 왕족 또는 귀족층과 다른 특징을 보여주었다. 효선편의 찬술이 설혹 일연 개인의 효성에서 비롯되었더라도, 일연은 왕족과 귀족층의 사후 추선과

25　『三國史記』卷48, 孝女知恩.

26　윤용혁,「신라 효자 향덕과 그 유적」『백제문화』11, 1978.

27　『三國史記』卷48, 聖覺.

불사 희사를 이미 다른 편에서 서술했으므로 평민층에 관한 효선편을
따로 설정할 수밖에 없었던 것이다.

3) 이해의 사적 전제

효선편의 내용 이해에서 유불 대립의 논리는, 불교가 효도를 둘러싼
유교와의 긴장 관계 속에서 효선쌍미론을 제시한 점에 주목했다. 이러
한 논리가 타당성을 얻기 위해서는 신라시대의 사상 동향은 물론 이에
대한 후대의 인식을 검토해볼 필요가 있다. 신라사회에서 유교와 불교
의 상호 보완적 공존이 가능했다면, 유불의 대립적 파악은 피상적인 관
찰일 수도 있기 때문이다.

먼저 도교에 대한 인식 문제이다. 삼국시대의 도교에 관한 문헌 자료
는 많지 않지만, 백제 근초고왕대에 장군 막고해가 언급한 『도덕경』의
구절과 고구려 말기에 도교의 수용에 관한 사실은 일찍부터 주목되었
다. 당 고조가 고구려에 도사道士를 보내 천존상과 도법을 전하고 노자
를 강의하도록 했다.[28] 이에 영류왕도 당에 사람을 보내 불교와 노자의
교법敎法을 구했던 것이다.[29] 더구나 연개소문의 요구에 따라 보장왕은
유교와 불교에 비해 미비한 도교를 진흥시키려고 당에 도교를 요청했
다. 이에 당 태종이 도사 숙달을 비롯하여 『노자도덕경』을 보내왔으므로
불사佛寺에 머물도록 조치한 일도 있었다.[30]

---

28 『三國史記』卷20, 榮留王 7年.
29 『三國史記』卷20, 榮留王 8年.
30 『三國史記』卷21, 寶臧王 2년.

당 초기의 도교에 대한 우대정책[31]과, 귀족 세력과 결탁한 불교를 견제하려는 연개소문의 사상정책이[32] 맞물린 결과로 수용된 도교에 대해 김부식은 아무런 사론도 남기지 않는 중립적 입장을 취했다. 이러한 태도는 신라 중대에 당 현종이 형숙를 통해 『노자도덕경』을 보내온[33] 데서도 유지되고 있었다. 그러나 『삼국유사』에서 도교에 대한 인식은 『삼국사기』와 상당히 달랐다.

반룡사에 주석하던 보덕은 고구려에 수용된 도교는 정법에 대한 좌도左道로서 국가를 위태롭게 할 것인데도, 여러 차례의 간언이 받아들여지지 않자 거처를 완산주 고대산으로 옮겼다.[34] 고구려 당시에 이미 불교는 도교에 대해 비판적이었으며, 일연도 도교 수용을 고구려의 멸망 원인으로 파악하고 있었다. 이러한 부정적인 인식에 기초하여 일연은 중국에서 있었던 불교와 도교의 갈등 사례를 언급하면서 끝내 도교를 좌도로 규정했던 것이다.[35] 그러한 까닭에 도교 관련의 설화가 찬술 가능한 피은편에서조차 충효를 거론한 물계자를 서술함으로써 유교적 덕목에 더욱 유의했는지도 모른다.

다음은 유교에 대한 인식 문제이다. 일연이 『삼국유사』에서 유교를 상당히 비판한 것으로 보기도 한다. 그러나 실제로 그의 유교에 대한 인식은 그렇지 않았다. 삼국시대의 유교는 고구려에서 태학의 설립을 계기로 수용되었고, 신라에서 유학은 〈임신서기석〉(612)에서 보듯이 진평

---

31 張懷承, 『中國學術通史』隋唐卷, 人民出版社, 2004.
32 이내옥, 「연개소문의 집권과 도교」 『역사학보』 99·100, 1983.
33 『三國史記』卷9, 孝成王 2年.
34 『三國遺事』卷3, 寶藏奉老 普德移庵.
35 『三國遺事』卷3, 阿道基羅, 前後所藏舍利.

왕대에 이미 민간에 전파되어 있었다.[36] 이와 같은 유교와 법흥왕대에 공인된 불교는 일찍부터 공존을 모색했는데, 화랑도의 창설과 원광의 세속오계 제정에서 저간의 사정을 살필 수 있다.

진흥왕대에 화랑도가 미분화된 유불선을 익힌 내용은 『삼국사기』에도 나오지만, 『삼국유사』는 효제충신을 비롯한 오상五常과 육예六藝, 삼사 三師와 육정六正의 유교적 덕목과 교양을[37] 더욱 강조하고 있었다. 원광 은 출가 이전에 이미 도교와 유교, 그리고 제자諸子와 사서를 섭렵한 것 으로 묘사된 인물이다. 그는 수隋에서 불법을 배우고 귀국한 뒤에도 세 속의 국가를 위해 수에 군사를 빌리는 걸사표乞師表[38]와 세속오계를 지 었다.[39] 오계의 사상적 배경에 관해서 기왕에 상당한 논의가 있었지만, 살생유택을 제외한 나머지 충忠, 효孝, 신信, 용勇의 네 가지 덕목은 유 교적 가치관에서 연유한 것이었다.[40] 일연은 유교에서 불교로 개종한 원광에게서 유불 공존의 이상적인 모습을 찾았던 셈이다.

이러한 유불 공존의 전통이 있었으므로 유학자도 불교와 일정한 관련 을 맺고 있었다. 불교를 출세간의 가르침인 세외교世外敎로 인식했던 강 수의 집안 사람들은 강수 사후에 부의를 모두 불사佛事에 시주했으며,[41] 원효가 하늘을 떠받칠 기둥으로서 지천주支天柱이길 바랐던[42] 아들 설

---

36 김영하, 「신라 중대의 유학수용과 지배윤리」 『한국고대사연구』40, 2005.

37 『三國遺事』卷3, 彌勒仙花 末尸郎 眞慈師.

38 『三國史記』卷4, 眞平王 30年. "命圓光修乞師表 光曰 求自存而滅他 非沙門之行也 貧道在 大王之土地 食大王之水草 敢不惟命是從 乃述以聞."

39 『三國遺事』卷4, 圓光西學.

40 김영하, 앞의 논문.

41 『三國史記』卷46, 强首. "至神文大王時卒 葬事官供其賻 贈衣物匹段尤多 家人無所私 皆歸 之佛事."

42 『三國遺事』卷4, 元曉不羈. "師嘗一日風顚唱街云 誰許沒柯斧 我斫支天柱 人皆未喩 時太宗 聞之曰 此師殆欲得貴婦産賢子之謂爾 國有大賢 利莫大焉."

318 7세기의 한국사, 어떻게 볼 것인가

총은 신라의 대표적인 유학자로 성장했던 것이다. 신라시대 유학자들이 불교에 대해 비판적이었던 것으로 이해하지만, 강수가 제기한 세외교의 논리는 불교에 대한 비판보다 세속 간에서 유학을 학습하여 관료로 생활하려는 자신의 입장을 밝힌 상대적인 강조일 수도 있었다. 이에 불교에 대한 비판이 본격화한 당에서[43] 최치원은 오히려 불교에 대한 깊은 이해를 얻고 귀국했던 것이다.

한편 중대 왕권은 귀족 세력에 대해 강화되었을 뿐만 아니라, 중앙에 의한 지방 지배가 관철됨으로써 중앙집권화를 이루었다. 골품귀족의 관료화와 양천제良賤制에 입각한 민의 공민화는 중앙집권체제를 지탱하는 두 축이었다.[44] 이러한 중대 왕권의 정치적 지향을 뒷받침할 유교 분야에서의 변화도 일어나게 되었다. 충은 국가 단위에서 이루어지는 군신간의 윤리로서 공적 지배 영역에서 작동했고, 효는 부자간에 이루어지는 가족 단위의 윤리로서 사적 활동 공간에서 작용하기 시작했던 것이다.

이러한 충과 효의 상관관계에서 신하와 자식의 도리로서 충과 효만한 것이 없으므로, 위기에 목숨을 버림으로써 충과 효 모두를 보전하는 충효양전론忠孝兩全論이 강조되었다. 반굴은 효보다 충 우위의 윤리를 쫓아 전장에서 죽었고, 반굴의 아들 영윤도 전장에 임하여 용기가 없음은 효가 아니라면서 싸우다가 죽음으로써[45] 역시 그와 같은 논리를 따랐다. 충효양전론에 따라 국사國事 혹은 왕사王事가 가사家事보다 우선한

---

43 실제 당에서도 건국 이후 태사령 부혁이 불교의 현실적인 폐단을 비판한 바 있었지만, 유학의 논리에 입각한 본격적인 비판은 한유가 「간영불골표諫迎佛骨表」를 지은 이후의 일이었다(張懷承, 앞의 책).

44 김영하, 「신라 중대왕권의 기반과 지향」,『한국사학보』16, 2004.

45 『三國史記』卷47, 金令胤.

경우는 침나·소나 부자, 부과·취도·핍실 형제, 품일·관창 부자, 비녕자·
거진 부자 등의[46] 사례에서도 찾아진다. 이들은 모두 부계 친족으로서
가사에 대한 효보다 국사와 왕사를 위한 충에 자신을 희생했던 것이다.

또한 효는 주거 시설로서 가택의 의미와 함께 혈연집단으로서 가계
의 의미를 포함하는 가家의 성립을 전제하고 있었다. 가의 성립이 사회
경제적 차원에서 전반적으로 미숙했더라도, 중대 왕권은 율령을 매개로
국가적 차원에서 양인으로 파악되는 지방의 평민층에게 가를 기반으로
삼는 유교의 윤리를 보급하지 않을 수 없었다. 효가 가부장적 통치구조
의 정점에 위치한 왕권의 기반을 안정시키는 윤리적 수단이었기 때문이
다. 그러한 결과 향덕과 성각의 효행에 관한 사실이 사서에 남게 되었던
것이다.[47]

부모의 봉양이 효의 기본이더라도, 왕경에서 멀리 떨어진 궁벽한 지
방에서 향덕과 성각이 행한 유별난 효행은 중앙집권체제하의 공민을 안
정시키는 데 매우 유용한 사례였다. 신라 중대에 효의 사회적 확산에 대
해 회의적으로 보기도 하지만,[48] 중대 왕권은 유교의 가부장적 윤리의
식의 정착을 위해 두 사람을 표창함으로써 민간에 파급 효과를 기대했
던 것이다. 이러한 중대의 사회적 분위기는 효정孝貞, 효방孝方, 효신孝
信, 효방孝芳, 효양孝讓 등과 같이[49] '효' 자로 이름을 짓는 데에 잘 반영
되어 있었다. 신라 하대에도 유교적인 효도는 여전히 장려되었으므로,
지은의 효행이 사서에 남을 수 있었다.

---

46 『三國史記』卷47, 素那, 驟徒, 官昌, 丕寧子.

47 김영하, 앞의 논문, 2005.

48 윤용혁, 앞의 논문.

49 『三國史記』卷8, 聖德王 13年, 33年; 『三國史記』卷9, 孝成王 4年, 宣德王 卽位年; 『三國史記』卷10, 元聖王 卽位年.

신라의 중대와 하대 왕권이 지배 윤리로서 충과 효를 권장하는 상황에서, 당시의 통치 이념이었던 불교도 유교와 새로운 공존 가능성을 모색하지 않으면 안 되었다. 특히 평민이 국사와 왕사보다 가사 내에서 재가 시에 부모를 봉양하고, 출가 시에 추선하거나 은사를 받았을 때에 희사하는 효선쌍미론이 그것이었다. 이러한 사회적 조건 속에서 진정이 모친의 강권으로 출가하여 추선했고, 나마 진의 아들 진표도 부친의 허락을 얻어 출가한 뒤에 다시 아버지와 함께 도를 닦으면서 효도를 다할 수 있었다.[50]

신라의 귀족이 충효양전론에 입각하여 부계 친족을 중심으로 효보다 충을 실천한 사례가 『삼국사기』에서 강조되었으므로, 『삼국유사』의 효선편은 평민이 모친 위주로 효와 선을 아울러 이룬 사례에 주목함으로써 유사로서의 성격에 충실할 수 있었다. 이와 같은 사실은 국사와 왕사에 대한 충성이 자신 또는 자식의 희생으로 이루어진 반면, 자식의 효도에 대비되는 부모의 자애에 관한 사실이 『삼국유사』[51]와 달리 『삼국사기』에서 확인되지 않는 점으로도 반증할 수 있다.

이상에서 『삼국유사』의 편차 방법과 신라사회의 사상구조 속에서 효선편의 설정 이유와 효선쌍미론의 대두 배경을 검토했다. 『삼국사기』가 유교의 윤리로서 충과 효를 강조했고, 『삼국유사』는 다른 편에서 이미 왕족과 귀족층의 불교적인 사후의 추선과 불사의 희사를 서술하고 있었

---

50 『三國遺事』卷4, 眞表傳簡, 關東楓岳鉢淵藪石記.
51 『삼국유사』권3, 삼소관음 중생사조에는 정보 최은함이 아들 승로의 무사를 기원한 설화, 백률사조에는 사찬 대현 내외가 아들 부례랑의 생환을 기원한 설화, 민장사조에는 빈녀 보개가 아들 장춘의 무사 귀환을 기원한 설화, 분황사천수대비 맹아득안조에는 한기리녀 희명이 자식의 개안을 기원한 설화 등 귀족과 평민들의 자식에 대한 자애 관련의 설화가 실려 있다. 한편 『삼국유사』권4, 원효불기조에는 설총이 부친 원효의 유해로 만든 소상의 옆에서 예를 올리자, 소상이 돌아본 데서 죽어서도 끊지 못한 지극한 부정父情의 일단을 확인할 수 있다.

다. 따라서 평민층의 유교적인 생전의 봉양과, 사후의 추선 및 불사의 희사가 주요 내용인 『삼국유사』 효선편은 유불 공존의 입장에서 이중의 유사적 성격을 띠고 구성될 수밖에 없었던 것이다.

(「三國遺事」孝善篇의 이해」, 동국대신라문화연구소 편,
『新羅文化祭學術論文集30: 신라인들은 孝와 善을 어떻게 실천했는가?』, 2009)

찾아보기

1-10

3성 6부제　276

4등관제　73, 79

5도독부　106

5등관제　79, 273, 276

5묘제　45, 81, 176, 178, 179, 271, 292

5소경　141

6두품　81, 280, 294, 311, 313

6전체제　276

6정　74

7세기 동아시아의 국제전　26, 29, 76, 95, 123, 126, 194, 234, 242, 253, 280

9서당　138, 140, 173, 272

9주　120, 138, 145, 165 208, 213, 214, 232, 240, 244

9주제　292

10정　147, 168

17관등제　69

ㄱ

가부장적 가족 제도　305

가부장적 윤리의식　320

가부장적 통치구조　82, 302, 320

가언충　115

갈문왕　40, 64

감문　34, 47, 74

감문국　34

강수　319

개국開國　37

개별적 공민　279

개성　239, 261

거서간居西干　58

거칠부　28, 36, 38, 71

건국 시조　58

건무태왕建武太王　66

건원建元　37

검교안동도호　156

겸지내외병마사兼知內外兵馬事　71

겸직제兼職制　277

계림대도독부　108

계림도행군대총관　207

고구려 계승　185, 186

고구려 고지　117, 185, 207, 247

고구려남경　164, 196, 212, 243, 257, 260, 265

고구려원정군　111

고구려 유민　95, 135, 207

고구려의 부흥운동　116, 118, 258

고구려 중심의 국제 질서　66

고구려의 내분　114

고국원왕 34
고대국가 25, 30, 32, 55, 58, 58, 61, 76
고대국가의 발전단계론 18
고대 왕권 49, 53
고려의 일통삼한론 187, 190
고유식 왕명 시기 54
고을덕묘지명 66
고이왕 18
고자묘지명 55
고전적인 국가기원론 18, 58
고조선 54
고창 110, 201
고현 이남 35, 38
곡례 298
골벌국 34
골품귀족의 관료화 78, 280, 284, 319
골품의 금제 규정 79
골품제 69, 78, 271, 278
공민화 280, 319
공복제 69
관등 23
관등-관직체제 73
관등보유자 24, 62, 70
관등제 62, 69
관등체계 26, 69
관등취임자 62
관료제 25, 30, 78, 272, 276, 278, 292
관습법체제 25, 67
관직담당자 24
광개토대왕비 25, 33, 56, 161
광개토왕 33
교견형教遣型 74
교종 271

교하성 110
구귀족세력 29, 76
구당서 209, 218, 244
구야국狗邪國 20
국가 불교 284
국가 중심의 통일신라론 94
국강상광개토경평안호태왕 65
국법國法 69
국상國相 23
국자감 79
군국정사軍國政事 63, 67
군사통수자 59
군신君臣 관계 81
군신회의群臣會議 274
군주軍主 64, 68
군현제 25, 30, 78, 80, 147, 280
궁예 184
권력의 집중 현상 29, 76
귀족관료 78
귀족국가 25
귀족평의체제 23, 24, 62, 64, 67, 280
귀족회의 23, 24, 26, 43, 54, 63, 270,
    274
근구수 25, 34, 160, 201
근대사학 31, 48, 92, 249
근초고왕 25, 34, 160, 200
금관가야 35, 37
금관가야계金官加耶系 29, 76, 98, 215
금마저 116, 237
기미주 108, 237, 259
기미羈縻 지배 77, 106, 207
기벌포 121, 130
김부식 175, 217, 221, 303, 317

김사란 124, 147
김유신 29, 115, 216, 221
김유신계 91, 136, 173
김인문 102, 120
김장청 171, 217, 222, 223
김정호 92, 150
김정희 44
김춘추 29

나·당 연합 77, 100, 102, 104, 109, 112,
    129, 156, 253, 255
나·당연합군 106, 108, 158
나·당 전쟁 88, 95, 119, 121, 129, 145,
    163, 167, 207, 238, 261
나·당협공책 255
나·당 협상 253
나말·여초의 전환기론 18
낙랑군 33, 162
남건 114
남북국 30, 77, 124, 135, 151, 153,
남북국론 89, 92, 94, 125, 126, 194,
    251, 264
남생 114, 116
남쪽 경계 93, 144, 166, 243, 258
남쪽 경역 93, 144, 166, 243
남천주 44, 127, 161
내물왕 18, 66
내재적 발전론 18, 270, 281
내정개혁 29, 286, 292, 293
노객奴客 33, 65
노리부 28, 71
노예국가 18

노예소유자 23
노인奴人 280
노인법奴人法 69
논어 296, 298
농경의례 59

단기 점령 전략 112
단양적성비 38, 68
달홀주 161
달홀주達忽州 44
답설인귀서 90, 233, 258
당의 고구려 점령 100, 234, 286
당주 68
당 중심의 국제 질서 81
당척唐尺 247
당 태종의 묘호 90
당회요 120, 165, 208, 211, 215, 241,
    243, 257, 260
대가야 35, 61
대교법大敎法 69
대당강경책 97, 109, 114
대당온건책 97, 114
대당온건파 109
대당평백제국비명 105, 223
대대로 26, 27
대동강 120, 145, 160, 166, 199, 207,
    212, 232, 234, 262
대동강과 원산만 130, 131, 134, 143,
    149, 164, 191, 233
대등 40, 43
대등회의 69
대무예 124, 147

대문예 124, 147
대방군 33, 160, 162
대신大臣 24, 54
대야성 96, 125, 156, 198
대왕大王 58
대왕의식 43
대왕전제체제 26, 28, 68, 69, 71, 74, 76, 280, 283
대왕 칭호 42, 65
대조영 122
대창大昌 37
대학감大學監 293
대화개신정권 98
도리이 류조 44
도사道使 64
돌궐 123
동궁제 292
동돌궐 110
동륜銅輪 28, 68
동부여 33
동예 21, 33
동옥저 32, 39, 43

마가馬加 23
마에마 교사쿠 47
마여麻余 55
마운령비 39, 43, 45, 47
마한 34
막리지 28
만선사관 45, 94, 145, 149, 164, 232, 264

만선사학 47
만주사 164, 232
만한불가분론滿韓不可分論 48
말갈 33
매금왕寐錦王 64
매소성 121, 130, 144
명경업明經業 296
모두루묘지 65
모즉지매금왕 68
모즉지태왕 68
목지국目支國 34
묘호제 291
무열왕 76, 81, 89, 104, 221
무열왕계 91, 136, 174, 179, 272, 273
무열왕릉비 176
무열왕의 시호 90
무장사 178
문무대왕 154, 176, 178, 179, 190, 291
문무왕 89, 199, 216, 220, 258
문무왕릉비 176
문선 298
문선왕 289
미륵사지서탑사리봉안기 25
미천왕 33
미추왕 63, 178
민족 위주의 후기신라론 94
민족주의사학 94

발해기渤海紀 92
발해와 후기신라 94
발해의 건국 77, 126, 133, 146, 191,

263, 286

발해인식　191, 251

백정白淨　28, 71

백제 고지　95, 117, 118, 138, 191, 199,
　　207, 214, 237, 247

백제국伯濟國　20

백제부흥군　108

백제선주론　107

백제원정군　105

백제 유민　108

백제의 부흥운동　108

백제의 영토의식　159, 200

백제포기불가론　107

백제회이책百濟懷二策　102

범내물왕계汎奈勿王系　29, 69

법제적 양인　80, 280

법흥왕　36

별묘別廟　179

병부령　69, 72, 273

보덕국　138, 171, 223

보장왕　89, 97

보조령補助靈　60

복남　114

복속-공납관계　24, 32

복속의례　60

복수제複數制　277

복신　108

부部　22

부리제部里制　280

부여　54

부자상속　68

부족국가론　19

부족회의　23

부체제　19, 22, 30, 63

북한산비　38, 43

북한산주北漢山州　38, 127, 161

불교 공인　56, 66

불교식 왕명 시기　54

비금서당　140, 173

비담　29, 98, 255

비류국　20, 32

비리성　47, 74

비사벌　37

비열홀　169, 241

비열홀주比列忽州　39, 47, 127, 161

비자벌　47

ㅅ

사군四郡　182, 188

사군의식　185, 187, 190

사다함　35, 61

사대등使大等　40, 74

사대인事大人　64

사로국斯盧國　20

사륜舍輪　28, 71

사륜계　29, 76, 98

사방군주四方軍主　40, 47, 74

사벌국　34

사법집행자　59

사업司業　293

사인使人　75

사자使者　24, 55

사해四海　184, 292

사회적 지도자　21, 58

산학　294, 296

삼고론三古論　53, 269

삼국기三國紀　91

삼국사기　165, 213, 215, 243, 303, 314

삼국유사　303, 305, 314, 317

삼국일가　182

삼대론三代論　53, 269

삼한위일가三韓爲一家　137, 171, 196, 222

삼한인식　1185, 223

삼한일가　172, 223, 225

삼한일통　142

삼한 지역　185, 187

삼한 평정　186

상相　23, 54

상고기　55, 60, 70

상국相國　62

상대등　26, 69, 70, 72, 73, 270, 273

상리현장　97, 109, 256

상좌평　26

상주　74

서경　170, 217, 221

서학　294

선덕여왕　175

선종　271

선험적 경역 인식　48, 95, 146

선험적 역사 인식　249

설례碟禮　28, 66

설연타薛延陀　111

설인귀　117, 258

성덕왕　147, 310

성문법체제　67

성법흥대왕　42, 65, 68

성읍국가론　19

세군細群　27

세속오계　318

소국小國　19, 20

소국 병합　55

소국공동체　21, 24, 30, 83

소도　20, 181

소부리주所夫里州　77, 118, 121, 224, 259

소사所司　64, 69

소정방　101, 104, 113

송악성　168, 239, 261

수가인명隨駕人名　37, 40, 43

수곡성　160, 161, 201

수을부　71, 73

수장　57

수장사회론　19

수장층　60

순수　24, 37, 42

승부령　72

시경　222

시라토리 구라기치　48

시위부侍衛府　271

시일삼한始一三韓　92

시조묘　59, 67

시조묘 제사　67

시조신　58

시주·추선형 설화　310

시평양국始平兩國　90

시호 문제　91

시호제　291

식민사학　17, 44, 93, 130, 231

신경준　44

신구도군　103, 105

신구도행군대총관 104

신궁神宮 59

신궁 제사 67

신귀족세력 29, 76, 81

신당서 120, 165, 209, 211, 215, 232, 243, 257

신라-고려의 정통론 92

신라기新羅紀 92

신라의 백제통합 77, 100, 117, 123, 126, 137, 148, 234, 253, 261, 286

신라의 백제통합론 88, 150, 164, 167, 199, 230, 233, 249, 258

신라의 삼국통일 77, 126, 129, 134, 139, 142, 148, 231

신라의 삼국통일론 88, 149, 199, 230, 233, 239, 249, 252, 262, 263

신라의 통일 93, 231

신라의 통일 영역 130

신라정통론 153

신라 중대의 전제정치 307

신라 중대의 중앙집권체제 80

신라통일론 89, 93, 125, 153, 163, 231, 233

신문왕 136, 225

신주新州 38

신채호 94, 149

실증사학 48

실직국 34

아신왕 33, 66, 150

안동도호부 77, 87, 95, 110, 116, 121, 134, 145, 147, 159, 171, 201, 207, 234, 236, 241, 258, 261

안서 4진 123

안서도호부 104, 110, 123, 159, 201, 236

안승 77, 116, 138, 171, 237, 259

안시성 111

압독국 34

압록강 205

양국시대론 94, 149

양식생산단계 19

양적기평兩敵旣平 90

양천제良賤制 280, 283, 319

여·제 멸망 260

여·제 연병 77, 101

여·제 평정 179

여주영구론女主迎寇論 98

역법 289

연개소문 97, 115, 316

연고의식 139, 203, 206

연맹왕국 22

연수유답烟受有畓 80

열병 32, 59

영락태왕永樂太王 42, 65

영역 상실 132

영역화 의지 147, 252, 262

영일냉수리비 23, 64

영토의식 31, 33, 34, 44

예기 298

예성강 147, 161, 167, 201, 238, 262

오경정의 296

옥저 21, 75

완충지대 146, 238, 262

왕건 184, 187

왕도명 201
왕도 정치 43, 285
왕모족 28, 96
왕문도 106
왕민 확보 25, 74
왕비족 23, 28, 57, 60
왕실 불교 36, 284
왕위쟁탈전 29
왕제王制 54
왕조국가 56, 89
왕조명 201
왕족 23, 57, 60
왕토 확장 25, 74
외세 이용 132
요동공략책 107, 113, 159
요동도행군대총관 114
요동 지역 205
요동직입책遼東直入策 98
요하이동遼河以東 202
우거右渠 55
우이도행군총관 104
우잠성 168, 239, 261
우주목宇宙木 33, 60
우추·실직·하서아군 74
울주천전리서석 42, 65, 68
울진봉평비 64, 68
웅진도독부 108, 117, 259
웅진시대 28
원산만 121
원성왕계 179
원시공동체 19, 30
원융 사상 80
원효 81

위만조선 19, 22, 54, 56
위작설 45
위정공간록魏鄭公諫錄 218, 220
위징 110, 112, 218
위화부位和府 72
유교식 왕명 시기 54
유교적 작명 관행 300
유불 공존 318, 322
유사有司 64, 69
유인궤 107, 119, 209
유인원 108
유학적 질서의식 299
윤관 47
윤리의식 299
율령 반포 56, 66
율령 수용 271
율령전 79
율령체제 279
율학 294
율학박사 79
은사·희사형 설화 311
음즙벌국 34, 56
의려依慮 55
의자왕 89, 96, 106
이마니시 류 46
이방부격 291
이사부 36
이적 112, 114
이진충 122
이치설 46
이케우치 히로시 46, 145, 149
인간노동력 23, 32
일선동조론 45

일연 303, 305, 315, 317

일통삼국 142

일통삼한 90, 136, 170, 177, 178, 223, 225, 257, 265, 292

일통삼한론 231, 249

일통삼한의식 88, 92, 94, 136, 139, 142, 151, 155, 172, 174, 177, 179, 180, 184, 190, 222

임나가라 33

임신서기석 171, 221, 285, 317

임진강 6, 77, 88, 92, 121, 143, 147, 151, 168, 169, 191, 199, 207, 232, 234, 238, 240, 245, 258, 260

임해군공 120

입종갈문왕立宗葛文王 36

장기 소모 전략 112

장내외병마사掌內外兵馬事 70

장손무기 99, 112

장엄 110

장창당 140, 173

재상 273, 275

재상회의宰相會議 78

적석위표積石爲表 34, 160, 201

전대등 70, 72

전략 거점 33

전렵 32, 59

전륜성왕 37

전리품 61, 63, 74

전사법佃舍法 69

전사인典事人 24, 64

전시의 동원체제 80

전제왕권 269, 277

전제왕권론 270, 27

전제왕권체제 78, 271

전제정치 272

전제주의專制主義 269

전통사학 149

정계비 44

정명론正名論 297

정주현正州縣 116

정체성론 45

정치적 지배자 21, 54, 58

제간회의諸干會議 62

제사의례 58, 60

제술업製述業 296

제·여 멸망 88, 129, 145

제·여 원정 88, 286

제·여의 부흥운동 129

제의주재자 59

조부령 72

조선상朝鮮相 23, 55

조선후朝鮮侯 54

조세수취자 59

조용조租庸調 80

좌식자坐食者 32

좌평佐平 23

주군제州郡制 74, 280

주노主奴 관계 66

주부主簿 24, 293

주수主帥 20

주척周尺 248

죽령서북 256

죽령 이북 35, 38

죽령이서 256

중고기 53, 57, 70

중고기 왕권 54, 65, 67, 69, 70, 73

중고기의 중앙집권국가 279

중국의 동북공정 151

중국 중심의 세계 질서 76, 286, 292

중국 중심적 세계 질서 27

중대 왕권 54, 76, 77, 80, 82, 269, 284, 295, 299

중대 왕실 91, 171, 216, 225, 300

중대의 전제왕권체제 279

중세사회 30

중시 270, 273, 275

중앙집권국가 19, 22, 23, 75

중앙집권의 개념 25

중앙집권적 관료정치 272

중앙집권적 권력 행사 82

중앙집권적 귀족관료체제 29, 78, 280, 283, 301

중앙집권적 통치체제 75, 80

중앙집권체제 30, 78, 180, 190, 280, 281, 302, 319

중조의관제 292

중조의상제 292

즉위의례 59

지방 호족 271, 281

지배-납세관계 26

지배자공동체 24

직계계승원칙 78

진골 귀족 82

진대덕 110, 159

진서 92, 99, 137, 157, 172, 223, 235, 285

진안갈문왕眞安葛文王 71

진정갈문왕眞正葛文王 71

진지왕 71

진평왕 71

진화론적 사회발전단계론 18

진흥대왕순수비 25, 37, 40, 44, 56, 68, 161, 285

진흥왕 35, 43

진흥태왕 38, 40, 43, 68

집단 예속민 279

집사부執事部 29, 73, 270, 275

참국정參國政 71

참정사參政事 71

창녕비 37

창부령 72

천문도 288

천지신 58

천하관 142

천하의식 138

청동호우 67

청병 외교 156, 202

청주운천동사적비 141, 174

촌락공동체 26, 75

촌주 40, 75

촌주층 280

총관제 78

총체적 노예제 279

최남선 44, 47

최인연(언위) 183

최치원 80, 181~184, 319

추군麤群 27

춘추좌씨전 295, 296, 298

충효양전론忠孝兩全論　307, 319

충효 윤리　82, 281, 300, 302

충효일본론忠孝一本論　298

취리산 회맹　108

츠다 소우기치　45, 46, 47

측천무후　90, 103, 113, 114, 122, 136, 140, 174, 175, 289

치사제　291, 292

친고구려파　28, 67

친당파　118

친솔형　63, 74

친솔형親率型　63

친왜파　28

친위정변　5, 28, 96

친족집단　8, 61, 62

타율성론　7, 8, 17, 45

태산 봉선　114, 246

태자　25, 28, 34, 54, 66, 68, 160, 181, 201, 271, 292

태조왕　18, 32

태종대왕　178~180, 190, 291

태종 시호　173, 176, 177, 189, 190, 196, 225, 228

토번　13, 88, 117, 121, 122, 123, 130, 236, 261, 285

토욕혼　110, 111

토착신앙　21, 33, 36, 43, 67

통일신라　88, 94, 128, 134, 135, 140, 146, 151, 154, 193, 238, 239, 251, 271

통일 영역　94, 127, 128, 130, 131, 134, 135, 146, 233, 262

통일의 불완전성　132

통치조직　64, 79, 80, 106, 165, 167, 214

통합위일統合爲一　91

통합정책　141, 170, 172, 180

통화 사상　270

통화統和 사상　81

파사왕대　56, 60

패강이남　124, 206, 262, 263

패려稗麗　33

평시의 지배체제　80

평양이남　13, 144, 156, 158, 189, 195, 196, 199, 201, 202, 207, 226, 233, 236, 237, 254~259, 263, 265

평양 이남과 백제 토지　144, 158, 199, 234, 237, 254

평양이남 백제토지　144, 156, 158, 189, 196, 199, 201, 202, 226, 233, 236, 255~259, 265

평양직공책　108, 113

포항중성리비　64

품주　60, 70~75

품주稟主　60, 70

하고기　53, 54, 269

하야시 다이스케　93

하주下州　37

하호下戶　20, 21, 57

한국사의 시대구분 82

한기旱岐 23

한·당 유학 81, 222

한반도남부경영론 45

한백겸 44

한산주 38, 44, 127, 139, 161, 166, 168

한성 28, 33, 43, 47, 66, 74, 118, 162, 237

한성시대 28

합의제合議制 278

해관제 291, 292

해동역사 92, 121, 153

행사대등行使大等 74

행정 관부 26, 53, 69~73, 79, 270, 273~278

행정관부명 23

행정구역명 23

행정책임자 70

허위의식 149, 180

헌부獻俘 의식 89

혜공왕 45, 53, 171, 178, 179, 190, 269, 270, 283, 293, 300, 310

호민豪民 26, 75

홀한주도독 발해군왕 123

홍제鴻濟 37

화엄 사상 80, 81, 270, 284

화엄종 80, 81, 270, 304, 306, 307

화쟁和諍 사상 81

황룡사 36, 37, 155, 180, 186

황초령비 39, 40, 43~48, 149

회요 119, 120, 164~169, 183, 190,

208~215, 227, 241~246, 257, 260, 261

효경 81, 82, 288, 289, 295~298, 301

효선쌍미론 308, 316, 321

후방기지 107

후백제 56, 186, 187, 190

후삼국 8, 180, 184~190, 263

후삼국통일 180, 186, 188, 190, 263

후연後燕 33

훈해訓解 66

흑수말갈 124, 147

7세기의 한국사, 어떻게 볼 것인가

초 판 1쇄 인쇄 2020년 12월 23일
초 판 1쇄 발행 2020년 12월 31일

지은이 김영하
펴낸이 신동렬
책임편집 신철호
편집 현상철 · 구남희
마케팅 박정수 · 김지현

펴낸곳 성균관대학교 출판부
등록 1975년 5월 21일 제1975-9호
주소 03063 서울특별시 종로구 성균관로 25-2
전화 760-1253~4
팩스 762-7452
홈페이지 PRESS.SKKU.EDU

ISBN 979-11-5550-440-6 93910